Seng

Informationen
und Versicherungen

neue betriebswirtschaftliche forschung

Unter diesem Leitwort gibt GABLER jungen Wissenschaftlern die Möglichkeit, wichtige Arbeiten auf dem Gebiet der Betriebswirtschaftslehre in Buchform zu veröffentlichen. Dem interessierten Leser werden damit Monographien vorgestellt, die dem neuesten Stand der wissenschaftlichen Forschung entsprechen.

Band 1 Dr. André Bebié
Käuferverhalten und Marketing-Entscheidung

Band 2 Dr. Peter M. Rudhart
Stillegungsplanung

Band 3 Prof. Dr. Bernd Schauenberg
Zur Logik kollektiver Entscheidungen

Band 4 Prof. Dr. Dr. Christian Kirchner
Weltbilanzen

Band 5 Prof. Dr. Jörg Biethahn
Optimierung und Simulation

Band 6 Dr. Werner Eckert
Konsument und Einkaufszentren

Band 7 Prof. Dr. Wolfgang Ballwieser
Kassendisposition und Wertpapieranlage

Band 8 Dr. Christoph Lange
Umweltschutz und Unternehmensplanung

Band 9 Dr. Harald Schmidt
Bilanzierung und Bewertung

Band 10 Prof. Dr. Matthias Lehmann
Eigenfinanzierung und Aktienbewertung

Band 11 Prof. Dr. Helmut Schmalen
Marketing-Mix für neuartige Gebrauchsgüter

Band 12 Dr. Christoph Oltmanns
Personalleasing

Band 13 Prof. Dr. Laurenz Lachnit
Systemorientierte Jahresabschlußanalyse

Band 14 Dr. Gert Rehwinkel
Erfolgsorientierte Reihenfolgeplanung

Band 15 Dr. Rainer-Michael Maas
Absatzwege − Konzeptionen und Modelle

Band 16 Dr. Kurt Göllert
**Sozialbilanzen −
Grundlagen im geltenden Recht**

Band 17 Prof. Dr. Ulrich Krystek
**Krisenbewältigungs-Management
und Unternehmungsplanung**

Band 18 Prof. Dr. Reinhard H. Schmidt
Ökonomische Analyse des Insolvenzrechts

Band 19 Prof. Dr. Horst Glaser
**Liquiditätsreserven und Zielfunktionen
in der kurzfristigen Finanzplanung**

Band 20 Prof. Dr. Wolfgang von Zwehl/
Dr. Wolfgang Schmidt-Ewing
**Wirtschaftlichkeitsrechnung bei
öffentlichen Investitionen**

Band 21 Dr. Marion Kraus-Grünewald
Ertragsermittlung bei Unternehmensbewertung

Band 22 Dr. Heinz Kremeyer
**Eigenfertigung und Fremdbezug unter
finanzwirtschaftlichen Aspekten**

Band 23 Prof. Dr. Karl Kurbel
Software Engineering im Produktionsbereich

Band 24 Dr. Hjalmar Heinen
Ziele multinationaler Unternehmen

Band 25 Dr. Karl Heinz Weis
Risiko und Sortiment

Band 26 Dr. Manfred Eibelshäuser
**Immaterielle Anlagewerte in der
höchstrichterlichen Finanzrechtsprechung**

Band 27 Dr. Wolfgang Fritz
Warentest und Konsumgüter-Marketing

Band 28 Dr. Peter Wesner
Bilanzierungsgrundsätze in den USA

Band 29. Dr. Hans-Christian Riekhof
**Unternehmensverfassung und Theorie
der Verfügungsrechte**

Band 30 Dr. Wilfried Hackmann
**Verrechnungspreise für Sachleistungen im
internationalen Konzern**

Band 31 Prof. Dr. Günther Schanz
Betriebswirtschaftslehre und Nationalökonomie

Band 32 Dr. Karl-Heinz Sebastian
Werbewirkungsanalysen für neue Produkte

Fortsetzung am Ende des Buches

GABLER

Dr. Peter Seng

Informationen und Versicherungen

Produktionstheoretische Grundlagen

GABLER

CIP-Titelaufnahme der Deutschen Bibliothek

Seng, Peter:
Informationen und Versicherungen: produktions-
theoretische Grundlagen. / Peter Seng. – Wiesbaden:
Gabler, 1989
  (Neue betriebswirtschaftliche Forschung; Bd. 60)
  Zugl.: Frankfurt (Main), Univ., Diss., 1989
  ISBN-13: 978-3-409-18512-7   e-ISBN-13: 978-3-322-89320-8
  DOI: 10.1007/978-3-322-89320-8
NE: GT

Der Gabler Verlag ist ein Unternehmen der Verlagsgruppe Bertelsmann International.

ISBN-13: 978-3-409-18512-7

GELEITWORT

Die Entwicklung einer Theorie der Informationsproduktion gehört zu den dringlichen, bislang aber wenig vorangetriebenen Aufgaben der Betriebswirtschaftslehre. Die Betriebswirtschaftslehre muß den universellen Vorgang der in jedem Unternehmen täglich stattfindenden Erzeugung von Informationen für internen und externen Bedarf theoretisch aufarbeiten und in eine analytisch leistungsfähige Konzeption gießen. Andernfalls läuft sie Gefahr, zu einer auf industrielle Sachgüter beschränkten Partialtheorie zu verkümmern, die die vehementen informationstechnischen und -wirtschaftlichen Veränderungen der Realität nur noch staunend registrieren kann.

Die vorliegende Untersuchung führt nicht nur den konzeptionellen Nachweis für die Möglichkeit einer Theorie der Informationsproduktion, die auf den Grundideen der betriebswirtschaftlichen Produktionstheorie aufbaut. Sie legt auch überzeugende Vorschläge für die Operationalisierung der zentralen Einflußgrößen des Informationsproduktionsprozesses vor und bezieht dabei sowohl menschliche als auch maschinelle Träger der Informationsverarbeitung ein. Schließlich wird das Anwendungspotential der Theorie anhand der Informationsproduktion im Versicherungsunternehmen demonstriert.

Damit wird zugleich die konzeptionelle Breite und Leistungsfähigkeit dieser allgemeinen Theorie der Informationsproduktion belegt. Mit ihrer Hilfe gelingt es, die vorliegende, betriebswirtschaftlich vielfach unbefriedigende Produktionstheorie der Versicherung auf eine neue Basis zu stellen und aus ihrer isolierenden Sonderstellung gegenüber der allgemeinen Betriebswirtschaftslehre herauszuführen. Insofern leistet die Untersuchung auch einen wichtigen Beitrag zur Versicherungsbetriebslehre.

Die gelungene Übertragung auf die Versicherungsproduktion zeigt zudem, daß mit der allgemeinen Theorie der Informationsproduktion eine Grundlage für die Analyse der Produktionsprozesse in anderen Dienstleistungsbranchen geschaffen worden ist. Die Marktfunktion eines beträchtlichen Teils der Dienstleistungsunternehmen besteht, wie auch bei Versicherungsunternehmen, in der Bereitstellung spezifischer Informationsprodukte. Hier, wie auch bei den sekundären Zwecken dienenden Aufgaben der Informationserzeugung in der Industrie, existieren weitgehende strukturelle Ähnlichkeiten der Produktionsprozesse, die von der allgemeinen Theorie der Informationsproduktion identifiziert und modellhaft dargestellt werden.

Mit diesem Ansatz wird der Versuch unternommen, die theoretische Untersuchung wirtschaftlicher Informationsproduktionsprozesse durch Fortentwicklung der betriebswirtschaftlichen Kerntheorie zu erreichen. Damit wird ein alternativer Weg zu den in jüngerer Zeit vorgelegten Vorschlägen aufgezeigt, die auf eine allgemeine Informationsorientierung der Betriebswirtschaftslehre abzielen.

Ich hoffe, daß von dieser Untersuchung ein weiterer Anstoß für die intensive Beschäftigung der Betriebswirtschaftslehre mit den Problemen der Informationsproduktion ausgeht.

WOLFGANG MÜLLER

VORWORT

Die vorliegende Arbeit wurde in leicht veränderter Form im Juli 1989 vom Fachbereich Wirtschaftswissenschaften der Johann Wolfgang Goethe-Universität in Frankfurt am Main als Dissertation angenommen. Bei all jenen, die zum Entstehen dieser Arbeit beigetragen haben, möchte ich mich an dieser Stelle herzlich bedanken. Besonders hervorzuheben ist hier mein akademischer Lehrer und Doktorvater, Herr Prof. Dr. Wolfgang Müller, ohne dessen vielfältige Unterstützung die Dissertation sicherlich nicht hätte entstehen können. Er lieferte nicht nur die Anregung zu dieser Arbeit, sondern stand auch jederzeit zu teilweise zwar kritischen, aber stets konstruktiven und auch anspornenden Diskussionen zur Verfügung. Zudem ermöglichte er mir äußerst interessante und abwechslungsreiche berufliche Tätigkeiten als Assistent an seinem Versicherungsseminar.

Danken möchte ich ferner Herrn Prof. Dr. Rudolf Gümbel für die Erstellung des Zweitgutachtens, Herrn Direktor Armin Brilling, Allianz Stuttgart, für dessen engagierte Unterstützung im Rahmen des praxisorientierten Teils der Arbeit sowie all den Kollegen und Freunden, die zum einen ihre knappe Zeit für fachliche Diskussionen oder Korrekturlesen opferten und zum anderen für ein gutes und fruchtbares Arbeitsklima sorgten. Zu nennen sind hier insbesondere die Herren Helmut Birli, Peter Lang und Steffen Wende sowie Frau Renate Hecker, die zudem beim EDV-gestützten Anfertigen einiger Graphiken behilflich war.

Die schwerste Last beim Korrekturlesen der Manuskripte hatte meine Freundin Claudia zu tragen. Sie war zudem während aller Phasen der Promotionszeit im privaten Bereich mein großer Rückhalt. Neben der Abnahme kleinerer "Alltagspflichten" waren mir besonders ihre Aufmunterungen in kritischen Phasen eine wertvolle Hilfe. Hierfür und für alles andere danke ich ihr ganz herzlich. Schließlich, aber nicht zuletzt möchte ich mich beim Förderkreis für die Versicherungslehre an der Johann Wolfgang Goethe-Universität Frankfurt, speziell bei dessen Geschäftsführer, Herrn Direktor Jochen Stöhr, für die großzügige finanzielle Förderung während meiner Promotionszeit bedanken.

PETER SENG

INHALTSVERZEICHNIS

Kapitel 3: Die Hauptelemente der Informationsproduktion

Kapitel 4:   Modellhafte Abbildung der Informationsproduktion

Kapitel 5:   Theorie der Versicherungsproduktion als Informationsproduktion

ABBILDUNGSVERZEICHNIS

ABKÜRZUNGSVERZEICHNIS

Abb.	Abbildung
AER	American Economic Review
AGB	Allgemeine Geschäftsbedingungen
AUFA	Automatische Fallbearbeitung
AVB	Allgemeine Versicherungsbedingungen
BAV	Bundesaufsichtsamt für das Versicherungswesen
BFuP	Betriebswirtschaftliche Forschung und Praxis
DBW	Die Betriebswirtschaft
Diss.	Dissertation
EVA	Einzelversicherungsabteilung
F+E	Forschung und Entwicklung
GDV	Gesamtverband der Deutschen Versicherungswirtschaft
GeVo	Geschäftsvorfall
HdV	Handwörterbuch der Versicherung
HdWW	Handwörterbuch der Wirtschaftswissenschaften
Hrsg.	Herausgeber
HWB	Handwörterbuch der Betriebswirtschaft
HWO	Handwörterbuch der Organisation
HWProd	Handwörterbuch der Produktionswirtschaft
IV	Informationsverarbeitung
J.Verb.Learn	Journal of Verbal Learning and Verbal Behaviour
JfB	Journal für Betriebswirtschaft
JoRI	Journal of Risk and Insurance
KZG	Kurzzeitgedächtnis
o.V.	ohne Verfasser
SzU	Schriften zur Unternehmensführung
TIV	Träger der Informationsverarbeitung
Vb	Versicherungsbetriebe
VW	Versicherungswirtschaft
ZfB	Zeitschrift für Betriebswirtschaft
ZfbF	Zeitschrift für betriebswirtschaftliche Forschung
ZfO	Zeitschrift für Organisation
ZfV	Zeitschrift für Versicherungswesen
ZVersWiss	Zeitschrift für die gesamte Versicherungswissenschaft

KAPITEL 1

THEORIE DER INFORMATIONSPRODUKTION - EINLEITUNG UND RELEVANZ

1. EINFÜHRUNG IN DEN PROBLEMBEREICH

Die heutige Betriebswirtschaftslehre ist primär durch eine funktionale Ausrichtung gekennzeichnet. Der Untersuchungsgegenstand der Betriebswirtschaftslehre wird entsprechend den einzelnen Aufgabenbereichen in den Unternehmen in verschiedene Teildisziplinen aufgegliedert[1]. Als eines der wesentlichen dieser betriebswirtschaftlichen Teilgebiete wird spätestens seit den grundlegenden und heute schon als klassisch zu bezeichnenden Arbeiten von Gutenberg[2] die Theorie der Produktion angesehen.

Der Begriff Produktion wird dabei in der betriebswirtschaftlichen Diskussion mit meist mehr oder weniger differenziert angegebenen Bedeutungsinhalten assoziiert. Ohne auf einzelne Begriffsdefinitionen näher einzugehen, sollen hier die folgenden Merkmale, die Bestandteile nahezu aller neueren Erklärungen des Produktionsbegriffs sind, zur Charakterisierung von Produktionstätigkeiten verwendet werden[3]:

o   Das Ziel einer Produktion besteht in der Erzeugung absatzfähiger Wirtschaftsgüter;

---

1   Zum Überwiegen der funktionalen Gliederung der Betriebswirtschaftslehre vgl. z.B. Busse von Colbe/Laßmann (1986), S. 19 ff; Corsten (1985), S. 24 ff; Fandel (1987), S. 4.

2   Vgl. Gutenberg (1983); Gutenbergs 1951 erstmals erschienene Arbeiten werden von Dellmann (1980, S. 21)als "Meilenstein in der wissenschaftlichen Entwicklung der Betriebswirtschaftslehre..." charakterisiert.

3   Weitere Ausführungen zum Produktionsbegriff finden sich insbesondere bei Fandel (1987), S. 1 f; Kloock (1984), S. 243; Krelle (1969), S.2; Schneeweiß (1987), S. 2.

o   Für die Produktion eines Gutes ist der Einsatz anderer knapper Wirtschaftsgüter erforderlich;

o   Diese Güter werden im Produktionsprozeß systematisch, d.h. durch Anwendung bestimmter Verfahren, miteinander kombiniert.

Die Analyse der Gesetzmäßigkeiten zwischen den bei der Produktion eingesetzten
Gütermengen und den durch deren Kombination erzeugten Endproduktmengen
ist prinzipielle Aufgabe der **Theorie der Produktion**[4]. Hierzu sind die als Produktionsfaktoren bezeichneten Einsatzgüter[5] und deren wesentliche Eigenschaften zu
identifizieren. Ferner sind die durch das verwendete Produktionsverfahren determinierten quantitativen Zusammenhänge der Kombinationsprozesse offenzulegen.

Diese mengenmäßigen Beziehungen zwischen Produktionsfaktoren und Produkten
werden in mathematisch-formalen Produktionsfunktionen oder in komplexeren
Produktionsmodellen[6] abgebildet. Die so entwickelten Produktionsfunktionen
oder -modelle bilden das "Kernstück der Produktionstheorie"[7].

Die durch produktionstheoretische Analysen gewonnenen Erkenntnisse über den
Produktionsprozeß stellen die Grundlage zur Ableitung kostentheoretischer Aussagen dar. Ein Großteil der in einem Unternehmen anfallenden Kosten resultiert
schließlich aus dem Einsatz und der Kombination von Produktionsfaktoren[8].

Weiterhin liefern die Produktions- und die darauf aufbauende Kostentheorie Ba-
sisinformationen, die zur Planung, Lenkung und Kontrolle aller Produktionsvorgänge von der Unternehmensleitung benötigt werden. Sie bilden damit ein theoretisches Fundament insbesondere zur Planung aller Komponenten des Produkti-

---

4   Vgl. hierzu Bloech/Luecke (1982), S. 101; Busse von Colbe/Laßmann (1986), S. 67; Dellmann
    (1980), S. 16 f; Ellinger/Haupt (1982), S. 1 ff; Fandel (1980), S. 86; Fandel (1987), S. 11 ff;
    Gümbel (1978), S. 237 ff; Kahle (1980), S. 14; Kistner (1981), S. 14; Kloock (1984), S. 258 f; die
    genannten Quellen stellen eine Auswahl neuerer Arbeiten aus der Fülle der Literatur zur Pro-
    duktionstheorie dar.
5   Zum Begriff des Produktionsfaktors vgl. z.B. Busse von Colbe/Laßmann (1986), S. 71.
6   Vgl. insbesondere Fandel (1987), S. 51 ff; Kloock (1984), S. 260 ff.
7   Schroeder (1973), S. 13.
8   Zum engen Zusammenhang zwischen Produktions- und Kostentheorie vgl. z.B. Schneeweiß
    (1987), S. 57 ff; Schweitzer/Küpper (1974), S. 27.

onsbereichs[9]. Produktionstheoretische Forschung ist damit nicht allein für die ökonomische Theorie von Interesse[10], sie erhält vielmehr auch im Zusammenhang mit den vielfältigen Fragestellungen und Problemen der Führung und Steuerung von Unternehmen konkrete praktische Relevanz.

Aufgrund der kurz aufgezeigten grundsätzlichen Bedeutung produktionstheoretischer Erkenntnisse sollte eine derartige Theorieentwicklung für alle wichtigen Wirtschaftszweige angestrebt werden.

Durch eine ausführliche Literaturauswertung konnte jedoch Altenburger 1980 nachweisen, daß die vorhandenen produktionstheoretischen Arbeiten nur für die Erzeugung von industriellen Produkten Gültigkeit beanspruchen bzw. beanspruchen können. Im Rahmen seiner Produktions- und Kostentheorie der Dienstleistungen überprüfte er einerseits die Prämissen der herrschenden betriebswirtschaftlichen Produktionstheorie sowie andererseits diesbezügliche Ansprüche der Verfasser produktionstheoretischer Arbeiten. Als zentrales Ergebnis stellt Altenburger fest, daß "die herrschende betriebswirtschaftliche Produktionstheorie auf Dienstleistungen nicht anwendbar"[11] ist und damit, nach der von Altenburger vorgenommenen Abgrenzung der Dienstleistungen[12], auf die Produktion von Sachgütern beschränkt bleibt.

Die somit bestehenden Gültigkeitsgrenzen der bis dahin entwickelten Produktionstheorie werden auch in neueren Untersuchungen, deren Schwerpunkte primär "auf der Erweiterung einfacher produktionsanalytischer Zusammenhänge auf die Fälle der mehrstufigen Mehrproduktfertigung"[13] liegen, nicht erweitert. So wird beispielsweise in den neuesten, den aktuellen Erkenntnisstand der Produktionstheorie widerspiegelnden Veröffentlichungen von Fandel, Kloock und Schneeweiß festgestellt, daß ihre Analyse nur "auf die Produktion materieller Realgüter, ggf. noch nach ihrer Qualität differenziert, von Industrieunternehmen beschränkt

---

9   Kloock (1969b, S. 11) bezeichnet die Produktionstheorie sogar als "Hilfsmittel der Produktionsplanung"; vgl. auch Fandel (1980), S. 87; eine ausführliche Darstellung der Führungsaufgaben speziell im Produktionsbereich findet sich bei Hahn/Laßmann (1986), S. 57 ff.

10   Produktions- und Kostentheorie werden verschiedentlich als die Teildisziplinen angesehen, die die gesamte Betriebswirtschaftslehre erst zu einer Wissenschaft bzw. einer ökonomischen **Theorie** werden ließen, vgl. z.B. Albach (1985), S. 1214; Gutenberg (1957), S. 16 ff; Kappler (1983).

11   Altenburger (1980), S.72.

12   Vgl. Altenburger (1980), S.20 ff.

13   Fandel (1980), S. 87.

bleibt"[14] und damit nur "Produktionsabläufe in Sachleistungsbetrieben Gegenstand unserer Betrachtung"[15] seien.

Auch in diesen, auf die Erzeugung von Industrieprodukten beschränkten Untersuchungen wird meist darauf hingewiesen, daß noch eine Reihe weiterer Wirtschaftsgüter durch die zielgerichtete Kombination anderer knapper Güter hergestellt und damit produziert werden:

"Man produziert materielle Güter wie Schuhe, Lebensmittel und Maschinen, man produziert Dienstleistungen wie Theaterstücke, Filme und Ferienprogramme, aber man produziert auch rein ideelle Güter wie Ideen oder Informationen"[16].

Von den dabei genannten Wirtschaftsgütern steht im folgenden die Produktion von Informationen im Mittelpunkt. Die von Schneeweiß angedeutete Charakterisierung von Informationen als nicht frei verfügbare, absatzfähige Wirtschaftsgüter, die erst durch den Einsatz knapper Ressourcen produziert werden müssen, gehört heute wohl zu den allgemein akzeptierten Ergebnissen der Betriebswirtschaftslehre. So stellt etwa Wittmann fest, daß es "durchaus naheliegend (ist), die Frage der Informationsproduktion ins Auge zu fassen, also den Fall, wo man Faktoren unterschiedlicher Art einsetzt, um erwünschte Informationen als Produkt zu erhalten"[17].

In umfassender Form wurde eine derartige Behandlung von Informationen zuerst von Kosiol in das betriebswirtschaftliche Gedankengut eingeführt. Neben die übli-

---

14 Kloock (1984), S.249.

15 Schneeweiß (1987), S.17; eine entsprechende Eingrenzung des Untersuchungsgegenstandes wird auch von Fandel (1987, S. 10) vorgenommen.

16 Schneeweiß (1987), S.2.

17 Wittmann (1986), S. 521; entsprechende Aussagen hierzu finden sich u.a. bei Bessler (1985), S. 13 ff; Brink (1980), S. 1170; Engelter (1979), S. 115 f; Eschenröder (1985), S. 176; Heinen (1983), S. 20; Hergenhahn (1985), S. 47; Hauke (1984), S. 5 und S. 85 ff; Hopf (1983), S. 186 ff; Knoblich/Beßler (1985), S. 560 ff; Müller (1987), S. 125 ff; Müller/Eckert (1978), S. 459 ff; Müller/Nickel (1984), S. 732 ff; Nickel-Waninger (1987), S. 13 ff; Platz (1980), S. 15; Rehberg (1973), S. 85; Schröder (1973), S. 12 ff; Schulz (1970), S. 98 ff; Wild (1970a), S. 56 ff; Wild (1971), S. 315 ff; König/Niedereichholz (1986, S. 23) sprechen abschwächend von einem "zunehmenden Produktcharakter von Informationen".

cherweise die Unternehmen durchdringenden Real- und Nominalgüterströme stellte Kosiol zusätzlich einen Informationsstrom[18].

Dieser Informationsstrom ist dadurch gekennzeichnet, daß -ebenso wie bei den Realgüterströmen - Produktionsvorgänge stattfinden, in denen als Produkte jedoch Informationen erzeugt werden[19]. Folglich können Büros "dann ebenso wie Dreherei und Fräserei als Werkstätten aufgefaßt werden, in denen allerdings Informationen statt Sachgüter produziert werden"[20].

Die von Kosiol veröffentlichten Erkenntnisse zogen eine Reihe weiterer Untersuchungen zu diesem Themenkomplex nach sich[21]. Rehberg fand es aufgrund der Interpretation von Informationen als Produkte naheliegend "zu prüfen, ob sich bei der Produktion von Informationen Gesetzmäßigkeiten feststellen lassen, die es erlauben, allgemeine Informationsproduktionsfunktionen zu entwickeln"[22].

Als Ergebnis seiner relativ ausführlichen Analyse hält Rehberg fest, daß eine formale Darstellung der Informationserzeugung durch eine Produktionsfunktion nicht möglich sei. Als wesentliche Gründe für diese These nennt Rehberg[23]:

a) Eine notwendige mengen- und artmäßige Abgrenzung der Informationsprodukte ist nicht problemlos möglich.

b) Die mangelnde Homogenität des bedeutsamsten Produktionsfaktors bei der Informationsproduktion, der menschlichen Arbeitskraft, gerade im Informationsbereich und die daraus folgenden Meßprobleme des Faktoreinsatzes stehen der Entwicklung einer Produktionsfunktion entgegen.

c) Informationen sind nicht nur das Ergebnis der Verarbeitungsprozesse, sondern gehen auch als Produktionsfaktoren in die Verarbeitung ein. Da diese

---

18   Vgl. Kosiol (1968), S. 201 ff.
19   Vgl. Kosiol (1968), S.207.
20   Kosiol (1968), S.204; vgl. auch Mag (1974), S. 480 ff.
21   Vgl. hierzu beispielsweise die Arbeiten von Müller (1973); Rehberg (1973); Schulz (1969, 1970); Wild (1970a, 1971).
22   Rehberg (1973), S. 85.
23   Vgl. die Untersuchung bei Rehberg (1973), S. 86 ff.

eingesetzen Informationen selbst wieder produziert werden, ergeben sich Probleme bei der Messung des Faktoreinsatzes.

Diese von Rehberg angeführten Argumente, insbesondere die diversen Quantifizierungsprobleme, werden auch in neueren Untersuchungen[24] in diesem Zusammenhang als Gründe für ein Scheitern der Anwendung des produktionstheoretischen Instrumentariums angeführt. Ein zusätzlicher Grund sei[25]:

d)   Die Produktionstheorie ist eine verwendungsunabhängige Theorie, die sich um die Zweckbestimmung der Endprodukte nicht kümmert. Dies ist bei einer Informationsproduktionstheorie nicht möglich, da sich Informationen immer auf ein bestimmtes Entscheidungsproblem beziehen.

Macht man sich diese vier Problembereiche bewußt, so erscheint es plausibel, daß bis heute keine umfassende Informationsproduktionstheorie entwickelt wurde[26]. Dies mag allerdings auch darin begründet liegen, daß die betriebswirtschaftliche Theorie insgesamt der Erforschung von Informationsaspekten bisher nur sehr wenig Aufmerksamkeit schenkte. Gerade die normative entscheidungstheoretische Betrachtungsperspektive[27], die die gesamte betriebswirtschaftliche Theorieentwicklung dominiert, schließt bei der Analyse von Entscheidungsproblemen alle Fragen der Informationsbeschaffung und -produktion explizit aus. Sie unterstellt in ihren Modellen und Lösungsansätzen stets einen vollkommen rational handelnden Entscheider[28]. Dieser "homo oeconomicus" zeichnet sich dadurch aus, daß er jeweils im Besitz aller, zur Lösung seiner Entscheidungsprobleme relevanter Informationen und damit ein vollkommen informierter "Alleswisser"[29] ist.

Diese Grundprämisse normativer entscheidungstheoretischer Ansätze wird in nahezu allen betriebswirtschaftlichen Verfahren und Modellen unterstellt, unabhän-

---

24   Beispielsweise in den Arbeiten von Mag (1977), S. 157 ff und Müller-Ettrich/Schelle (1980), S. 1161 ff; die beiden letztgenannten Autoren sprechen sogar von nahezu unüberwindlichen Schwierigkeiten bei der Entwicklung von Produktionsfunktionen für den Informationsbereich.

25   Vgl. Mag (1977), S. 159.

26   Ansätze einer solchen Theorie bilden insbesondere die schon erwähnten Arbeiten von Hauke (1984); Müller (1973, 1987); Müller/Eckert (1978); Wild (1970a, 1971).

27   Vgl. hierzu z.B. Laux (1982); Menges (1974).

28   Vgl. z.B. Menges (1974), S. 87.

29   Mag (1977), S. 1; ausführlicher zur Informationslage des homo oeconomicus vgl. Kirsch (1977), S. I/27 ff.

gig von dem jeweils betrachteten konkreten Problembereich. So drückt sich die Rationalitätsprämisse beispielsweise bei einfachsten Investitionsrechenverfahren wie etwa der Kapitalwertmethode unter anderem dadurch aus, daß die Kenntnis der zu diskontierenden Ein- und Auszahlungsströme vorausgesetzt wird[30]. Bei Materialbedarfsplanungen mittels Stücklistenauflösung wird stets das Vorhandensein einer Stückliste angenommen und dann lediglich deren "Auflösungsprozeß" analysiert[31]. Auch bei komplexeren Modellen der Linearen Programmierung wird der vollkommen informierte Anwender vorausgesetzt, von den Problemen der Informationsgewinnung wird gänzlich abstrahiert[32].

Für einen Entscheider, wie er explizit oder implizit in den exemplarisch aufgeführten und auch in allen anderen normativen betriebswirtschaftlichen Modellansätzen unterstellt ist, verlieren die geschilderten vielfältigen Informationsprobleme vollkommen an Relevanz[33]. Folglich kann es auch nicht verwundern, daß sich die betriebswirtschaftliche Theorie bisher kaum mit einer theoretischen Analyse der Erzeugung von Informationen beschäftigt hat.

Vor dem hier beschriebenen Hintergrund erscheint es dann als zumindest nicht selbstverständlich, eine möglichst umfassende und systematische produktionstheoretische Fundierung der Informationsverarbeitung herleiten zu wollen. Dieses so formulierte Ziel soll dennoch mit der vorliegenden Arbeit angestrebt werden. Für die dargestellten Problembereiche sollen theoretisch fundierte Konzepte und Lösungsansätze entwickelt werden, wobei insbesondere auch die Fragestellung der Praktikabilität und Operationalisierbarkeit nicht vernachlässigt werden soll.

---

30   Vgl. z.B. Perridon/Steiner (1988), S. 28 ff.
31   Vgl. z.B. Schneeweiß (1987), S. 47 ff.
32   Vgl. etwa die Modelle in Müller-Merbach (1973) oder Blohm/Lüder (1974).
33   Vgl. auch Müller (1987), S. 124.

2. DIE NOTWENDIGKEIT EINER INFORMATIONSPRODUKTIONS-THEORIE

Nicht gefolgt werden kann hier somit der von Rehberg und Mag abgeleiteten Konsequenz, daß eine Informationsproduktionsthcorie überhaupt nicht entwickelbar sei. Es gibt vielmehr eine Reihe gewichtiger Gründe[34], die die Formulierung einer solchen Produktionstheorie sogar als notwendig erscheinen lassen. Die im folgenden ausführlich darzustellenden Argumente für eine Informationsproduktionstheorie ergeben sich sowohl aus dem Bereich der Unternehmenspraxis als auch aus der Notwendigkeit der weiteren betriebswirtschaftlichen Theorieentwicklung.

2.1 THEORETISCHE FUNDIERUNG DER VORGÄNGE ZUR INFORMATIONSPRODUKTION IN DER BETRIEBLICHEN REALITÄT

2.1.1 INNERBETRIEBLICHE INFORMATIONSPRODUKTIONS-PROZESSE

Innerbetrieblich ablaufende Prozesse der Produktion von Informationen sind in ausnahmslos allen existierenden Unternehmen anzutreffen. Derartige interne Informationsproduktionen bleiben dabei nicht auf einzelne isolierte Unternehmensteile beschränkt, sondern finden vielmehr in nahezu allen Unternehmensbereichen statt. Gleichzeitig sind diese vielfältigen Informationsvorgänge über sämtliche hierarchische Ebenen eines Unternehmens verteilt[35].

Die beiden wesentlichsten, auf unterschiedlichen Hierarchieebenen angesiedelten Unternehmensbereiche, deren Aufgabe ausschließlich in der Produktion von Informationen besteht, bilden das betriebliche Rechnungswesen sowie die Unternehmensführung mit den ihr unmittelbar angeschlossenen Abteilungen.

---

34 Auf eine generelle Auseinandersetzung mit den Rationalitätsannahmen in normativen Modellen der Betriebswirtschaftslehre soll verzichtet werden, vgl. hierzu z.B. Kirsch (1977), S. I/64 ff; Simon (1957), S. 146 ff; Simon (1981), S. 115 ff.

35 Vgl. Eschenröder (1985), S. 16.

Die zentrale Aufgabe des Rechnungswesens ist es, alle betrieblichen Geld- und Leistungsströme, sofern sie "durch den Prozeß der betrieblichen Leistungserstellung und -verwertung (betrieblicher Umsatzprozeß) hervorgerufen werden"[36], mengen- und wertmäßig zu erfassen und zu überwachen. Da hier somit Informationen über alle innerbetrieblichen ökonomischen Vorgänge gesammelt und verarbeitet werden, wird das Rechnungswesen auch als "Informationszentrum" der Unternehmen[37] bezeichnet.

Neben diesen eher operationalen Aufgaben der Informationsverarbeitung sind die auch für den wirtschaftlichen Erfolg eines Unternehmens bedeutsamsten Informationsproduktionsprozesse auf der Ebene der Unternehmensführung zu finden.

Die Unternehmensführung hat durch die Ausführung von Planungs-, Organisations- und Kontrollaufgaben das gesamte betriebliche Geschehen entsprechend der gesetzten Unternehmensziele zu steuern und zu lenken[38]. Da die Qualität der in diesem Rahmen zu treffenden Führungsentscheidungen wesentlich von den zur Verfügung stehenden Informationen abhängt[39], ist hier stets ein Informationsbedarf vorhanden. Dieser Informationsbedarf wird innerbetrieblich einerseits durch das Rechnungswesen als Informationsquelle gedeckt. Andererseits müssen auch von der Unternehmensführung selbst entsprechende Informationen intern produziert oder aber von externen Informationsmärkten beschafft werden. Die von der Unternehmensführung zu bewältigenden Entscheidungsprozesse sind damit im wesentlichen durch Vorgänge zur Beschaffung und Produktion von Informationen gekennzeichnet[40].

Diese in der betrieblichen Realität zu findenden vielfältigen Prozesse der Produktion von Informationen haben in den letzten 20-30 Jahren erheblich an Umfang zugenommen und gleichzeitig auch an wirtschaftlicher Bedeutung gewonnen[41]. Als

---

36 Wöhe (1986), S. 865.

37 Vgl. den Titel des Buches von Neuhof (1978); zur hier nicht näher zu behandelnden Rolle des Rechnungswesens als innerbetrieblicher Informationsproduzent vgl. auch Coenenberg (1976), S. 1; Eisele (1985); Kloock (1978), S. 494; Sinzig (1983), S. 20 f.

38 Zu einer ausführlichen Darstellung der Unternehmensführung sowie der einzelnen Führungsfunktionen vgl. die relevanten Aufsätze in Baetge u.a. (1984).

39 Der Zusammenhang zwischen Information und Entscheidung wird besonders deutlich herausgearbeitet bei Mag (1977) und Rehberg (1973), S. 21 ff.

40 Ausführlicher behandelt bei Eschenröder (1985), S. 39 ff; Hauke (1984), S. 6 f; Müller-Ettrich/Schelle (1980), S. 1161 ff; Wild (1970a), S. 50.

41 Vgl. Eschenröder (1985), S. 12; Hauke (1984), S. 7.

wesentliche Ursachen hierfür[42] sind insbesondere zwei Entwicklungen herauszustellen:

Zum einen ist generell eine steigende betriebswirtschaftliche Rationalität bei der Unternehmensführung zu konstatieren[43], die sich insbesondere dadurch konkretisiert, daß zum Zwecke der Führung und Steuerung von Unternehmen vermehrt von der Betriebswirtschaftslehre zur Verfügung gestellte Analyseinstrumente sowie Planungs- und Entscheidungsmodelle Verwendung finden. Grundvoraussetzung für einen erfolgreichen Einsatz derartiger ökonomischer Führungstechniken und -verfahren ist jedoch das Vorhandensein bzw. die Beschaffung einer oft großen Menge unterschiedlichster, für den jeweiligen Entscheidungsbereich relevanter Informationen[44].

Neben diesem durch Fortschritte bei der Entwicklung und dem Einsatz rationaler Führungsinstrumente und damit letztlich durch die Betriebswirtschaftslehre selbst induzierten wachsenden Informationsbedarf, ist als zweiter wesentlicher Grund für die vermehrte innerbetriebliche Informationsproduktion der auf diesem Gebiet erzielte grundlegende technologische Fortschritt zu nennen. Dieser ist sowohl durch die Entwicklung immer leistungsfähigerer maschineller Informationsverarbeitungs- und Kommunikationstechnologien als auch, parallel dazu, durch die ständige Verbesserung der Preis/Leistungsverhältnisse[45] der vorhandenen Technologien gekennzeichnet. Solche sich ständig verbessernden technologischen Bedingungen erlauben und fördern es, immer umfangreichere und komplexere Informationsproduktionsaufgaben zu lösen.

Die enorme Ausweitung der mit der innerbetrieblichen Produktion von Informationen verbundenen Aktivitäten bringt gleichzeitig ein starkes Anwachsen der durch diese Tätigkeiten entstehenden Kosten mit sich. So spricht beispielsweise Platz[46] von einer Informationslawine, "die ihrerseits wiederum eine Kostenlawine auslöste". Diese in Theorie und Praxis unbestrittene Einschätzung[47] ist bisher al-

---

42 Vgl. auch die Übersicht über die Ursachen des wachsenden Informationsbedarfes in den Unternehmen bei Wacker (1971), S. 65.
43 Vgl. z.B. Horvath (1981), S. 404; König/Niedereichholz (1986), S. 18 ff.
44 Vgl. Müller (1974), S. 688.
45 Vgl. z.B. König/Niedereichholz (1986), S. 4 ff.
46 Platz (1980), S. 15.
47 Vgl. z.B. Berthel (1975), S.9; Eschenröder (1985), S. 18.

lerdings noch nicht Gegenstand einer systematischen empirischen Untersuchung gewesen, so daß das Ausmaß dieser "Kostenlawine" bisher nicht exakt bestimmt werden konnte[48]. Das stetige Zunehmen der Kosten innerbetrieblicher Informationsproduktionen kann lediglich indirekt durch Indikatoren wie die Zahl der Angestellten im Büro- und Verwaltungsbereich der Unternehmen aufgezeigt werden[49].

Dieser stark an Bedeutung gewinnende Kostenblock sowie andererseits auch die in einigen Untersuchungen festgestellte geringe Produktivität in den informationsproduzierenden Bereichen der Unternehmen (vgl. Abb. 1)[50] macht deutlich, daß hier ein beachtliches Potential für Wirtschaftlichkeits- und Effizienzüberlegungen entstanden ist.

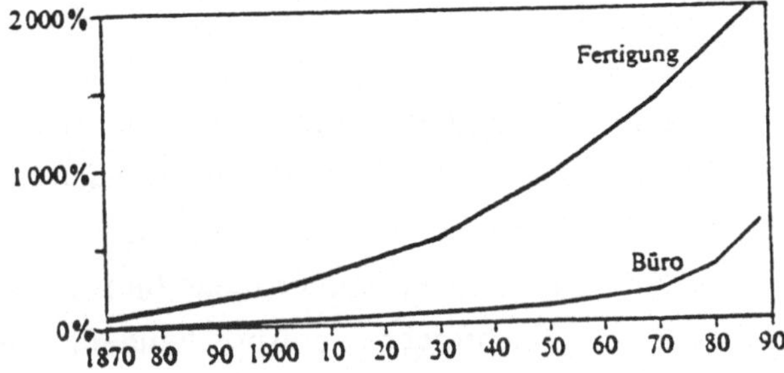

Abb. 1: Produktivitätsentwicklung im Fertigungs- und Bürobereich[51]

---

48 Auch in vielen neueren Arbeiten - so z.B. Hauke (1984), S. 8 - wird in diesem Zusammenhang gerne eine Schätzung von Mc Donough (1963, S. 5) zitiert, nach der der Anteil der Informationskosten an den Gesamtkosten amerikanischer Unternehmen über 50 % beträgt. Dieser Kenngröße mangelt es jedoch mittlerweile an Aktualität, zudem war sie nur für die amerikanische Wirtschaft gültig.

49 Zu solchen Analysen vgl. Müller-Ettrich/Schelle (1980), S. 1161; Picot (1979), S. 1151 f; Platz (1980), S. 15 ff.

50 Vgl. Eschenröder (1985), S. 18; Hauke (1984), S. 5.

51 Aus: Hoffmann, F. (1986), S. 490.

Von Wild ist die starke ökonomische Relevanz der Vorgänge zur Informationsproduktion in den Unternehmen aller Wirtschaftszweige schon 1970 erkannt worden. Um diesen Bereich für Wirtschaftlichkeitsüberlegungen zugänglich zu machen, entwickelte Wild als ersten Schritt hierzu ein auf Stückkosten basierendes Informationskostenrechnungs-System[52], mit dessen Hilfe er versucht, die mit der Informationsproduktion verbundenen Kosten zu bestimmen und zuzurechnen.

Der Ansatz von Wild, auf dessen theoretische Fundierung später noch eingegangen wird, konnte sich jedoch hauptsächlich wegen mangelnder Praktikabilität[53] in der betriebswirtschaftlichen Diskussion nicht durchsetzen. Gleichwohl blieb die Notwendigkeit der Entwicklung eines leistungsfähigen Informationskostenrechnungssystems bis heute aktuell[54].

Neben diesen Untersuchungen zu einer Informationskostenrechnung wird darüber hinaus in der aktuellen Diskussion die Forderung erhoben, den Bereich der innerbetrieblichen Informationsproduktion vermehrt der betrieblichen Planung zu unterwerfen.

Der Anlaß für diese ausführlich von Eschenröder[55] begründete Forderung ist die Tatsache, daß der schon angesprochene technologische Fortschritt im Bereich der Informationsverarbeitung den "ökonomisch begründeten Produktionswiderstand erheblich herabsetzt"[56]. Es werden in den Unternehmen immer mehr Informationen produziert, ohne daß die Bedürfnisse der Nachfrager in entsprechendem Umfang berücksichtigt werden.

Die dadurch entstehende Diskrepanz zwischen Informationsangebot und Informationsnachfrage führt einerseits dazu, daß eine angestrebte optimale Informationsversorgung in den Unternehmen nicht erreicht werden kann[57]. Wie u.a. in den kostspieligen Versuchen mit "Management-Informations-Systemen" festgestellt

---

52 Vgl. Wild (1970a, 1970b).
53 Zu einer ausführlichen Darstellung und kritischen Diskussion des Theorieansatzes von Wild vgl. S. 148 ff.
54 Verschiedene Möglichkeiten einer Informationskostenrechnung werden von Hauke (1984), S. 132 ff zur Diskussion gestellt; siehe auch Brink (1980), S. 1168 ff; Müller-Ettrich/Schelle (1980), S. 1161 ff; Platz (1980), S. 122 ff; Strassmann (1976), S. 136 ff.
55 Vgl. Eschenröder (1985).
56 Eschenröder (1985), S. 17.
57 Vgl. Eschenröder (1985), S. 17 f.

werden konnte, führt nämlich eine reine Vermehrung der Informationsproduktion nicht automatisch auch zu einer qualitativen Verbesserung der Informationslage der Nachfrager[58].

Andererseits verursacht diese Produktion von eigentlich nicht benötigten Informationen ebenfalls nicht unerhebliche Kosten. Zur Verminderung dieser Kosten und um insgesamt diesem ineffizienten, aus ökonomischer Perspektive nicht zu rechtfertigenden Zustand entgegenzusteuern, wird von verschiedenen Seiten eine effektive Gestaltung und zielgerichtete Planung aller Vorgänge der Informationsproduktion gefordert[59]. Erste Vorschläge hierzu, die bis hin zur Einsetzung eines allerdings stark EDV-orientierten Informationsmanagers oder der Realisierung eines strategischen Managements der Informationsverarbeitung reichen, werden bereits in der Literatur diskutiert[60].

Des weiteren steht das Problem der Diskrepanz zwischen Informationsangebot und Informationsnachfrage und der daraus abgeleiteten Notwendigkeit der Koordination im Mittelpunkt der in den letzten Jahren stark in den Vordergrund des betriebswirtschaftlichen Interesses gerückten Controlling-Diskussion[61]. In der Praxis ist eine solche Controllingfunktion aus der beschriebenen Koordinierungsproblematik überhaupt erst entstanden[62]. Auch in der betriebswirtschaftlichen Theorie wird die Koordination von Informationsangebot und -nachfrage entweder als ausschließliche[63] oder zumindest als eine der wesentlichen Aufgaben des Controlling bezeichnet[64].

---

58   Vgl. Müller (1986), S. 349 ff; Ackoff (1967, S. 147 ff) spricht provokativ von "Management Misinformation Systems". Zu Management-Informations-Systemen vgl. z.B. Crowe/Avison (1980); Kirsch/Klein (1977) und weitere kritische Ausführungen bei Müller (1980).
59   Eschenröder (1985), S. 17, Fn. 32.
60   Vgl. Eschenröder (1985), S. 73 ff; zum Informationsmanager vgl. Edinger/Wiechert (1982), S. 28 ff; Niedereichholz/Wentzel (1985), S. 284 ff; Scheer (1985a); zum strategischen Informationsmanagement vgl. Fischbacher (1986).
61   Vgl. den Überblick über aktuelle Controlling-Literatur von Franzen (1987), S. 607 ff und auch Eschenbach (1988), S. 206 ff.
62   Vgl. Horvath (1986), S. 120.
63   So z.B. bei Müller (1974), S. 683 ff.
64   Vgl. die konzeptionelle Fundierung des Controlling bei Küpper (1987), S. 82 ff; Horvath (1986), S. 124 ff.

Neben diesen vielfältigen, in allen Unternehmen ablaufenden Vorgängen der Informationsproduktion und der damit verbundenen ökonomischen Probleme ist in der betrieblichen Realität eine weitere wesentliche Veränderung zu beobachten.

2.1.2 DIE INFORMATIONSBETRIEBE

Es ist eine ganze Reihe neuer Unternehmenstypen entstanden, deren Hauptaufgabe darin besteht, Informationen zu produzieren und abzusetzen. Damit kann der in allen Unternehmen vorhandene Informationsbedarf, der dort nicht durch innerbetriebliche Informationsproduktion gedeckt werden kann oder soll, befriedigt werden. Diese neu entstandenen Unternehmen bilden mit schon lange existierenden, klassischen informationsproduzierenden Einrichtungen einen neuen Wirtschaftszweig, der ebenfalls mehr und mehr in den Mittelpunkt betriebswirtschaftlicher Diskussionen rückt.

In den Unternehmen dieses Wirtschaftszweiges werden ausnahmslos Vorgänge der Informationsverarbeitung bewältigt. Anstelle der materiellen Produktionsprozesse in Industrieunternehmen treten hier ebenfalls Aktivitäten der Informationsverarbeitung. Der für Industrieunternehmen typische Realgüterstrom wird durch einen weiteren Informationsstrom im Sinne Kosiols ersetzt (vgl. Abb. 2). Derartige Institutionen sollen der Notation bei Bessler folgend "Informationsbetriebe" genannt werden[65].

---

65 Vgl. Bessler (1985), S. 13 ff.

INDUSTRIEBETRIEB	INFORMATIONSBETRIEB
REALGÜTER INFORMATIONEN NOMINALGÜTER	INFORMATIONEN NOMINALGÜTER

Abb. 2: Güterströme im Industriebetrieb und im Informationsbetrieb

Zu diesen Informationsbetrieben zählen auf der einen Seite verschiedene öffentlich-rechtliche Einrichtungen, die meritorische Güter anbieten und primär das Ziel einer Bedarfsdeckung anstreben. Als Beispiele für "öffentlich-rechtliche Informationsbetriebe" können genannt werden[66]:

Schulen und Hochschulen, öffentliche Forschungseinrichtungen, Statistische Ämter, öffentliche Bibliotheken und Mediotheken, Bundes- und Landesarchive, Rundfunk- und Fernsehanstalten, öffentlich-rechtliche Verwaltungen aller Art.

Neben diesen diversen öffentlichen Einrichtungen gibt es andererseits auch eine große Zahl an "privatwirtschaftlichen Informationsbetrieben", die unter gewinnorientierten Zielsetzungen Informationen als absatzfähige Güter erzeugen und am Markt anbieten[67]. Diese Informationsbetriebe treten, wie auch die öffentlichen Einrichtungen, in äußerst vielfältigen Erscheinungsformen auf. Sie bildeten sogar den Gegenstand einer typologischen Studie mit dem Ziel der Erfassung und Systematisierung aller auftretenden Typen[68]. Zu den bedeutendsten privatwirtschaftlich organisierten Informationsbetrieben zählen[69]:

---

66 Vgl. Höring (1980), Sp. 915 ff.
67 Vgl. Knoblich/Beßler (1985), S. 562; Nickel-Waninger (1987), S. 76.
68 Vgl. Bessler (1985); Knoblich/Beßler (1985).
69 Zu dieser Zusammenstellung vgl. Bessler (1985), S. 148 ff; Höring (1980), Sp. 915 ff; Nickel-Waninger (1987), S. 76.

Verlage, Nachrichtenagenturen, Dokumentationsstellen, Marktforschungsinstitute, Beratungsunternehmen aller Art, insbesondere EDV-
Beratung, Software-Häuser, Übersetzungsbüros, Werbeagenturen,
Wirtschaftsauskunfteien, Repetitorien, Schreibbüros, Informationsbroker und auch Versicherungen[70].

Mit diesen Aufzählungen ist es nicht beabsichtigt, eine vollständige Zusammenstellung aller Informationsbetriebe anzufertigen. Sie sollen jedoch die vielfältigen,
in der Realität zu beobachtenden Formen von informationserzeugenden Unternehmen und Einrichtungen demonstrieren.

Von diesen hier erwähnten Informationsbetrieben ist eine nicht unerhebliche Zahl
auch von großer ökonomischer Bedeutung. Bei Wirtschaftszweigen wie beispielsweise dem Versicherungswesen ist dies offensichtlich und dient dort sogar teilweise zur Rechtfertigung für marktregulierende Eingriffe[71]. Das wirtschaftliche
Potential erst jüngst in den Vordergrund tretender Unternehmen, wie z.B. Infor-
mationsbrokern, Marktforschungsinstituten, EDV-Beratungen oder Software-Häu-
sern, kann leicht anhand einiger exemplarisch ausgewählter Daten verdeutlicht
werden:

o   Ab 1934 entstanden in der Bundesrepublik ca. 250 Marktforschungsinstitute,
    die 1983 einen Jahresumsatz von ca. 450 Mill. DM erzielten[72].

o   In den 70er Jahren entstand in Amerika der Geschäftszweig der Informations-
    broker. Mittlerweile haben sich dort ca. 100 derartige Unternehmen etabliert,
    von denen einige einen Umsatz in Millionenhöhe realisieren[73].

o   Von Nickel-Waninger[74] wurde die Entwicklung des Beratermarktes analysiert,
    zu dem Ehe- und Familienberatung, psychologische Beratung, Erziehungs-,
    Rechts- und Steuerberatung, Wirtschaftsprüfung, klassische Unternehmensbe-
    ratung, EDV- und Softwareberatung sowie Markt- und Meinungsforschung ge-

---

70   Zur Charakterisierung von Versicherungsunternehmen als Informationsbetriebe vgl. S. 187 ff.
71   Vgl. hierzu die entsprechenden Ausführungen z.B. bei Hollenders (1985), S. 284 ff; Horn (1985),
     S. 25 ff.
72   Vgl. Bessler (1985), S. 174.
73   Vgl. Bessler (1985), S. 166; Winand (1988), S. 1130 ff; Zelewski (1987), S. 737 ff.
74   Vgl. Nickel-Waninger (1987), S. 82 f.

rechnet werden. Die Umsätze dieses Beratermarktes stiegen von 1964 bis 1978 um das Sechsfache, und zwar von 3,4 Mrd. auf 19,4 Mrd. DM, an.

o   Besonders deutlich kann das enorm angestiegene wirtschaftliche Potential neuerer Wirtschaftszweige an der Entwicklung des Software-Marktes aufgezeigt werden. Hierzu wurden in der jüngsten Zeit zwei ausführlichere Untersuchungen vorgelegt. Die von der Gesellschaft für Mathematik und Datenverarbeitung[75] geschätzten Daten zeigen von 1978 bis 1982 ein 18%iges jährliches Wachstum des Software-Marktes bei einem für 1984 geschätzten Marktvolumen von 6,0 Mrd. (vgl. Abb. 3). In einer Veröffentlichung des HWWA-Instituts für Wirtschaftsforschung, Hamburg[76], wird dagegen für 1984 sogar von einem Marktvolumen von 6,9 Mrd. DM ausgegangen. Für 1989 wird ein weiteres Wachstum auf ca. 14. Mrd. DM prognostiziert.

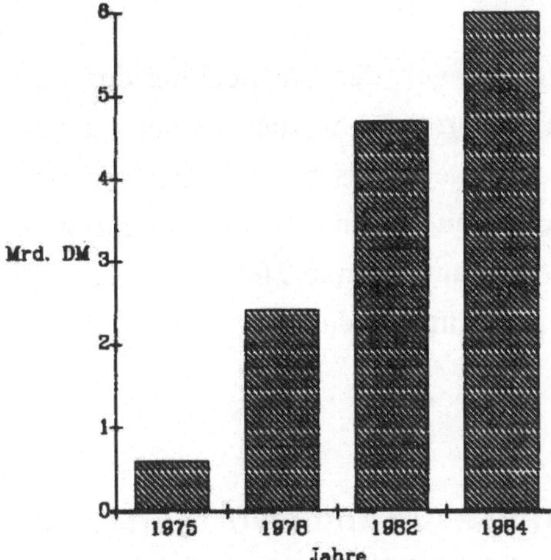

Abb. 3: Die Entwicklung des deutschen Software-Marktes[77]

Diese neuen, sich parallel mit dem enormen Fortschritt der Informationstechnik entwickelnden Informationsbetriebe führten auch zu Veränderungen in gesamtwirtschaftlicher Betrachtungsperspektive.

---

75   Vgl. Neugebauer (1986), S.2 ff; die Daten müssen geschätzt werden, da für den Softwaremarkt keine amtlichen Statistiken geführt werden.
76   Vgl. Maenner (1986), S. 15 ff; siehe auch Maenner (1987), S. 29 ff.
77   Entnommen aus Neugebauer (1986), S. 3.

Wie Eschenröder[78] darlegt, wurde hier das klassische Drei-Sektoren-Modell der Volkswirtschaft (Land- und Forstwirtschaft, warenproduzierendes Gewerbe, Dienstleistungsgewerbe[79]) um einen Informationssektor ergänzt. Ohne detaillierter auf die dort vorgenommenen Abgrenzungen der einzelnen Sektoren einzugehen, kann festgestellt werden, daß diese Analysen die hier aufgezeigten Tendenzen der immer weiter ansteigenden ökonomischen Relevanz der Informationsproduktion unterstützen[80].

Die damit nachgewiesene Vielfalt an informationsproduzierenden Unternehmen und deren zunehmende wirtschaftliche Bedeutung sowie die vielfältigen ökonomisch relevanten Prozesse zur Produktion von Informationen in allen Unternehmen stellen die beiden zu beobachtenden Ausprägungen eines grundlegenden Wandels in der Unternehmensrealität dar.

Diese bedeutsamen, hauptsächlich von der Entwicklung der Informationstechnik ausgelösten realen Veränderungsprozesse werden bisher jedoch noch nicht entsprechend in den theoretischen Erkenntnissen der Betriebswirtschaftslehre reflektiert. Eine notwendige theoriegeleitete Analyse der beschriebenen, veränderten realen Vorgänge und die darauf aufbauende Herleitung von Empfehlungen zur Gestaltung der betrieblichen Realität sind daher erforderlich[81].

2.1.3 "EDV-ORIENTIERTE BETRIEBSWIRTSCHAFTSLEHRE" VERSUS THEORIE DER INFORMATIONSPRODUKTION

Die Integration der Informationsverarbeitungstechnologien sowie ihrer vielfältigen Konsequenzen in die betriebswirtschaftliche Theorie wird mit dem hier beabsichtigten, von Müller zur Diskussion gestellten[82] Ansatz einer **produktionstheoreti-**

---

78 Vgl. Eschenröder (1985), S.9 f.
79 Eine ausführliche Beschreibung der Gliederungsmöglichkeiten der Volkswirtschaft in Sektoren und Funktionsbereiche findet sich bei Engelter (1979), S. 12 ff.
80 Vgl. z.B. Eschenröder (1985), S. 11.
81 Vgl. z.B. Müller (1987), S. 119; Scheer (1985b), S. 112.
82 Vgl. Müller (1987), S. 119 ff.; Müller/Eckert (1978), S. 459 ff.

schen Analyse der Informationsverarbeitung als Ziel verfolgt. Müller-Merbach und Scheer schlagen hierzu jedoch ein prinzipiell anderes Vorgehen vor.

Müller-Merbach und Scheer fordern eine Neuorientierung der gesamten Betriebswirtschaftslehre. Müller-Merbach propagiert dabei eine "informationsorientierte Betriebswirtschaftslehre", die neben der entscheidungsorientierten Betriebswirtschaftslehre Heinens oder der systemorientierten Betriebswirtschaftslehre Ulrichs stehen und sich auf die "betrieblichen Informationsstrukturen und Informationsverarbeitungsabläufe"[83] ausrichten soll. Dies bedeutet zum einen, daß die Unternehmen einzig durch ihre Informationsstrukturen und die Abläufe der Informationsverarbeitung charakterisiert werden. Zum anderen ist das vorhandene betriebswirtschaftliche Wissen an die "Möglichkeiten, Erfordernisse und Denkstrukturen der Informatik"[84] anzupassen.

Während für Müller-Merbach's Ansatz ein starkes, an der EDV orientiertes instrumentelles Gewicht nur vermutet werden kann[85], stellt Scheer die EDV explizit in den Mittelpunkt seiner Überlegungen zu einer EDV-Orientierung der Betriebswirtschaftslehre. Er fordert eine Gestaltung aller betriebswirtschaftlichen Ablauf- und Entscheidungskonzepte derart, daß die Möglichkeiten der EDV optimal genutzt werden. Als wesentliche Aufgabe der "EDV-orientierten Betriebswirtschaftslehre" sieht er dann die Entwicklung von Datenstrukturen und Anwendungssoftware sowie die Ablaufsteuerung von Informationssystemen an[86].

Die von Scheer und Müller-Merbach vorgetragene Neuorientierung der Betriebswirtschaftslehre ist insbesondere von Müller und Heinrich kritisch diskutiert worden. Diese Autoren kritisieren zwar ebenfalls die aufgezeigten Anpassungsdefizite der Betriebswirtschaftslehre in bezug auf die enorme Ausbreitung der Informationstechnik in der Unternehmenspraxis[87], sie äußern jedoch einige grundlegende Bedenken gegen den vorgeschlagenen Ansatz:

---

83 Müller-Merbach (1985), S. 122.

84 Müller-Merbach (1985), S. 125.

85 Vgl. Müller (1987), S. 121.

86 Vgl. hierzu Scheer (1985b), S. 89 und S. 112 f; in Scheer (1987, S. 184 ff) wird ein 33 Punkte umfassender Aufgabenkatalog für eine EDV-orientierte Betriebswirtschaftslehre angegeben.

87 Anders dagegen Steffens (1986, S. 904), der die Diskussion über eine EDV-orientierte Betriebswirtschaftslehre "für völlig überflüssig hält", da die "Durchsetzung der Betriebswirtschaftslehre mit Informations- und Kommunikationstechnologien bereits in Gang ist oder für selbstverständlich gehalten wird".

o   Die EDV habe nicht die herausragende Bedeutung für die Betriebswirtschaftslehre, die ihr von Scheer und Müller-Merbach zugeschrieben werde. Die EDV
    sei vielmehr ein "Sachmittel besonderer Art", das sich von einem "bloßen
    Hilfsmittel zu einem Aktionsträger gewandelt habe"[88].

o   Obwohl der Mensch noch die weitaus dominierende Rolle bei der Informationsproduktion spiele, findet dieser in der von Scheer und Müller-Merbach
    konzipierten Welt der maschinellen Informationsverarbeitung keine Berücksichtigung mehr[89].

o   Durch die Restriktion allein auf die Informationstechnik gehe der Zusammenhang zu den betrieblichen Sachaufgaben verloren. Ferner bestehe die Gefahr,
    daß der vorhandene, aus der Analyse der Sachaufgaben gewonnene Theoriebestand der Betriebswirtschaftslehre nicht in eine "EDV-orientierte Betriebswirtschaftslehre" integriert und dort weiterentwickelt werden könne[90].

Die hier vorgetragenen Bedenken gegen eine EDV- oder informationsorientierte
Betriebswirtschaftslehre erscheinen auch aus der Perspektive der geschilderten
Auswirkungen der Informationsverarbeitungstechnologien als gerechtfertigt. Dadurch, daß allein EDV-technische Aspekte zum Objekt des wissenschaftlichen Interesses der Betriebswirtschaftslehre werden, gelingt zwar eine Integration der Informationstechnik, nicht aber in gleichem Maß eine Integration der mit diesen
Techniken verbundenen und äußerst bedeutsamen Konsequenzen. Insbesondere
ist nicht zu erkennen, wie eine EDV-orientierte Betriebswirtschaftslehre eine
theoretisch fundierte Unterstützung zur Lösung der aufgezeigten Probleme, etwa
bezüglich Informationskostenrechnungen, Produktivitätsanalysen oder Planungsfragen, leisten kann[91].

Zur Behandlung dieser vorwiegend die Unternehmenspraxis betreffenden Fragestellungen ist vielmehr Unterstützung durch die Entwicklung produktionstheoretischer Erkenntnisse zu erwarten. Eine der wesentlichen Funktionen der Produkti-

---

88   Heinrich (1986), S. 898 und S. 896; Kurbel (1987a, S. 93) spricht in diesem Zusammenhang von
     einem "etwas abgehobenen Szenario von Müller-Merbach".
89   Vgl. Müller (1987), S. 123.
90   Vgl. Müller (1987), S. 122.
91   Auch Kurbel (1987b, S. 58) erscheinen deshalb die EDV-technischen Fragestellungen als "Erkenntnisobjekt für eine ganze Betriebswirtschaftslehre" als "etwas mager".

onstheorie ist es schließlich, das theoretische Fundament zur Lösung derartiger Probleme zu bilden:

So ist es für Kostenbetrachtungen notwendig, die Produktionsfaktoren und ihre Einsatzmengen zu kennen und zur Analyse der Produktivität ist neben der Kenntnis der Produktionsfaktoren auch die Berücksichtigung des funktionalen Zusammenhangs zwischen den Produktionsfaktoren und den Produkten notwendige Voraussetzung[92]. Die Behandlung von Problemen der Produktionsplanung läßt sich sogar oft nicht eindeutig von produktionstheoretischen Analysen trennen. Es gehen dabei meist Annahmen über die zugrundeliegenden Produktionsstrukturen ein, so daß produktionstheoretische Erkenntnisse die Grundlage für die Produktionsplanung darstellen[93].

Damit wird deutlich, daß zur Behandlung der mit den internen Informationsproduktionsprozessen verbundenen aktuellen Probleme der Unternehmenspraxis ein produktionstheoretisches Aussagensystem als theoretischer Bezugsrahmen eine notwendige Voraussetzung bildet. Innerhalb eines solchen Theorieansatzes gelingt es auch, die Informationstechnik angemessen in die Betriebswirtschaftslehre zu integrieren. Diese wird hier als Produktionsfaktor mit einer Reihe besonderer, für die Informationsproduktion relevanter Charakteristika interpretiert[94].

Die damit begründete produktionstheoretische Fundierung der Informationsverarbeitungsprozesse wird auch vereinzelt in der Literatur gefordert. So wird z.B. das Fehlen einer aussagekräftigen Informationsproduktionsfunktion als wesentlicher Grund für die Schwierigkeiten beim Aufbau einer Informationskostenrechnung angegeben[95].

Die Notwendigkeit einer Produktionstheorie für Informationen wird darüber hinaus durch die stetig zunehmende Bedeutung der Informationsbetriebe begründet. Diese Unternehmen produzieren als absatzbestimmte Güter allein Informationen.

---

92   Die Bedeutung der richtigen Wahl einer Produktionsfunktion für die Produktivitätsanalyse wird am Beispiel der Diskussion um den von Brockhoff vorgeschlagenen Ansatz zur Messung der Produktivität von F+E-Tätigkeiten besonders deutlich, vgl. Brockhoff (1986), S. 525 ff; Brockhoff (1987), S. 81 ff; Fischer (1987), S. 77 ff.

93   Vgl. z.B. Fandel (1980), S. 87.

94   Vgl. S. 94 ff und auch die Anregung von Albach (1986, S. 894), diese Informationsproblematik in die "produktivitätsorientierte Betriebswirtschaftslehre" zu integrieren.

95   Vgl. z.B. Müller-Ettrich/Schelle (1980), S. 1164.

Zur theoretisch fundierten Darstellung und Erklärung der Produktionsprozesse zur Erzeugung der am Markt angebotenen Informationsprodukte dieser Unternehmen ist die Theorie der Informationsproduktion ebenfalls unerläßlich.

Die dargestellten, überwiegend aus Veränderungsprozessen in der betrieblichen Realität abgeleiteten Begründungen für eine Theorie der Informationsproduktion können weiterhin durch einige betriebswirtschaftlich-theoretische Argumente verstärkt werden. Durch einen derartigen Theorieansatz werden neue Perspektiven aufgezeigt, mittels derer noch vorhandene Lücken in den theoretischen Aussagesystemen der Betriebswirtschaftslehre geschlossen werden können.

2.2 DIE WEITERENTWICKLUNG DER MATERIELLEN PRODUKTIONSTHEORIE DURCH EINE INFORMATIONSPRODUKTIONSTHEORIE

Als erste derartige "Theorielücke" ist die mangelnde theoretische Erfassung und Integration der Tätigkeiten der Unternehmensführung in die Modelle der Produktionstheorie zu diskutieren.

2.2.1 DER DISPOSITIVE FAKTOR IN PRODUKTIONSTHEORETISCHEN MODELLEN

Die besondere Bedeutung der mit der Lenkung und Leitung aller betrieblichen Vorgänge betrauten Unternehmensführung für die Produktion von Wirtschaftsgütern wurde schon 1951 von Gutenberg aufgezeigt. Er bezeichnete die Unternehmensleitung als dispositiven Faktor und stellt diesen als vierten Produktionsfaktor neben seine drei Elementarfaktoren menschliche Arbeitsleistung, Betriebsmittel und Werkstoffe[96].

---

96 Vgl. Gutenberg (1983), S. 5.

Gutenberg ordnet damit der Unternehmensführung eine nicht unbedeutende produktive Funktion im gesamten Produktionsprozeß der Unternehmen zu. Denn von der Leistungsfähigkeit des dispositiven Faktors "ist der Erfolg der Faktorkombination (somit) nicht weniger abhängig als von der Beschaffenheit der Elementarfaktoren selbst"[97].

Die Unternehmensleitung ist somit als Einsatzfaktor an der Produktion von Wirtschaftsgütern wesentlich beteiligt. Infolgedessen wäre eigentlich zu erwarten, daß dieser Produktionsfaktor auch Eingang in die entwickelten theoretischen Modelle der Produktionstheorie gefunden hätte. Diese Produktionsmodelle haben schließlich die Aufgabe, die Beziehungen zwischen den Produktionsfaktoren und den Produkten formal abzubilden.

Bei einer diesbezüglichen Überprüfung stellt man jedoch fest, daß der dispositive Faktor in keiner der gängigen Produktionsfunktionen als Produktionsfaktor berücksichtigt wird:

Gutenberg selbst trifft in den schon zitierten Arbeiten zu seiner Produktionsfunktion (Verbrauchsfunktionen) keine expliziten Aussagen bezüglich der Abbildung des dispositiven Faktors durch Verbrauchsfunktionen. Die auf Gutenberg aufbauenden Produktionsfunktionen von Heinen (Elementarprozesse) und die Produktionsmodelle von Kloock (Input-Output-Modelle) beschränken sich dagegen ausdrücklich auf die Berücksichtigung der Elementarfaktoren[98].

Als Grund für die mangelnde Berücksichtigung wird angegeben, daß sich die Tätigkeiten des dispositiven Faktors auf das Unternehmen als ganzes beziehen und die "Leistungen des dispositiven Faktors ... einzelnen Produkten bzw. Produktionsvorgängen nicht zurechenbar"[99] seien. Ferner wird auch die weitverbreitete Einschätzung Gutenbergs, daß die Leistung des dispositiven Faktors "in einer betriebswirtschaftlich nicht zugänglichen, irrationalen Schicht wurzelt"[100], in diesem Zusammenhang eine Rolle spielen.

---

97 Gutenberg (1983), S. 5.
98 Vgl. Heinen (1983), S. 366; Kloock (1984), S. 244; auch im Rahmen von dynamischen und stochastischen produktionstheoretischen Ansätzen findet der dispositive Faktor keine explizite Berücksichtigung, vgl. z.B. Stöppler (1975) und Zschocke (1974).
99 Busse von Colbe/Laßmann (1986), S. 72; vgl. auch Fandel (1987), S. 33.
100 Gutenberg (1983), S. 131.

Durch die Entwicklung einer Theorie der Informationsproduktion wird jedoch eine theoretische Basis zur Verfügung gestellt, mit der die Tätigkeiten des dispositiven Faktors gerade einer betriebswirtschaftlichen Analyse zugänglich gemacht werden können. Eine derartige Theorie ist aus dem Grund hierfür prinzipiell geeignet, da die Tätigkeiten der Unternehmensführung, wie bereits beschrieben, im wesentlichen aus Prozessen zur Produktion von Informationen bestehen.

Die in dieser Arbeit zu entwickelnden grundlegenden theoretischen Erkenntnisse der Informationsproduktion können demnach zur Analyse und Erklärung der speziellen informationellen Produktionsvorgänge in der Unternehmensführung verwendet werden. Sie liefern folglich einen Beitrag für eine produktionstheoretische Untersuchung des dispositiven Faktors und damit einen Ansatz zur Überwindung dieser in der allgemeinen Produktionstheorie vorhandenen Mängel.

2.2.2 DER TECHNISCHE FORTSCHRITT IN DER PRODUKTIONSTHEORIE

Neben dieser mangelnden Berücksichtigung der Tätigkeiten des dispositiven Faktors bei der Formalisierung der Produktionsprozesse ist auch eine ungenügende Widerspiegelung des gesamten Bereichs des technischen Fortschritts in der Produktionstheorie zu finden.

Durch den technischen Fortschritt unterliegen grundlegende Bedingungen für die Produktion von Wirtschaftsgütern einer ständigen Veränderung. In der Qualität verbesserte oder sogar gänzlich neue Produktionsfaktoren und -technologien sowie sich wandelnde Produktionsverfahren haben erheblichen Einfluß auf die in produktionstheoretischen Modellen abzubildenden Produktionsbeziehungen[101].

In den bisherigen Produktionsmodellen wird der Einfluß dieses technologischen Fortschritts jedoch nicht adäquat berücksichtigt. Technologieänderungen werden einzig in dynamischen Ansätzen von Produktionsmodellen abgebildet. Es werden

---

101   Vgl. Krelle (1969), S. 117ff.

hier entweder zeitabhängige Input-Output-Beziehungen[102] betrachtet oder etwa ein gesonderter "Fortschrittsterm"[103] eingeführt. Durch diese Art der Behandlung wird aber implizit die Form eines exogenen technologischen Fortschritts unterstellt. Es wird angenommen, daß die Gewinnung dieses neuen technologischen Wissens einen von außen vorgegebenen Tatbestand bildet[104]. Diese Auffassung stellt jedoch eine unbefriedigende und unrealistische Annahme dar.

Bei der Erzielung eines technischen Fortschritts durch die Erzeugung und Anwendung technischen Wissens handelt es sich vielmehr um Prozesse, die in den Unternehmen unter Einsatz knapper Ressourcen und von Wirtschaftlichkeits- und Effizienzüberlegungen geleitet durchgeführt werden[105]. Bei diesen üblicherweise als "Forschung und Entwicklung"[106] bezeichneten Vorgängen handelt es sich größtenteils um Prozesse zur Produktion ganz spezieller Informationen, und zwar hauptsächlich Informationen über Produktinnovationen, Qualitätsverbesserungen und neue oder veränderte Produktionsverfahren[107].

Für diesen wichtigen, mit Forschung und Entwicklung befaßten Unternehmensbereich wird mittels einer Informationsproduktionstheorie ebenfalls ein theoretisches Fundament geschaffen. Es werden Ansätze hergeleitet, mit deren Hilfe Forschung und Entwicklungs-Aktivitäten durch produktionstheoretische Modelle erfaßt und analysiert werden können. Ferner können die bestehenden Beziehungen und Interdependenzen zwischen Forschung und Entwicklung und den darauf aufbauenden Produktionsvorgängen offengelegt werden.

Zusammenfassend läßt sich feststellen, daß durch die Entwicklung einer Informationsproduktionstheorie auch eine Erweiterung der bestehenden materiellen Produktionstheorie erreicht werden kann. Durch Berücksichtigung der diversen, für

---

102 Vgl. Kistner (1981), S. 192; Lücke (1976), S. 325 ff.

103 Krelle (1969), S. 119; Stöppler (1975, S. 6) findet es ebenfalls "verwunderlich, wie wenig Einfluß sie (die Diskussion zum technischen Fortschritt) bislang auf die einzelwirtschaftliche Produktionstheorie gehabt hat"; vgl. auch die Übersicht bei Fandel (1987), S. 156 ff.

104 Vgl. Schröder (1973), S. 9.

105 Vgl. Brockhoff (1986), S. 525; Schröder (1973), S. 10 f.

106 Siehe hierzu z.B. Dürrhammer (1972), S. 513 ff; Kern/Schröder (1977), S. 14 ff; Pfeiffer/Staudt (1978), S. 112 ff; Schätzle (1965), S. 14 ff.

107 Vgl. z.B. Schröder (1973), S. 51 ff; Brockhoff (1974, Sp 1531) bezeichnet Forschung und Entwicklung als "systematische Generierung subjektiv neuen naturwissenschaftlich-technischen Wissens"; vgl. auch Brockhoff (1984), S. 161; Hübner (1985), S. 339 ff; für Corsten (1988, S. 161) ist die F+E-Produktion "eine spezifische Erscheinungsform der Informationsproduktion".

die materielle Produktion relevanten Informationsproduktionsvorgänge können die engen Grenzen der materiellen Produktionstheorie überwunden werden. Die einschränkenden und größtenteils unrealistischen Informationsprämissen der meisten Modelle der Produktionstheorie[108] werden damit der betrieblichen Realität einen Schritt angenähert. Gleichzeitig kann dadurch der an einigen Stellen zu findende Vorwurf des "Modellplatonismus in der Produktionstheorie"[109] abgeschwächt werden.

2.3 DER EINFLUß DER INFORMATIONSPRODUKTIONSTHEORIE AUF DIE DISKUSSION ZUR DIENSTLEISTUNGSPRODUKTION

Nicht nur diese aufgezeigten Defizite in der vorhandenen materiellen Produktionstheorie begründen die Entwicklung einer Theorie der Informationsproduktion. Von einer Informationsproduktionstheorie sind vielmehr auch wesentliche Erkenntnisse im Zusammenhang mit den in der aktuellen betriebswirtschaftlich-theoretischen Diskussion befindlichen Untersuchungen zur Dienstleistungsproduktion zu erwarten.

Wie einer Reihe von neueren Veröffentlichungen zu entnehmen ist[110], bilden Untersuchungen der theoretischen Grundlagen der Dienstleistungsproduktion einen wesentlichen Schwerpunkt der gegenwärtigen betriebswirtschaftlichen Forschung. Die Beweggründe für diese Untersuchungen sind ähnlich denen, die den Anlaß zu der vorliegenden Arbeit bilden. Es werden genannt[111]

o   die ständig zunehmende Bedeutung des Dienstleistungswesens;

o   Forderungen nach mehr Effizienzüberlegungen bei der Produktion von Dienstleistungen;

o   mangelnde Berücksichtigung der Dienstleistungsproduktion in den vorhandenen produktionstheoretischen Arbeiten.

---

108   Zu diesem Aspekt vgl. insbesondere Müller (1987), S. 131 ff.
109   Loitlsberger (1986), S. 238.
110   So z.B. Albach (1989), S. 397 ff; Altenburger (1980); Corsten (1985, 1988); Gerhardt (1987); Klaus (1984).
111   Vgl. eine ausführliche Darstellung etwa bei Gerhardt (1987), S. 8 ff.

Bei den hierdurch motivierten Analysen werden die vielfältigen, in der Realität zu beobachtenden Dienstleistungsprozesse überwiegend einer einheitlichen Betrachtung unterzogen[112]. Für die hergeleiteten produktionstheoretischen Aussagen wird demzufolge eine Gültigkeit für ausnahmslos alle Dienstleistungsunternehmen beansprucht[113].

Durch die bisher zur Diskussion gestellten Arbeiten konnte jedoch das Stadium des Aufzeigens der mangelnden theoretischen Fundierung der Dienstleistungsproduktion sowie der ausführlichen Begründung der Notwendigkeit entsprechender Analysen noch nicht entscheidend überwunden werden. Insbesondere ist es bisher nicht gelungen, einen einheitlichen und auch gehaltvollen Theorieansatz für alle Dienstleistungen zu entwickeln. Ein bedeutsamer Erkenntnisgewinn auf dem Forschungsgebiet der Dienstleistungsproduktion ist bisher nicht zu erkennen.

Um die hier aufgestellte These zu rechtfertigen, werden zunächst die wesentlichen produktionstheoretischen Erkenntnisse der bisher vorliegenden Arbeiten kurz dargestellt und anschließend in bezug auf ihren tatsächlichen Aussagengehalt kritisch diskutiert. Die dabei festgestellten Mängel zeigen dann einen Weg auf, wie durch eine Theorie der Informationsproduktion auch Theoriefortschritte für die Dienstleistungsproduktion erzielt werden können.

2.3.1 DER ENTWICKLUNGSSTAND DER PRODUKTIONSTHEORIE FÜR DIENSTLEISTUNGEN

Allen Arbeiten zur Dienstleistungsproduktion vorangestellt ist eine Diskussion des Begriffes "Dienstleistung". Ohne einzelne Beiträge hierzu wiederzugeben[114], kann als Ergebnis festgehalten werden, daß in diesen Arbeiten prinzipiell von einem sehr weit gefaßten Dienstleistungsbegriff ausgegangen wird. Um den Untersuchungsgegenstand nicht durch Wahl eines engen Dienstleistungsbegriffs willkürlich

---

112 Vgl. z.B. Altenburger (1980), S. 3.
113 Explizit angegeben bei Altenburger (1980), S.112.
114 Zur Diskussion um die Problematik des Dienstleistungsbegriffs vgl. die ausführlichen Darstellungen bei Corsten (1985), S.67 ff; Corsten (1988), S. 15 ff und Gerhardt (1987), S.38 ff; eine ausführliche Literaturübersicht gibt Altenburger (1980), S.20 ff.

einzuengen, werden Dienstleistungen meist als "durch Transformationsprozesse entstandene immaterielle Güter"[115] definiert. Da dadurch alle Nicht-Sachgüter zu den Dienstleistungen gerechnet werden, fallen hierunter auch insbesondere alle Informationsprodukte.

Unter Verwendung eines derartigen Dienstleistungsbegriffes werden dann die folgenden produktionstheoretisch relevanten Ergebnisse hergeleitet.

a) Aussagen zu den Produktionsfaktoren der Dienstleistungsproduktion

Bezüglich der bei der Dienstleistungsproduktion einzusetzenden Produktionsfaktoren sind äußerst kontroverse Auffassungen zu finden. So stellt Altenburger fest, daß "der Faktorkatalog der Dienstleistungsproduktion ... völlig identisch mit dem Faktorkatalog der Sachgüterproduktion"[116] sei. Typisch für den Dienstleistungsbetrieb sei jedoch der Einsatz von "derivativen Produktionsfaktoren". Diese entstehen "aus der Kombination originärer bzw. auch derivativer Produktionsfaktoren, sind aber noch keine (End)produkte, d.h. gehen ihrerseis wieder in Kombinationsprozesse ein"[117].

Im Gegensatz hierzu wird von Maleri die Existenz eines dienstleistungs-spezifischen "externen Faktors" postuliert[118]. Hierbei handele es sich um einen Produktionsfaktor, der "zumeist vom Abnehmer oder Verwerter der Dienstleistung in den Produktionsprozeß eingesetzt bzw. dem Produzenten überlassen"[119] werde und der sich im Unterschied zu internen Produktionsfaktoren der Disponierbarkeit durch den Produzenten entziehe. Durch diesen externen Faktor als "conditio sine qua non der Dienstleistungsproduktion"[120] lasse sich diese von der Sachgüterproduktion abgrenzen.

---

115   Gerhardt (1987), S.78.
116   Altenburger (1980), S. 100; gleicher Auffasung sind auch Berekoven (1974), S. 55 ff und Gerhardt (1987), S. 134.
117   Altenburger (1980), S. 105.
118   Zu einer ausführlichen Darstellung des externen Faktors vgl. Maleri (1973), S. 75 ff.
119   Maleri (1973), S. 75.
120   Corsten (1985), S. 127.

b) Aussagen zu den Produktionsprozessen der Dienstleistungsproduktion

Die einzigen theoretisch fundierten Aussagen zu den Prozessen der Dienstleistungsproduktion stellen die beiden folgenden Thesen dar:

Die Dienstleistungsproduktion vollzieht sich nicht in einem einzigen Schritt, sondern in einem mehrstufigen Kombinationsprozeß. Diese grundlegende These wird dann in verschiedenen Modellen geringfügig variiert.

Maleri und Berekoven unterscheiden die beiden Stufen der Herstellung der Leistungsbereitschaft und der sich anschließenden Endkombination[121]. Durch die Herstellung der Leistungsbereitschaft wird das Unternehmnen in die Lage versetzt, die Endkombination durchzuführen. Bei dieser wird durch die Kombination der Leistungsbereitschaft mit dem externen Faktor schließlich die Dienstleistung erzeugt.

Scheuch[122] gliedert diese beiden Phasen weiter auf und entwickelt vier Prozeßstufen. Altenburger verfeinert schließlich die Zergliederung des Produktionsprozesses weiter. Er stellt ein siebenstufiges Produktionsmodell vor, welches er dann auf ausgewählte Dienstleistungsunternehmen anwendet[123]. Eine Konkretisierung dieses Modells für Bankleistungen zeigt Abb. 4.

Die zweite zentrale These bildet die von Gerhardt vorgenommene Aufteilung in "Determinierte Dienstleistungsprozesse" und "Indeterminierte Dienstleistungsprozesse"[124]. Bei den "Determinierten Dienstleistungsprozessen" sind alle Produktionsfaktoren und auch der Ablauf der Kombinationsprozesse eindeutig festgelegt. Ferner besteht zwischen der produzierten Dienstleistung und den eingesetzten Faktoren eine eindeutige Beziehung. Bei den "Indeterminierten Dienstleistungsprozessen" sind im Gegensatz dazu nicht alle Bestandteile des Produktionsprozesses (Produktionsfaktoren, Kombinationsprozesse, Dienstleistung) exakt angegeben[125]. Als Beispiel für eine "Determinierte Dienstleistung" behandelt Gerhardt

---

121   Vgl. Berekoven (1974), S. 60 ff; Maleri (1973), S. 105 ff.
122   Vgl. Scheuch (1982), S. 116 ff.
123   Vgl. Altenburger (1980), S. 105 ff.
124   Vgl. Gerhardt (1987), S. 93 f.
125   Vgl. Gerhardt (1987), S. 105.

die Bearbeitung eines Kleinkreditantrages, während ein persönliches Verkaufsgespräch ein Beispiel eines "Indeterminierten Dienstleistungsprozesses" darstellt[126].

Stufe	Prozeß
1	Errichtung der Arbeitsräume
2	Installation von Beleuchtung und Heizung
3	Errichtung spezieller Sachanlagen wie Tresore und EDV-Anlagen
4	Einsatz von Mitarbeitern für die Erstellung einzelner Bankleistungen sowie die erforderlichen Unterlagen
5	Öffnung der Kundenräume und Bankschalter
6	Beleuchtung und Beheizung der Kundenräume
7	Erstellung der einzelnen Bankleistung

Abb. 4: Das Produktionsmodell von Altenburger für
        Bankleistungen

c) Aussagen zu Dienstleistungen als Produkte

Die vorliegenden Untersuchungen beschränken sich in diesem Zusammenhang auf
das Aufzeigen von produktionstheoretischen Besonderheiten der Dienstleistungen
und ihrer ökonomischen Konsequenzen. Als wesentliche Besonderheiten werden
beispielsweise von Corsten genannt[127]:

o   Immaterialität der Dienstleistungen

o   Lagerunfähigkeit von Dienstleistungen

o   Simultanität von Produktion und Absatz

o   Standortgebundenheit von Dienstleistungen

o   Mangelnde Konkretisierbarkeit des Produktionsziels

o   Individualität der Dienstleistung

---

126   Vgl. Gerhardt (1987), S. 102 ff und S. 118 ff.
127   Vgl. Corsten (1985), S. 85 ff und die ausführliche Literaturauswertung von Maleri (1970),
      S. 19 ff.

2.3.2   KRITISCHE ANALYSE DES ENTWICKLUNGSSTANDES

Die dargestellten Forschungsergebnisse bezüglich der Dienstleistungsproduktion stellen die wesentlichen theoretisch fundierten Erkenntnisse dar, die bisher auf diesem Gebiet gewonnen wurden. Überprüft man diese zentralen Thesen nun in Bezug auf ihren tatsächlichen Aussagengehalt, so erscheint eine eher negative Einschätzung gerechtfertigt. Diese Bewertung des status-quo der Produktionstheorie für Dienstleistungen begründet sich im wesentlichen durch die beiden folgenden Kritikpunkte:

Als erstes ist festzustellen, daß eine Reihe der beschriebenen Erkenntnisse nicht dem formulierten Anspruch genügt, für alle unterschiedlichen Dienstleistungstypen Gültigkeit zu besitzen. Solche Ergebnisse sind vielmehr nur für bestimmte, in den Analysen jedoch nicht näher angegebene Dienstleistungen charakteristisch.

So kann beispielsweise die Besonderheit der mangelnden Lagerfähigkeit von Dienstleistungen und der daraus abgeleiteten ökonomischen Konsequenzen nicht für alle Dienstleistungen behauptet werden. Treten, wie etwa im Fall der Erzeugung von Computerprogrammen durch Softwarehäuser, Trägermedien bei der Produktion von Dienstleistungen auf, so ist durchaus von einer Speicherbarkeit auszugehen[128].

Auch die Unterscheidung in "Determinierte" und "Indeterminierte" Dienstleistungsprozesse ist nicht für wirklich alle Gruppen von Dienstleistungen typisch. Wie sich im weiteren Verlauf der Arbeit ergeben wird, ist dies vielmehr eine charakteristische Unterscheidung nur für verschiedene Typen der Informationsproduktion. Dies wird auch schon durch die von Gerhardt diskutierten Beispiele für "Determinierte" und "Indeterminierte" Dienstleistungsprozesse (Bearbeitung eines Kleinkreditantrages, Investitionsentscheidungsprozeß, persönliches Verkaufsgespräch) angedeutet, da es sich hierbei jeweils um Prozesse zur Produktion von Informationen handelt.

---

[128]   Eine intensivere kritische Diskussion dieser "Besonderheit" ist bei Corsten (1985), S. 106 nachzulesen; ähnlich differenziert wird die Rolle der Trägermedien auch von Neugebauer (1986, S. 32 ff) analysiert.

Neben diesem Problem der nur eingeschränkten Gültigkeit bestimmter Theorie-aussagen besteht die zweite zentrale Schwäche der bisherigen Dienstleistungs-Produktionstheorie darin, daß verschiedene andere Thesen auf einer sehr allgemeinen und pauschalen Ebene angesiedelt sind. Solche Thesen sind dann nicht mehr nur für Dienstleistungen typisch und besitzen insgesamt nur geringe theoretische Aussagekraft.

Der letztgenannte Kritikpunkt betrifft speziell sowohl die postulierte Existenz eines externen Produktionsfaktors als auch die These von der Mehrstufigkeit der Produktionsprozesse.

Wie insbesondere Altenburger und Corsten in ihrer ausführlichen Auseinandersetzung mit dem externen Faktor nachgewiesen haben, ist dieser nicht als typisch für die Produktion von Dienstleistungen anzusehen[129]. Auch bei der Produktion von Sachgütern können externe Faktoren in Form von Objektfaktoren oder Regiefaktoren[130] eingesetzt werden. Darüber hinaus sind diverse Informationen, wie beispielsweise Kundeninformationen bei Auftragsfertigung oder allgemeine Informationen über Absatzmöglichkeiten, bei jeder Produktion und nicht nur als externer Faktor bei der Dienstleistungsproduktion notwendig[131].

Auch die These von der Mehrstufigkeit der Dienstleistungsprozesse ist weder eine neue noch eine dienstleistungs-typische Erkenntnis. Daß Produktionsprozesse nicht in einem Schritt, sondern in mehreren aufeinanderfolgenden Phasen ablaufen, gehört schon lange zum Theoriebestand der Betriebswirtschaftslehre. Durch die bereits zitierten Arbeiten Heinens und Kloocks ist es für die materielle Produktion mittlerweile gelungen, diese Mehrstufigkeit in formalen Produktionsmodellen detailliert abzubilden.

Weiterhin ist zu beachten, daß sich die behauptete Mehrstufigkeit der Dienstleistungsprozesse hier nicht auf die reinen Produktionsprozesse bezieht. Mehrstufigkeit ensteht in den Modellen der Dienstleistungsproduktion vielmehr dadurch, daß

---

129   Vgl. Altenburger (1980), S. 78 ff; Corsten (1985), S. 129 ff.

130   Zum Begriff des Objekt- bzw. Regiefaktors vgl. Kern (1980), S. 15; Kern/Fallaschinski (1978), S. 584; Weber (1980), S. 1061 ff.

131   Vgl. Gerhardt (1987), S.132.

auch die Herstellung der Leistungsbereitschaft, also die Schaffung der Voraussetzungen für die Produktion, mitberücksichtigt wird.

Dieser Tatbestand kann jedoch ebenfalls nicht als Spezifikum der Dienstleistungsproduktion angesehen werden[132]. Auch bei der Produktion von Sachleistungen müssen die produzierenden Unternehmen vor Beginn der Produktion hierzu bereit sein. Vernachlässigt man jedoch - wie in den Modellen der materiellen Produktionstheorie - diesen eigentlich nicht als relevant für die Produktion zu bezeichnenden Teilbereich, so wird der eigentliche Produktionsprozeß von Dienstleistungen nur noch als einstufiger Prozeß abgebildet.

Dies gilt insbesondere auch für Altenburgers siebenstufiges Produktionsmodell. In diesem Modell dienen die ersten sechs "Produktionsstufen" einzig zur Herstellung der Leistungsbereitschaft. Der eigentliche Produktionsprozeß wird dann pauschal und ohne nähere Analyse auf der siebten Stufe abgehandelt (vgl. Abb. 4). Von einer notwendigen Berücksichtigung der Mehrstufigkeit der tatsächlichen Produktionsprozesse in den Arbeiten zur Dienstleistungsproduktion kann damit nicht gesprochen werden.

2.3.3   DIE INFORMATIONSPRODUKTIONSTHEORIE ALS MODUL EINER PRODUKTIONSTHEORIE FÜR DIENSTLEISTUNGEN

Die hier aufgezeigten Schwächen und Problemfelder machen deutlich, daß die von den Verfassern theoretisch orientierter Arbeiten zur Dienstleistungsproduktion angestrebte Entwicklung eines aussagekräftigen, einheitlichen Theorieansatzes für alle Dienstleistungen bisher nicht erreicht werden konnte. Corsten behauptet in diesem Zusammenhang sogar, daß "der momentane Entwicklungsstand es nicht erlaubt, von einer Produktionstheorie zu sprechen"[133].

Um Fortschritte auf dem Gebiet der Dienstleistungs-Produktionstheorie zu erzielen, sind die verschiedenen einzelnen Ursachen für die dargestellten Problem-

---

132   Vgl. die Ausführungen bei Gerhardt (1987), S. 146 ff.
133   Corsten (1988), S. 168.

komplexe genauer zu betrachten. Diese lassen sich letztlich alle auf die starke Heterogenität der verschiedenen Dienstleistungen zurückführen. Es erscheint nicht möglich, für so unterschiedliche Dienstleistungen wie beispielsweise tierärztliche Leistungen, Verkehrsleistungen, Frisörleistungen, Versicherungsleistungen oder Beratungsleistungen ein einheitliches produktionstheoretisches Fundament zu entwickeln[134].

Um dennoch die notwendige produktionstheoretische Fundierung der Dienstleistungsprozesse zu erreichen, erscheint ein prinzipiell anderes Vorgehen erforderlich. Es sind hierzu unter produktionstheoretischen Aspekten homogene Teilmengen aller Dienstleistungen abzugrenzen und für diese ist dann jeweils eine eigenständige Theoriebildung zu verfolgen[135]. Für so abgegrenzte, produktionstheoretisch homogene Typen von Dienstleistungen sind also spezifische Produktionstheorien zu entwickeln. Diese einzelnen Theorien können dann letzlich zu einer modular strukturierten Produktionstheorie der Dienstleistungen führen[136].

Als einen grundlegenden Schritt zu einer derartigen differenzierten Betrachtung der Dienstleistungsproduktion nahm Corsten eine Systematisierung aller Dienstleistungen unter produktionstheoretischen Gesichtspunkten vor. Unter Verwendung der in den Dienstleistungsprozeß einfließenden Produktionsfaktoren als Systematisierungskriterium identifizierte Corsten acht unterschiedliche Dienstleistungstypen[137].

Bei den hierbei auftretenden Dienstleistungstypen VII (Informationsdienstleistungen auf persönlicher Grundlage) und VIII (Maschinengestützte Informationsdienstleistungen) handelt es sich allgemein um Informationsdienstleistungen. Als einen homogenen Teil aller Dienstleistungsunternehmen können damit Unternehmen identifiziert werden, die Informationen produzieren und verkaufen. Für diese Dienstleistungsunternehmen kann folglich durch Entwicklung einer Theorie der Informationsproduktion ein produktionstheoretisches Fundament geschaffen werden. Im Sinne von Corsten bildet die Informationsproduktionstheorie insofern einen Modul für eine allgemeine Produktionstheorie der Dienstleistungen. Zu ei-

---

134   Vgl. auch Corsten (1985), S. 195; Müller (1987), S. 134; Müller/Nickel (1984), S. 732; Nickel-Waninger (1987), S. 74.
135   Vgl. insbesondere Müller (1987), S. 134.
136   Vgl. Corsten (1985), S. 397.
137   Vgl. Corsten (1985), S. 286.

ner umfassenden Theorie der Dienstleistungsproduktion ist es dann erforderlich, weitere produktionstheoretisch homogene Dienstleistungsbereiche abzugrenzen und näher zu analysieren[138].

3. ZIELSETZUNG UND WEITERER GANG DER UNTERSUCHUNG

Die bisher ausführlich diskutierten ökonomischen Zusammenhänge und Problemfelder begründen sowohl aus betriebswirtschaftlich-theoretischer als auch aus unternehmenspraktischer Sicht in hinreichender Form die Entwicklung einer möglichst umfassenden und systematischen Produktionstheorie für Informationen. Im Rahmen dieses ersten Forschungsansatzes mit einer so formulierten generellen Zielsetzung wird ein zentraler Schwerpunkt auf die notwendige Systematisierung und differenzierende Betrachtung des äußerst heterogenen Untersuchungsfeldes "Informationsverarbeitung" gelegt. Angestrebt wird in diesem Zusammenhang insbesondere eine produktionstheoretisch fundierte Charakterisierung und Klassifizierung der informationellen Verarbeitungsvorgänge.

Weiterhin wird in dieser Arbeit allein der Identifikation und Beschreibung der vielfältigen Besonderheiten und Problemfelder der Informationsverarbeitung in bezug auf eine produktionstheoretische Analyse ein besonderes Gewicht beigemessen. Während für derartige Aspekte die diese jeweils bedingenden Ursachenkomplexe aufgedeckt und analysiert werden, wird lediglich für die wichtigsten und grundlegenden hiervon die Entwicklung theoretisch fundierter Konzepte und Lösungsansätze vorgenommen. Die Bereiche, die für die Entwicklung eines ersten Theorieansatzes nur von untergeordneter Relevanz sind, werden durch die Unterstellung vereinfachender Annahmen in elementarer Form in die Produktionstheorie mit einbezogen werden. Durch dieses gezielt angewendete Prinzip des Einsatzes vereinfachender Prämissen wird eine erste geschlossene Darstellung einer Produktionstheorie für Informationen überhaupt erst ermöglicht.

---

138   Corsten (1988, S. 121 ff) behandelt sechs solcher Module ausführlich und ordnet sie in ein Systematisierungsschema ein.

Für die unter Berücksichtigung dieser Restriktionen zu einer Theorie der Informationsproduktion integrierten einzelnen Klassifikationen, Konzeptionen und Hypothesen sollen auch die Möglichkeiten zur Konkretisierung und Operationalisierung aufgezeigt sowie auf das enthaltene Potential für verschiedene Weiterentwicklungen hingewiesen werden. Zur konkreten Realisierung der differenzierten Zielsetzungen dieser Arbeit werden fünf, jeweils in einzelnen Kapiteln zusammengefaßte Themenkomplexe behandelt:

Kapitel 2 dient der Darstellung bereits vorhandener Theoriegrundlagen. Neben einer Diskussion verschiedener Informationskonzeptionen wird der aus der kognitiven Psychologie stammende und hier als theoretischer Bezugsrahmen verwendete IV-Ansatz in einer allgemeinen Fassung kurz beschrieben und in Hinblick auf Konsequenzen für die produktionstheoretische Analyse ausgewertet. Als wichtigste Folgerung resultiert die Entwicklung einer für produktionstheoretische Zwecke operationalen Informationsprodukt-Konzeption.

Kapitel 3 und 4 enthalten die allgemeine Produktionstheorie für Informationen. In Kapitel 3 erfolgt dabei eine erste Abgrenzung und Strukturierung des Untersuchungsgegenstandes. Insbesondere werden mit den Determinierten und Indeterminierten zwei grundlegende Typen der Informationsproduktion unterschieden. Anschließend wird in Analogie zur Produktionstheorie für Sachgüter eine ausführliche Analyse der Hauptelemente Produktionsfaktoren, Produkte und Kombinationsprozesse durchgeführt. Hierbei werden die wesentlichen Charakteristika und Merkmale dieser Komponenten der Informationsproduktion, Beziehungen zu den beiden Produktionstypen sowie Gemeinsamkeiten und Unterschiede zur Sachgüterproduktion herausgearbeitet. Kapitel 4 zeigt dann nach einer kritischen Auseinandersetzung mit vorhandenen modellhaften Abbildungen informationeller Produktionsprozesse die formal-theoretische Erfassung Determinierter Informationsproduktionen in einem Input-Output-Modell. Hierzu erfolgt unter Berücksichtigung von Grundideen des Wildschen Informationsproduktionsmodells eine Übertragung und Konkretisierung des allgemeinen betriebswirtschaftlichen Input-Output-Ansatzes auf die Bedingungen der Informationsproduktion.

In **Kapitel 5 und 6** wird in zwei Schritten eine Anwendung und Konkretisierung der allgemeinen Produktionstheorie für Informationen auf die spezielle Versicherungsproduktion vorgenommen. Als erstes erfolgt in Kapitel 5 auf der Basis der allgemeinen Produktionstheorie eine Systematisierung und Analyse der Produktionsfaktoren, der Produkte sowie der Kombinationsprozesse und somit die Ableitung einer Produktionstheorie für Versicherungen. Hierbei werden insbesondere auch aus informationstheoretischer und damit betriebswirtschaftlich fundierter Sicht verschiedene Hypothesen des die Versicherungstheorie bisher dominierenden Versicherungsschutzkonzeptes kritisch diskutiert. Auf der Konkretisierungsstufe des Kapitels 6 werden schließlich real ablaufende Informationsproduktionsprozesse eines einzelnen Versicherungsunternehmens produktionstheoretisch analysiert und mit dem entwickelten informationellen Input-Output-Modell formal-theoretisch abgebildet.

4. ZUSAMMENFASSUNG

Obwohl die Charakterisierung der Informationsverarbeitung als Produktionsprozesse im traditionellen Gutenbergschen Sinne in der Betriebswirtschaftslehre weit verbreitet ist, mangelt es bisher nahezu vollständig an einer systematischen produktionstheoretischen Fundierung dieses gesamten Bereichs betrieblicher Informationsverarbeitung. Das Fehlen einer derartigen Theorie der Informationsproduktion beruht insbesondere auf zwei Ursachenkomplexen:

Zum einen werden verschiedene Einzelschwierigkeiten für das Scheitern einer produktionstheoretischen Analyse verantwortlich gemacht, die nahezu alle wiederum auf eine undifferenzierte Betrachtung von Informationsaspekten zurückzuführen sind. Hierbei handelt es sich vor allem um diverse Probleme bezüglich der Quantifizierung und Abgrenzung einzelner Informationen, des menschlichen Einflusses auf die Informationsverarbeitung sowie einer behaupteten Verwendungsabhängigkeit von Informationen. Zum anderen fehlen aufgrund der zentralen Informationsprämissen der normativen Entscheidungstheorie überhaupt Anreize zur Entwicklung einer derartigen Produktionstheorie. In allen normativen Entscheidungsmodellen wird stets der alleswissende, vollständig informierte homo oeconomicus unterstellt, so daß Probleme der Beschaffung und Produktion von Informationen ihre Relevanz verlieren und aus der betriebswirtschaftlich-theoretischen Forschung explizit ausgeschlossen werden.

Trotz dieser Problembereiche existiert jedoch eine ganze Reihe gewichtiger sowie für die betriebswirtschaftliche Theorie und Praxis relevanter Argumente, die eine systematische produktionstheoretische Analyse der betrieblichen Informationsverarbeitung als zwingend erforderlich erscheinen lassen. Hierzu zählen

o   die in allen Unternehmen immer mehr an Umfang und ökonomischer Bedeutung gewinnende innerbetriebliche Informationsverarbeitung. Diese hauptsächlich durch eine steigende Rationalität der Unternehmensführung sowie durch technologische Innovationen auf dem EDV-Sektor ausgelöste Entwicklung führt zu einer Reihe weiterer ökonomischer Fragestellungen, zu deren Lösung ein produktionstheoretisches Fundament benötigt wird: Kostenprobleme, Produktivitätsfragen, Planungsbedarf und Koordinationsnotwendigkeit der Informationsverarbeitung.

o   die Entwicklung des neuen Wirtschaftszweiges der informationsproduzierenden und absetzenden Unternehmen. Für diese immer mehr an wirtschaftlicher Bedeutung gewinnenden Informationsbetriebe ist eine systematische theoretische Erfassung der dort ablaufenden Produktionsvorgänge erforderlich.

o   die informationstheoretische Weiterentwicklung der materiellen Produktionstheorie. Durch explizite Berücksichtigung informationsproduzierender Aktivitäten, etwa im Bereich der Unternehmensführung oder der Forschung und Entwicklung, können die restriktiven Informationsprämissen der materiellen Produktionstheorie gelockert und die Produktionsmodelle wesentlich realistischer gestaltet werden.

o   die Beeinflussung der Forschung im Bereich der Dienstleistungsproduktion. Durch eine Informationsproduktionstheorie kann für einen produktionstheoretisch homogenen Dienstleistungsbereich ein theoretisches Fundament und damit insgesamt ein Baustein für eine modular aufgebaute Theorie der Dienstleistungsproduktion geschaffen werden.

KAPITEL 2

GRUNDLAGEN DER
INFORMATIONSPRODUKTIONSTHEORIE

1. DER INFORMATIONSBEGRIFF

In dieser Arbeit wird ohne Zweifel am häufigsten der Begriff "Information" verwendet. Dieser Ausdruck findet in sehr unterschiedlichen wissenschaftlichen Disziplinen[1] mit äußerst heterogenen Bedeutungen Verwendung. Die jeweils unterstellten Bedeutungen sind dabei meist von den entsprechenden Untersuchungen geprägt und somit auch nur im Gesamtzusammenhang dieser einzelnen Theorien zu sehen.

Für eine fundierte wissenschaftliche Auseinandersetzung mit informationsbezogenen Fragestellungen ist jedoch eine eindeutige Begriffsexplikation zwingend erforderlich, so daß an dieser Stelle der mit dem Begriff "Information" verknüpfte Bedeutungsinhalt zu präzisieren und abzugrenzen ist. Zu diesem Zweck können jedoch nicht alle ca. 160 veröffentlichten Definitionen des Begriffs "Information"[2] einzeln angeführt und systematisch diskutiert werden. Die folgenden Überlegungen beschränken sich vielmehr auf die Behandlung der wesentlichen Informationsbegriffe und -konzeptionen, die in der betriebswirtschaftlichen Literatur zu finden sind.

Überwiegend für nachrichtentechnische Aspekte konzipiert ist der Informationsbegriff von **Shannon/Weaver,** die Informationen als "a measure of one's freedom

---

1 Müller (1973, S. 7) nennt Biologie, Philosophie, Informatik, Physik und Linguistik und spricht deshalb von der "Universalität der Informationsproblematik". Zur Behandlung von Informationsproblemen in betriebswirtschaftlichen Teildisziplinen vgl. Nickel-Waninger (1987), S. 2 ff.

2 So eine Schätzung von Steinbuch (1978), S. 48; ausführlicher als hier werden verschiedene Informationsbegriffe u.a. diskutiert bei Capurro (1978), S. 195 ff; Folberth/Hackl (1986); Hopf (1983), S. 6 ff; Kirsch (1977), S. II/78 ff; Kunz (1988), S. 46 ff; Müller (1973), S. 7 ff.

of choice when one selects a message"[3] definieren. Neben dieser, wegen ihrer ausschließlich technischen Ausrichtung für betriebswirtschaftliche Untersuchungszwecke überwiegend abgelehnten[4] Begriffserklärung sind im folgenden die Informationsbegriffe von Wittmann und Müller sowie die in der normativen Entscheidungstheorie unterstellte Informationskonzeption näher zu diskutieren.

Wittmann definiert Informationen als "zweckorientiertes Wissen"[5]. Zweckorientiert ist dabei der Teil des gesamten Wissens, der zur Vorbereitung von Entscheidungen und Handlungen dient. Wissen wandelt sich somit erst bei Verwendung zu den angeführten Zwecken in Informationen um.

Diese Wittmannsche Begriffsexplikation wird auch in den meisten Modellen der **normativen Entscheidungstheorie** zugrunde gelegt[6], wobei die Zweckbestimmung dabei durch die vorgesehene Verwendung in einem Entscheidungsmodell konkretisiert wird. In diesen und auch in solchen Arbeiten, in denen keine explizite Festlegung des verwendeten Informationsbegriffs erfolgt[7], werden Informationen dann in einer restriktiven Form lediglich auf das Eintreten bestimmter Umweltzustände bezogen und explizit durch Wahrscheinlichkeiten repräsentiert und gemessen[8].

Im Gegensatz zu diesen Auffassungen versucht **Müller** weniger eine weitere Definition im Sinne einer einfachen Sprachverkürzung vorzulegen. Er entwickelt vielmehr eine konzeptionelle Vorstellung von Information, die auf verhaltenswissenschaftlichen Erkenntnissen basiert und sich besonders zur Behandlung von in der betrieblichen Realität auftretenden Problemen eignet. Müller versteht dementsprechend unter Information "jede Abbildung von Aspekten der realen und abstrakten Welt"[9].

Von diesen angeführten Informationsvorstellungen ist zwar die von Wittmann vorgeschlagene Interpretation nicht nur in der entscheidungstheoretischen, sondern

---

3 Shannon/Weaver (1949), S. 4.
4 Vgl. z.B. Hopf (1983), S. 15 f; Kirsch (1977), S. II/80; eine Ausnahme aus neuerer Zeit bildet
   Schaefer (1986), S. 82 ff.
5 Vgl. Wittmann (1959), S. 14 und (1980), Sp. 894.
6 Vgl. z.B. Bitz (1977), S. 38; Mag (1977), S. 4.
7 Vgl. z.B. Laux (1982); Menges (1974); Schneeweiß (1967).
8 Vgl. z.B. Hopf (1983), S. 7; Nickel-Waninger (1987), S. 4.
9 Müller (1987), S. 126.

auch in der gesamten sonstigen ökonomischen Literatur am weitesten verbreitet[10]. Dieser Arbeit soll jedoch davon abweichend die Konzeption von Müller zugrunde gelegt werden.

Die Begründung hierfür liegt zum einen darin, daß für eine produktionstheoretische Analyse weder der Wittmannsche Informationsbegriff noch die restriktivere entscheidungstheoretische Informationskonzeption ausreichende Erklärungskraft besitzen. Bei der Auffassung von Information als zweckorientiertem Wissen erweist sich das Abgrenzungskriterium der Zweckorientierung als problematisch, da Informationen, wie alle anderen Wirtschaftsgüter auch, stets den allgemeinen und wenig operationalen Zweck der Bedürfnisbefriedigung von Wirtschaftssubjekten erfüllen. Folglich bleibt unklar, wie Informationen und Wissen konkret voneinander abgegrenzt werden können, wann und auf welche Weise Wissen zu Information wird. Da ferner der Begriff "Wissen" selbst überaus erklärungsbedürftig ist[11], kann diese Begriffsdefinition kaum als aussagekräftig und operational bezeichnet werden. Zudem ist die Wittmannsche Auffassung wegen der expliziten Berücksichtigung des Verwendungszweckes von Informationen für die Entwicklung einer Produktionstheorie allgemein wenig geeignet. In einer solchen verwendungsunabhängigen Theorie ist der Nutzungszweck der Endprodukte nicht Gegenstand der Analyse, so daß produktionstheoretische Erkenntnisse gerade keinen Bezug zur Nutzung der Produkte aufweisen. Aus diesen Gründen erscheint insgesamt eine Verwendung der Interpretation von Informationen als "zweckorientiertem Wissen" allein wegen des unbestrittenen Vorteils der weiten Verbreitung in der Betriebswirtschaftslehre nicht zweckmäßig.

Ebenfalls als problematisch zeigt sich die teilweise mit der Wittmannschen Vorstellung korrelierende, durch Wahrscheinlichkeitsverteilungen repräsentierte Informationskonzeption der normativen Entscheidungstheorie. Aufgrund dieser äußerst einschränkenden Auffassung können zwar Informationsprobleme, die das Eintreten bestimmter Umweltereignisse betreffen, zumindest theoretisch fundiert in mathematischen Modellen erfaßt und analysiert werden[12]. Die vielfältigen ökonomisch bedeutsamen Fragestellungen, die die zahlreichen anderen Komponenten

---

10   Vgl. z.B. Berthel (1975), S. 13; Bössmann (1978), S. 185.

11   Vgl. z.B. Müller (1973), S. 9 ff.

12   Vgl. z.B. Mag (1977), S. 125 ff; kritisch zur praktischen Relevanz derartiger Theorieansätze Müller (1986), S. 352 f.

des Entscheidungsfeldes betreffen[13], werden jedoch durch das restriktive entscheidungstheoretische Informationskonzept explizit von einer betriebswirtschaftlich-theoretischen Analyse ausgeklammert. Dieser allein auf Wahrscheinlichkeiten beruhende Informationsbegriff steht somit wegen des eingeschränkten Anwendungspotentials der hier verfolgten Zielsetzung einer theoretischen Analyse der Merkmale und Bedingungen allgemeiner Informationsproduktionsvorgänge in gewissem Sinne sogar entgegen.

Keine solche Einschränkungen in bezug auf die hier aufgezeigte produktionstheoretische Perspektive weist die Vorstellung von Informationen als beliebigen Abbildungen von Aspekten der realen und abstrakten Welt auf. Diese Interpretation bietet für die beabsichtigte Analyse die folgenden Vorteile[14]:

o Eine Integration bestimmter Eigenschaften von Informationen - wie z.B. der Zweckorientiertheit bei Wittmann - in die Begriffsdefinition kann vermieden werden.

o Durch die Breite des Informationskonzeptes von Müller können die vielfältigen Erscheinungsformen und Verwendungszwecke von Informationen erfaßt werden[15]. So wird dadurch auch die Bezeichnung und Behandlung der unterschiedlichen, in den Aufstellungen auf S. 15 enthaltenen Unternehmenstypen als Informationsbetriebe ermöglicht.

o Die in der Theorie umstrittene[16] und für praktische Probleme bedeutungslose begriffliche Trennung von Information, Wissen und Daten ist nicht erforderlich.

o Sie liefert eine Erklärungsgrundlage für eine Reihe produktionstheoretisch relevanter Eigenschaften von Informationen[17].

o Es wird impliziert, daß Informationen das Ergebnis eines (Produktions)prozesses darstellen. Eine notwendige klare Unterscheidung zwischen In-

---

13 Ausführlich behandelt z.B. in Mag (1977), S. 25 ff.
14 Vgl. auch die entsprechende Argumentation bei Kunz (1988), S. 57 f.
15 Vgl. Müller (1987), S. 126.
16 Vgl. Becker (1980b), S. 22.
17 Vgl. S. 104 ff.

formation als Zustandsgröße, als Produkt und dem Prozeß des Informierens wird somit ermöglicht.

Den vielfältigen, für die Verwendung des Müllerschen Informationsbegriffes sprechenden Argumenten steht als Kritik einzig die von Hopf[18] bemängelte Allgemeinheit und Generalität dieses Informationskonzeptes gegenüber. Um diesen durchaus berechtigten Kritikpunkt zu berücksichtigen, ist eine weitere Operationalisierung des Informationsbegriffes erforderlich. Die teilweise schon von Müller vorgenommene Konkretisierung wird in dieser Untersuchung um einen weiteren - später dargestellten[19] - Schritt ergänzt.

Der von Müller vorgenommene Konkretisierungsschritt wird im Rahmen des im folgenden Abschnitt vorgestellten Informationsverarbeitungsansatzes mitbehandelt. Dieser IV-Ansatz bildet eine der wesentlichen, schon gut entwickelten Theoriegrundlagen, auf der die weitere Arbeit entscheidend aufbaut.

Mit der Darstellung und Auswertung der Erkenntnisse des IV-Ansatzes ist jedoch ein grundlegender Wechsel in der Betrachtungsperspektive verbunden. Während sich die bisherigen Ausführungen primär auf die gesamtbetriebliche Unternehmensebene und die dort angesiedelten informationellen Tatbestände und Problemaspekte beziehen, wird mit dem IV-Ansatz die individuelle Ebene einzelner Informationsverarbeitungseinheiten sowie der dort relevanten Bedingungen und Charakterisitka in den Mittelpunkt gestellt.

Eine derartige isolierte Betrachtung informationsverarbeitender Einheiten ist jedoch für das Verständnis der komplexeren, vielschichtigen betrieblichen Vorgänge der Informationsproduktion unerläßlich, da sich diese typischerweise durch das geplante und organisierte Zusammenwirken, durch die systematische Kombination einzelner Informationsverarbeitungseinheiten vollziehen[20]. Am Anfang einer wirklich fundierten generellen Theorie der Informationsproduktion hat konsequenterweise die Analyse der einzelnen "Bausteine" der Informationsproduktion zu stehen, wie sie der individuelle IV-Ansatz beinhaltet. Unter Berücksichtigung der dort entwickelten fundamentalen Theorieerkenntnisse können darauf aufbau-

---

18   Vgl. Hopf (1983),S. 11 f.
19   Vgl. S. 62 ff.
20   Vgl. Müller (1973), S. 200 ff.

end alle, sich aus dem Zusammenspiel der einzelnen Informationselemente ergebenden weitergehenden komplexen Strukturen und Merkmale der Informationsproduktion identifiziert und behandelt werden.

2. DER INFORMATIONSVERARBEITUNGS (IV)-ANSATZ

Die Bezeichnung IV-Ansatz wird allgemein als Sammelbegriff für einige theoretische Konzepte verwendet, die Prozesse der Informationsverarbeitung unter verschiedenen Aspekten beschreiben und erklären[21] wollen.

2.1 DER IV-ANSATZ IN PSYCHOLOGIE UND BETRIEBSWIRTSCHAFTSLEHRE

Ihren Ursprung haben die als IV-Ansatz bezeichneten theoretischen Aussagensysteme in den Bereichen der Psychologie, die Erklärungen für das menschliche Verhalten suchen. Den Ausgangspunkt bildet hier das neobehavioristische SOR-Paradigma. Es erklärt das beobachtbare Verhalten eines Menschen als Reaktion (R) auf aus der Umwelt einwirkende Stimuli (S). Dabei wird diese Reaktion wesentlich von internen, kognitiven Vorgängen im menschlichen Organismus (O) determiniert[22]. Die für die Steuerung des Verhaltens verantwortlichen kognitiven Prozesse werden dann als Informationsverarbeitungsprozesse interpretiert und überwiegend mit kybernetischen und informationstheoretischen Methoden sowie computergestützten Simulationsmodellen analysiert.

Dieser als kognitive Psychologie bezeichnete Forschungsansatz hat sich zur Analyse und Erklärung menschlicher Verhaltensweisen als äußerst fruchtbar erwie-

---

21 Vgl. Hofacker (1985), S. 16.

22 Der Neobehaviorismus stellt eine Weiterentwicklung des von Watson (1925) begründeten klassischen Behaviorismus dar. Zu einer Erläuterung und zum Vergleich der verschiedenen psychologischen Ansätze zum menschlichen Verhalten vgl. Kirsch (1977), S. II/24 ff; Vogt (1981), S. 55 ff.

sen[23]. Die von den Kognitivisten entwickelten Thesen zur menschlichen Informationsverarbeitung sind von Kirsch[24] in die betriebswirtschaftliche Entscheidungstheorie integriert worden. Hier dient der IV-Ansatz als "theoretischer Bezugsrahmen" zur Erklärung des speziellen Entscheidungs- und Problemlösungsverhaltens des Menschen[25]. Nach der betriebswirtschaftlichen Adaption des IV-Ansatzes wurde er hier bisher vor allem im Marketingbereich als Basis für Theorien zum Informationsverhalten von Konsumenten verwendet[26].

Allen diesen Untersuchungen ist gemeinsam, daß sie allein Informationsverarbeitungsprozesse des Menschen analysieren und somit auf die Einbeziehung maschineller Informationsverarbeitungsprozesse verzichten. Diese Einschränkung, die wegen der immer größer werdenden Bedeutung maschineller Informationsverarbeitungsprozesse[27] für die in dieser Arbeit beabsichtigte produktionstheoretische Analyse nicht unerheblich ist, wurde von Müller[28] bei der Entwicklung seines Grundmodells der Informationsverarbeitung aufgehoben. Sein allgemeiner, im wesentlichen auf die Arbeiten von Newell/Simon zum "human problem solving"[29] zurückzuführender IV-Ansatz erlaubt die Behandlung sowohl menschlicher als auch maschineller IV-Prozesse.

Aus diesem Grund soll der Ansatz von Müller als Grundlage für die folgende Darstellung der wesentlichen Thesen zur Informationsverarbeitung verwendet werden. Diese Beschreibung wird dabei in zwei Abschnitte gegliedert. Als erstes sollen die zur Informationsverarbeitung benötigten Hauptkomponenten - sprachliche Symbole, IV-Regeln und IV-Apparat - und deren wesentliche Funktionen erläutert werden. Anschließend wird der Ablauf der Informationsverarbeitung geschildert.

---

23 Vgl. hierzu z.B. Lachman/Lachman/Butterfield (1979); Lindsay/Norman (1981).
24 Vgl. Kirsch (1977).
25 Vgl. etwa Kirsch (1977); Kupsch (1973); Pfohl/Braun (1981); Vogt (1981).
26 Vgl. z.B. Hofacker (1985), Kroeber-Riel (1984), S. 218 ff; Meffert/Steffenhagen/Freter (1979), S. 39 ff; Tölle (1983).
27 Vgl. z.B. Beckurts/Schuchmann (1986), S. 195 ff; Scheer (1987), S. 1 ff.
28 Vgl. Müller (1973); Müller/Eckert (1978).
29 Vgl. Newell/Simon (1972).

2.2 DARSTELLUNG DER HAUPTKOMPONENTEN DES IV-ANSATZES

2.2.1 SPRACHLICHE SYMBOLE

In dieser Arbeit werden Informationen als Abbildungen beliebiger Aspekte der realen Welt verstanden. Diese Konzeption impliziert die Notwendigkeit der Existenz eines wahrnehmbaren Mediums, auf das die relevanten Aspekte der Welt abgebildet werden können. Für diese, als Repräsentation der Informationen bezeichneten Objekte[30] kommen Bilder, Graphiken, Plastiken, aber auch natürliche und künstliche Sprachen in Frage. Für die folgende Darstellung soll vorausgesetzt werden, daß sich alle möglichen Informationsrepräsentationen in Symbole einer Sprache, also in Worte, Buchstaben, Zahlen, Sonderzeichen etc., transformieren lassen. Es soll dann nur die Verarbeitung von durch sprachliche Symbole repräsentierten Informationen untersucht werden[31].

Da es sich bei Sprachsymbolen, im Gegensatz zur unendlich großen Anzahl potentiell abbildbarer Teile der Welt, nur um eine beschränkte Menge handelt[32], kann die Zuordnung zwischen Symbolen und Informationen nicht eindeutig sein. Dies führt zu dem von Müller/Eckert als "variabler Bedeutungsinhalt von Sprachsymbolen"[33] bezeichneten semantischen Problem, daß in Abhängigkeit von der gegebenen Situation die jeweilige Bedeutung der Symbole bestimmt werden muß.

Hierzu wurde im kognitiven IV-Ansatz[34] die Vorstellung von Symbolstrukturen entwickelt[35]. Jedes einzelne Symbol ist mit einer Menge anderer Symbole verbunden und so in verschiedene Symbolstrukturen eingebunden. Je nach gerade vorliegender Situation werden einem Symbol, dessen momentane Bedeutung bestimmt

---

30 Vgl. Müller (1987), S. 126; Müller/Eckert (1978), S. 460 f; Müller/Nickel (1984), S. 733; Wild (1971), S. 317.

31 Dies stellt keine bedeutsame Einschränkung dar, da betriebswirtschaftlich relevante Informationen überwiegend durch Symbole natürlicher Sprachen dargestellt werden; vgl. Müller (1987), S. 126.

32 Müller/Eckert (1978, S. 461) gehen sogar von einem konstanten Symbolbestand aus.

33 Müller/Eckert (1978), S. 461.

34 Das Problem der Bedeutungsbestimmung von Sprachsymbolen wird auch in der formalen Linguistik intensiv diskutiert, vgl. z.B. Chomsky (1969, 1977); Kutschera (1974), S. 31 ff; als neuester Ansatz gilt die sogenannte "Diskursrepräsentationstheorie"; vgl. Krifka (1987), S. 40 ff; Spencer-Smith (1987), S. 1 ff.

35 Vgl. für das folgende Müller/Eckert (1978), S. 461.

werden soll, Teile der mit diesem Symbol verknüpften Symbolstrukturen zugeordnet. Diese situationsbedingte Zuordnung bestimmt die Bedeutung des Symbols. Da diese Zuordnung von Teilen der Symbolstrukturen jeweils von dem momentanen Zusammenhang abhängt und damit nicht invariant ist, kann mit diesem Ansatz der variable Bedeutungsinhalt von Sprachsymbolen erklärt werden.

Der geschilderte Vorgang zur Bestimmung der Bedeutung eines Symbols wird als Interpretation bezeichnet[36]. Da zur Interpretation von Symbolen aktive Verarbeitungsprozesse der Zuordnung von Symbolstrukturen notwendig sind, kann nur während dieser Prozesse überhaupt von Informationen gesprochen werden. Nicht in einem Verarbeitungsprozeß befindliche Symbole sind lediglich als potentielle Informationen zu charakterisieren[37].

2.2.2   REGELN DER INFORMATIONSVERARBEITUNG (IV-REGELN)

Alle Prozesse der Informationsverarbeitung werden im IV-Ansatz als systematische Vorgänge angesehen, durch die die Lösung einer gestellten IV-Aufgabe als Zielsetzung verfolgt wird. Die hierzu erforderliche zielgerichtete Steuerung der Verarbeitungsvorgänge erfolgt durch die Anwendung bestimmter Regeln zur Informationsverarbeitung. Diese Regeln sind als Steuerungsmechanismen in der Form von Anweisungen oder Verarbeitungsvorschriften zu verstehen, nach denen bestimmte Manipulationen, wie beispielsweise Speicherung und Vergleiche, an den zu verarbeitenden Symbolen vorgenommen werden. Abgebildet werden IV-Regeln prinzipiell ebenfalls durch informationelle Repräsentationsformen wie sprachliche Symbole oder Symbolstrukturen. In ihrer äußerlichen Darstellungsform unterscheiden sich IV-Regeln damit nicht grundsätzlich von anderen Informationen[38].

---

36   Vgl. auch Nickel-Waninger (1987), S. 19 ff.
37   Vgl. auch Wild (1971), S. 317 f.
38   Vgl. Müller (1973), S. 100; Nickel-Waninger (1987), S. 22.

Als konkrete Beispiele für IV-Regeln können etwa logische Schlußregeln, sachliche Kausalregeln, aber auch syntaktische und grammatische Sprachregeln[39] angeführt werden. Für die weitere Darstellung, insbesondere den Ablauf der Informationsverarbeitung, werden die einzelnen IV-Regeln entsprechend ihrer speziellen Funktionen im Verarbeitungsprozeß zu den drei Typen von Erfassungs-, Verknüpfungs- und Suchregeln[40] zusammengefaßt.

2.2.3 DER APPARAT ZUR INFORMATIONSVERARBEITUNG (IV-APPARAT)

Für die bei einer Informationsverarbeitung entsprechend den jeweiligen IV-Regeln vorgenommenen Manipulationen von Symbolen und Symbolstrukturen wird als materielle Basis ein sogenannter IV-Apparat benötigt[41]. Dieser setzt sich aus den drei folgenden Hauptkomponenten zusammen:

o   Prozessor
o   Massenspeicher (Langzeitgedächtnis)
o   Ein- und Ausgabeeinheiten (Rezeptoren und Effektoren)

Aufgrund dieser Anforderungen kommen als Informationsverarbeitungseinheiten, die über einen derartigen Apparat verfügen, nur Menschen oder Computer (maschinelle IV) in Frage[42]. Die einzelnen Elemente des IV-Apparates und ihre Funktionen im IV-Prozeß sollen nun kurz erläutert werden.

---

39 Vgl. Müller (1987), S. 129.

40 Vgl. Müller (1973), S. 108 ff; es sind jedoch auch andere Aufteilungen, wie etwa nach Aufgabenarten, denkbar; vgl. Müller (1987), S. 129.

41 Grundlage der folgenden Darstellung sind die Arbeiten von Newell/Simon (1972, S. 20 ff und S. 791 ff) und Müller (1973, S. 66 ff); weitere, darauf aufbauende Beschreibungen des IV-Apparates finden sich bei Abel (1977), S. 55 ff; Kupsch (1973), S. 218 ff; Nickel-Waninger (1987), S. 22 f und S. 32 ff; Vogt (1981), S. 61 ff.

42 Zur Analogie zwischen Mensch und Computer als Informationsverarbeiter siehe Kirsch (1977), S. II/48 ff.

2.2.3.1 DER PROZESSOR

Unter dem Begriff des Prozessors werden im IV-Ansatz die drei Funktionsteile eines Arbeitsspeichers, einer Menge elementarer Verarbeitungsprozesse sowie eines Interpreters zusammengefaßt.

Der Arbeitsspeicher, beim menschlichen Informationsverarbeiter üblicherweise als Kurzzeitgedächtnis bezeichnet[43], dient hierbei als Art Zentraleinheit, in der alle aktiven Operationsprozesse der Symbolmanipulation durchgeführt werden[44]. Wegen der sowohl beim menschlichen als auch beim maschinellen Informationsverarbeiter vorhandenen beschränkten Kapazität dieses Speichers[45], können dort jedoch nur elementare Verarbeitungsprozesse, wie beispielsweise Erkennen und Vergleichen von Symbolen, durchgeführt werden[46]. Hierzu müssen die einzelnen Schritte der Informationsverarbeitung in von den zur Verfügung stehenden elementaren Verarbeitungsprozessen durchführbare Grundoperationen zerlegt werden. Die Ausführung dieser Grundoperationen im Arbeitsspeicher wird von dem Interpreter gelenkt und kontrolliert. Der Interpreter kann somit als Steuerelement des Prozessors bezeichnet werden.

2.2.3.2 DER MASSENSPEICHER (LANGZEITGEDÄCHTNIS)

Die Symbole und Symbolstrukturen, die sich nicht in aktiven Verarbeitungsprozessen befinden, sind wegen der beschränkten Kapazität des Arbeitsspeichers in einem Massenspeicher abgelegt. Dieser Speicher enthält somit alle einem Informa-

---

43 Vgl. z.B. Abel (1977), S. 57; Hofacker (1985), S. 15 ff.
44 Die sich zu einem bestimmten Zeitpunkt in dem Arbeitsspeicher befindenden Informationen werden in der Psychologie auch die "momentane Einstellung" des Informationsverarbeiters genannt, vgl. z.B. Vogt (1981), S. 165 ff.
45 Für die Kapazität des menschlichen Kurzzeitgedächtnisses stellte Miller (1956, S. 81) die schon als klassisch zu bezeichnende Formel "seven, plus or minus two" chunks (elementare Informationsverarbeitungseinheiten) auf; vgl. hierzu auch Kirsch (1972), S. II/91 und 93 f. Aufgrund neuerer Untersuchungen wird heute von einer Momentanspeicherkapazität von 3 bis 9 chunks ausgegangen; vgl. Hofacker (1985), S. 20.
46 Einen hinreichenden Katalog von sieben elementaren Verarbeitungsprozessen geben Newell/Simon (1972, S. 29 f) an.

tionsverarbeiter zur Verfügung stehenden symbolisch repräsentierten Informationen und IV-Regeln[47].

Die Art und Weise, wie diese Symbole und Symbolstrukturen im menschlichen Massenspeicher, dem Langzeitgedächtnis[48], gespeichert sind, ist Gegenstand zahlreicher Untersuchungen. Genannt seien hier nur Konzeptionen wie Semantische Netzwerke[49], Kognitive Informationsstrukturen[50] und Interne Modelle[51]. Das hier verwendete Grundmodell der Informationsverarbeitung beinhaltet die Konzeption der Internen Modelle. Ein solches Internes Modell stellt dabei eine Organisationseinheit von permanent im Langzeitgedächtnis assoziierten Symbolstrukturen dar. Die Bezeichnung als Organisationseinheit rechtfertigt sich dadurch, da vereinfachend davon ausgegangen werden kann, daß für jeden Begriff der natürlichen Sprache ein Internes Modell im Langzeitgedächtnis vorhanden sein kann[52].

Ein aus verschiedenen assoziativen Symbolstrukturen bestehendes Internes Modell setzt sich prinzipiell aus den folgenden drei Komponenten zusammen:

a) **Designator:** Hierbei handelt es sich um ein Sprachsymbol, das zur Bezeichnung (Designation) einer durch ein Internes Modell repräsentierten Information dient.

b) **Attributenmenge:** Eine Anzahl von Attributen ist permanent mit dem Designationssymbol verbunden und beschreibt alle Aspekte und Eigenschaften des designierten Begriffs.

c) **Attributwerte:** Diese geben die möglichen Ausprägungen der einzelnen, mit dem Designationssymbol assoziierten Attribute an.

---

47 Die Summe aller im Langzeitgedächtnis gespeicherten Informationen wird in der Psychologie als die "Persönlichkeit" des Informationsverarbeiters bezeichnet, vgl. z.B. Abel (1977), S. 62 ff.

48 Neuere Ansätze in der Gedächtnispsychologie sollen wegen deren untergeordneten Bedeutung für die in dieser Arbeit verfolgten Ziele nicht diskutiert werden. Neben dem hier unterstellten Zweispeicherkonzept, sind vor allem auf Atkinson/ Shiffrin (1968, 1971) zurückgehende Dreispeicherkonzepte sowie der von Craik/Lockhart (1972) vorgelegte "Levels of Processing"-Ansatz als Einspeicherkonzept zu nennen. Zur Diskussion dieser verschiedenen Speicherkonzepte vgl. Hofacker (1985), S. 15 ff; Kroeber-Riel (1984), S. 218 ff; Lindsay/Norman (1981), S. 272.

49 Zur Darstellung vgl. Quillian (1967, 1968); Müller (1973), S. 81 ff und zur Kodierbarkeit dieses Modelles durch Listenverarbeitungssprachen Kirsch (1977), S. II/ 110 ff; Newell/Simon (1972), S. 26 ff.

50 Vgl. Kupsch (1973), S. 220 ff; Rummelhart u.a. (1972), S. 197 ff.

51 Vgl. Müller (1973), S. 101 ff.

52 Vgl. auch zum folgenden Müller (1973), S. 104 ff.

Es ist dann davon auszugehen, daß einzelne Individuen zu einem Designator jeweils unterschiedliche Attribute und Attributwerte assoziieren (siehe Abb. 5). Die Menge aller Internen Modelle beinhaltet sämtliche im Langzeitgedächtnis gespeicherten Symbole und Symbolstrukturen eines Individuums und stellt damit dessen subjektiven Informationsbestand dar[53]. Die die verschiedenen Internen Modelle konstituierenden Assoziationen sind permanent im Langzeitgedächtnis aufgebaut. Sie befinden sich dort jedoch in einem passiven Zustand und bedürfen geeigneter Anregungen, um für eine Informationsverarbeitung aktiviert zu werden[54].

Für den Massenspeicher werden im IV-Ansatz zwei wesentliche Eigenschaften postuliert[55]. Es wird erstens davon ausgegangen, daß in diesem Speicher Symbole unbeschränkt lange gespeichert werden können. Dies bedeutet, daß beim menschlichen Informationsverarbeiter von dem Problem des Vergessens abstrahiert wird[56]. Ferner wird vorausgesetzt, daß der Massenspeicher, im Gegensatz zum Arbeitsspeicher, über eine unbeschränkte Speicherkapazität verfügt.

Designator: "Unternehmen"	
Assoz. Attribute	Attributwerte
"Umsatz" "Beschäftigtenzahl" "Produktionsprogramm" "Rechtsform"	beliebige reelle Zahl beliebige reelle Zahl PKW, Nutzfahrzeuge, ... AG, KG, VvaG, GmbH, ...

Abb. 5: Beispiel eines möglichen Internen Modells des Begriffs "Unternehmen"[57].

---

53 Vgl. Nickel-Waninger (1987), S. 38.

54 Die Frage nach einer geeigneten Organisationsform von Symbolen in maschinellen Speichern rückt im Rahmen der Untersuchungen zur Künstlichen Intelligenz immer mehr in den Mittelpunkt; vgl. z.B. Goldschlager/Lister (1984), S. 273 ff.

55 Vgl. z.B. Müller (1973), S. 68 f; Nickel-Waninger (1987), S. 34 f.

56 Dabei wird das Phänomen des Vergessens nicht durch das Verschwinden oder den Verlust von Informationen aus dem Langzeitgedächtnis erklärt, sondern vielmehr auf Zugriffsschwierigkeiten zurückgeführt. Allerdings ist noch nicht ausreichend geklärt, welche Ursachen diese Retrieval-Probleme auslösen, vgl. Hofacker (1985), S. 21 f.

57 Vgl. Müller (1973), S. 105.

2.2.3.3   EIN- UND AUSGABEEINHEITEN (REZEPTOREN UND EFFEKTOREN)

Als letzter wesentlicher Bestandteil des IV-Apparates werden Ein- und Ausgabeeinheiten genannt[58]. Durch Eingabeeinrichtungen oder Rezeptoren können Reize aus der Umwelt aufgenommen und eventuell in die für die Informationsverarbeitung geeignete symbolische Repräsentationsform umgewandelt werden. Analog dazu dienen Ausgabeeinrichtungen oder Effektoren zur Abgabe von verarbeiteten Symbolen an die Umwelt. Mit der Hilfe dieser Einrichtungen kann somit die Beziehung eines Informationsverarbeiters zur Umwelt hergestellt werden. Konkrete Beispiele für maschinelle Ein- und Ausgabeeinheiten sind Bildschirmtastaturen, Terminals, Drucker, Plotter etc., während beim Menschen dessen Sinnesorgane als Rezeptoren und Effektoren dienen.

Ein System, das über die Hauptkomponenten zur Informationsverarbeitung verfügt, soll in Anlehnung an Müller[59] als Träger der Informationsverarbeitung (TIV) bezeichnet werden. Nach der Darstellung der konstituierenden Elemente solcher TIV und deren wesentlicher Funktionen, die in Abb. 6 noch einmal zusammengefaßt werden, verbleibt noch die Erklärung, wie diese Bestandteile bei der Informationsverarbeitung zusammenwirken. Hierzu soll der Ablauf von IV-Prozessen erläutert werden.

---

58 Vgl. z.B. Vogt (1981), S. 61 ff.
59 Müller (1973), S. 52 ff; vgl. auch Müller (1987), S. 130; Müller/Eckert (1978), S. 464.

Element	Funktion
Sprachsymbole	repräsentieren die Informationen
IV-Regeln	steuern die Verarbeitungs- vorgänge
IV-Apparat:	fungiert als materielle Basis zur IV
Prozessor	stellt die Zentraleinheit zur Durchführung der IV dar
Massenspeicher	enthält den Symbolvorrat eines TIV
Ein- und Ausga- beeinheiten	stellen die Beziehungen zur Umwelt her

Abb. 6: Elemente des IV-Ansatzes und deren wesentliche
Funktionen

2.3 DER ABLAUF DER INFORMATIONSVERARBEITUNG

Bei der Informationsverarbeitung werden von einem TIV verschiedene, von IV-Regeln gesteuerte Verarbeitungsprozesse durchgeführt. Diese Vorgänge sind dabei stets auf das Ziel der Lösung einer gestellten IV-Aufgabe gerichtet. Wegen dieser zielgerichteten Durchführung der IV-Prozesse wird der Ablauf der Informationsverarbeitung jeweils von dem vorgegebenen IV-Problem determiniert. Aufgrund der nahezu unbegrenzten Abbildungsfähigkeit von Informationen ist jedoch eine Vielzahl unterschiedlicher, potentiell von einem TIV zu lösender IV-Probleme vorstellbar. Somit sind auch die unterschiedlichsten Erscheinungsformen der Ablauforganisation einer Informationsverarbeitung möglich.

Dies berücksichtigend, kann konsequenterweise kein festes, für alle IV-Aufgaben gültiges Schema der Informationsverarbeitung entwickelt werden. Der Ablauf der

Informationsverarbeitung ist vielmehr nur auf einer generelleren Ebene darzustellen. Hierzu unterteilt Müller den Prozeß der Informationsverarbeitung in die drei Phasen der Aktivierung, der Assoziation und der Lösungssuche und beschreibt die dort jeweils ablaufenden, bei allen Informationsverarbeitungen notwendigen Aktivitäten[60].

2.3.1 DIE AKTIVIERUNGSPHASE

In der Aktivierungsphase werden die die Informationsverarbeitung einleitenden Aktivitäten der Selektion und Filterung der wahrgenommenen Informationen sowie die Generierung eines "Problemraumes" durchgeführt.

Auf einen TIV wirken permanent zahlreiche Impulse aus seiner Umwelt ein. Wegen dessen beschränkter IV-Kapazität müssen hiervon die als relevant erachteten Informationen herausgefiltert werden. Diese "selektive Wahrnehmung"[61] wird durch Anwendung von Erfassungsregeln realisiert. Mittels solcher Regeln werden eintreffende Informationen durch Bildung temporärer Assoziationsbeziehungen inhaltlich interpretiert und in Abhängigkeit von den Zielvorstellungen des TIV in bezug auf ihre Relevanz zur Lösung einer IV-Aufgabe bewertet, d.h. entweder in dem weiteren IV-Prozeß berücksichtigt oder hierbei nicht wahrgenommen[62].

Nach einer Akzeptanz entsprechender Informationsimpulse (bzw. deren symbolischer Repräsentation) werden alle anderen, mit den aufgenommenen Symbolen assoziierten Internen Modelle, die sich als Symbole und Symbolstrukturen in passiver Form im Langzeitgedächtnis (Massenspeicher) des TIV befinden, für die Dauer der akuten Beschäftigung mit der gestellten IV-Aufgabe aktiviert. Es steht dann eine - möglicherweise sehr große - Menge an aktivierten Internen Modellen für die Lösung der IV-Aufgabe zur Verfügung. Diese Strukturen bilden die interne

---

60   Zur ausführlichen Beschreibung vgl. Müller (1973), S. 118 ff; Newell/Simon (1972), S. 787 ff.
61   Müller/Eckert (1978), S. 463.
62   Vgl. Müller (1973), S. 122.

Darstellung der wahrgenommenen IV-Aufgabe und werden als Problemraum bezeichnet[63].

2.3.2 DIE ASSOZIATIONSPHASE

Als Assoziationsphase kann generell der Teil der Informationsverarbeitung bezeichnet werden, in dem der in der Aktivierungsphase erzeugte Problemraum zu einem Lösungsraum reduziert, bei schwierigen IV-Aufgaben möglicherweise nur transformiert wird. Hierzu werden die den Problemraum bildenden Symbolstrukturen durch Anwendung von Verknüpfungsregeln neu miteinander in Beziehung gesetzt und assoziiert. Die Menge der so veränderten Symbolstrukturen wird als Lösungsraum bezeichnet[64].

Nach welchen allgemeinen Verfahren diese Assoziationen gebildet werden, hängt einerseits vom Schwierigkeitsgrad oder der Komplexität[65] der zu lösenden IV-Aufgabe, andererseits von den Voraussetzungen der TIV ab. Müller[66] unterscheidet die drei folgenden charakteristischen Assoziationsverfahren:

o **Direkte Assoziation:**

Dieses Verfahren kann bei solchen Aufgaben verwendet werden, die von dem TIV schon einmal gelöst wurden. Der TIV muß hierbei im erzeugten Problemraum nur die die Lösung der Aufgabe bildenden Symbole wiederfinden, sich "daran erinnern". Es werden hier keine Verknüpfungsregeln benötigt, die Lösung kann vielmehr durch direkte Assoziation lokalisiert werden.

---

63 Vgl. Müller (1973), S. 123; Newell/Simon (1972), S. 54 ff und S. 809 ff; in psychologischen Begriffskategorien auch als "Definition der Situation" bezeichnet, vgl. z.B. Vogt (1981), S. 88 ff.
64 Vgl. Müller (1973), S. 124 ff.
65 Zur Komplexität von Problemen vgl. Dörner u.a. (1983), S. 19 ff; Vogt (1981), S. 156 ff.
66 Vgl. Müller (1973), S. 124 ff.

o **Routine-Assoziation:**

Diese Form der Informationsverarbeitung kann bei solchen Aufgaben zur Anwendung kommen, die der TIV in ähnlicher Form schon einmal gelöst hat. Aufgrund seiner Routine bei der Lösung derartiger Aufgaben kennt der TIV alle benötigten Assoziationsregeln und kann auch die zu verarbeitenden Symbolstrukturen rasch identifizieren.

o **Komplexe Assoziation:**

Führen weder direkte noch Routine-Assoziation zur Lösung einer IV-Aufgabe, so sind aus komplexen Assoziationen bestehende kognitive Prozesse erforderlich. Für solche Situationen ist charakteristisch, daß dem TIV weder die benötigten Assoziationsregeln noch die zu verarbeitenden Symbolstrukturen bekannt sind. Infolge dessen muß der TIV durch Anwendung von ihm zur Verfügung stehenden Lösungsstrategien[67] versuchen, relevante Assoziationsregeln und Symbolstrukturen zu finden. In einer Art iterativem Prozeß versucht sich der TIV der Lösung des Problems anzunähern[68].

2.3.3 DIE SUCHPHASE

In der letzten Phase des Informationsverarbeitungsprozesses ist der vorher abgegrenzte Lösungsraum nach den Symbolen zu durchsuchen, die die Lösung der gestellten Aufgabe repräsentieren. Hierzu werden vom TIV geeignete Suchregeln angewendet.

Der Ablauf dieser Suchprozesse steht in enger Verbindung zu den angewandten Assoziationsverfahren. Während bei direkter Assoziation die Lösungssymbole schon in der Aktivierungsphase identifiziert werden, sind dem TIV bei der Routine-Assoziazion zumindest geeignete Suchregeln bekannt, so daß auch die Suche

---

67 Zum Begriff der Strategie vgl. Müller (1973), S. 139; eine Übersicht über Strategien der Informationsverarbeitung geben Kirsch (1977, S. I/86 ff) und Tölle (1983), S. 138 ff.
68 Vgl. Nickel-Waninger (1987), S. 25.

als Routineprozeß abläuft[69]. Bei der komplexen Assoziation können jedoch auch in der Suchphase Schwierigkeiten dergestalt auftreten, daß dem TIV keine geeigneten Suchregeln zur Verfügung stehen. Darüber hinaus kann auch der Lösungsraum aus einer verhältnismäßig großen Menge an aktivierten Symbolstrukturen bestehen.

Abschließend soll hier nochmals betont werden, daß es sich bei dem "3-Phasen-Modell" der Informationsverarbeitung um einen modellhaften Theorieansatz handelt, in dem die vielschichtigen Ausprägungen real ablaufender IV-Prozesse nur in stark abstrahierter Form, in ihren Grundstrukturen abgebildet werden. Insbesondere sollen damit weder Aussagen über tatsächliche, neurophysiologische Vorgänge im zentralen Nervensystem des Menschen getroffen, noch soll behauptet werden, daß alle realen Informationsverarbeitungsvorgänge schematisch nach den drei beschriebenen Phasen - und dabei speziell in der aufgezeigten Reihenfolge und isoliert voneinander - ablaufen. Vielmehr sind je nach den Bedingungen, die von der zu lösenden Aufgabe sowie den speziellen Fähigkeiten des TIV vorgegeben werden, fließende Übergänge der einzelnen Phasen und auch verschiedene Kombinationen möglich. So sind beispielsweise nach einer ersten, erfolglos verlaufenen Suchphase weitere Assoziations- oder auch Aktivierungsprozesse wahrscheinlich.

3. ERSTE KONSEQUENZEN AUS DEM IV-ANSATZ FÜR DIE PRODUKTIONSTHEORIE VON INFORMATIONEN

3.1 INFORMATIONSVERARBEITUNG ALS PRODUKTION IM ÖKONOMISCHEN SINNE

Wie an der umfangreichen Literaturangabe auf S. 4 zu erkennen ist, ist die Auffassung, daß Informationen produziert werden, in der wirtschaftswissenschaftlichen Literatur zwar verbreitet. An keiner der dort zitierten Literaturstellen findet sich jedoch eine nähere Begründung, inwiefern Prozesse der Informationsverarbeitung

---

69   Vgl. Müller (1973), S. 127.

als Produktionsprozesse im ökonomischen Sinne interpretiert werden können. Eine derartige Rechtfertigung kann aus den Erkenntnissen des IV-Ansatzes hergeleitet werden. Hierzu ist zu prüfen, ob die zu Beginn angeführten charakteristischen Merkmale von Produktionsvorgängen[70] auch im Fall von Informationsverarbeitungsprozessen erfüllt sind.

Verzichtet werden kann im Rahmen dieser Überprüfung auf eine ausführliche Behandlung der Frage nach der Gütereigenschaft von Informationen. Diese mittlerweile in der Betriebswirtschaftslehre kaum bestrittene Eigenschaft wird beispielsweise von Nickel-Waninger[71] explizit durch Überprüfung der speziellen Merkmale von Wirtschaftsgütern, wie z.B. Knappheit, Verfügbarkeit und Nutzenstiftung, aufgezeigt.

Auch das zweite Charakteristikum von Produktionsvorgängen, der Einsatz von anderen, knappen Wirtschaftsgütern zur Produktion, ist bei der Informationsverarbeitung erfüllt. Wie der IV-Ansatz zeigt, werden hier im wesentlichen zwei unterschiedliche Arten von Wirtschaftsgütern eingesetzt: Einerseits menschliche und maschinelle Träger der Informationsverarbeitung[72] und andererseits durch sprachliche Symbole repräsentierte Informationen.

Als letztes kann auch für die Informationsverarbeitung nachgewiesen werden, daß der Einsatz der angeführten Wirtschaftsgüter durch Verwendung bestimmter Verfahren auf eine systematische Weise erfolgt. Dies wird im IV-Ansatz durch die Anwendung von IV-Regeln sichergestellt. Derartige Regeln erfüllen die Funktion von Steuermechanismen, nach denen die zur Lösung einer gestellten IV-Aufgabe erforderlichen Verarbeitungsvorgänge systematisch und zielgerichtet ablaufen.

Der IV-Ansatz begründet somit die Charakterisierung von Vorgängen der Informationsverarbeitung als Produktionsprozesse[73]. Die Erzeugung von Informationen wird dementsprechend im folgenden als Prozeß der Kombination von Produk-

---

70 Siehe S. 1 f.
71 Vgl. Nickel-Waninger (1987), S. 67 f; siehe auch Berthel (1975b), Sp. 1869 f; Bössmann (1978), S. 185.
72 Zur Rolle der menschlichen Arbeit als Produktionsfaktor vgl. Reichwald (1977), S. 19 ff.
73 Dementsprechend bezeichnen schon Newell/Simon (1972, S. 44 ff) Informationsverarbeitungsprozesse als Produktionssysteme. Diese Interpretation ist auch in neueren Arbeiten im Bereich der Künstlichen Intelligenz zu finden, vgl. z.B. Weiss/Kulikowski (1984), S. 41 ff; Winston (1984), S. 200 ff.

tionsfaktoren modellhaft dargestellt. Dieses auf Gutenberg zurückgehende und explizit auf die Produktion von industriellen Gütern beschränkte Paradigma[74] wird damit in dieser Analyse auf die Vorgänge der Produktion von Informationen ausgedehnt.

3.2 MEHRDEUTIGKEIT SPRACHLICHER SYMBOLE IM RAHMEN DER INFORMATIONSPRODUKTION

In einem ersten Schritt zur Operationalisierung des breit angelegten Konzeptes von Informationen als Abbildungen beliebiger Sachverhalte der realen Welt erfolgte eine Beschränkung auf durch sprachliche Symbole repräsentierte Informationen. Die schon beschriebene mangelnde Möglichkeit der eindeutigen Zuordnung von Sprachsymbolen als Informationsträger und deren Bedeutung macht es erforderlich, daß im Rahmen von Informationsverarbeitungsprozessen von den TIV die jeweilige Bedeutung verwendeter Sprachsymbole durch Interpretationsprozesse zu bestimmen ist. Bei diesen Interpretationsvorgängen handelt es sich um durch spezielle IV-Regeln gesteuerte Prozesse, in denen Sprachsymbole, deren Bedeutung bestimmt werden soll, mit vorhandenen, im Massenspeicher (Langzeitgedächtnis) gespeicherten, komplexen Symbolstrukturen assoziiert werden[75].

Für die zielgerichtete Produktion von Informationen entsteht damit jedoch die Schwierigkeit, daß die Prozesse der inhaltlichen Interpretation von Sprachsymbolen wesentlich von dem in den Symbolstrukturen repräsentierten Bestand schon vorhandener Informationen eines TIV sowie von den die IV-Prozesse steuernden IV-Regeln, die einem TIV zur Verfügung stehen, abhängen.

Diese beiden, die Interpretationsvoraussetzungen eines TIV bestimmenden Faktoren, können jedoch von TIV zu TIV äußerst unterschiedlich ausgeprägt sein. Demzufolge besteht die Möglichkeit, daß zwei unterschiedliche TIV der gleichen

---

74 Vgl. Gutenberg (1983), S. 2.
75 Zur ausführlichen Beschreibung des Interpretationsprozesses vgl. S. 46 f.

sprachlichen Repräsentation einer Information unterschiedliche Bedeutungen zumessen[76].

Der tatsächliche Einfluß dieser subjektiven Interpretation von Sprachsymbolen auf die Prozesse zur Produktion von Informationen ist jedoch differenziert, und zwar in Abhängigkeit von den beiden Arten von TIV zu sehen. Weniger relevant erscheint das geschilderte Problem bei allen maschinellen TIV. Die Gründe hierfür liegen in den beiden folgenden wesentlichen Charakteristika von Computern als maschinellen TIV:

- Bei Computern stellen hauptsächlich die Computerprogramme, die Software, die Regeln der Informationsverarbeitung dar[77]. Bei den zur Erstellung dieser Programme verwendeten höheren Programmiersprachen, wie COBOL, Fortran etc., handelt es sich jedoch um formale Sprachen, die eine eindeutige Interpretation aller Anweisungen einer Programmiersprache sicherstellen. Hierzu werden die Befehle der höheren Programmiersprache durch einen Sprachübersetzer in die jeweilige Maschinensprache eines Computers übersetzt. Diese Maschinensprache-Anweisungen können dann vom Computer eindeutig interpretiert und ausgeführt werden[78]. Das Problem der Mehrdeutigkeit von IV-Regeln verliert hier somit seine Relevanz.

- Auch eine Bedeutungsinterpretation der weiteren zu verarbeitenden Informationen ist durch Computer überhaupt nur auf eine sehr eingeschränkte Weise möglich. Wie im IV-Ansatz dargelegt, sind für eine inhaltliche Interpretation von Symbolen vielfältige assoziative Verbindungen von Symbolstrukturen erforderlich. Eine derartige komplexe assoziative Symbolorganisation ist nach dem momentanen Stand der EDV-Technik nur in sehr begrenztem Maß realisiert. Von allen bekannten Datenbankmodellen, durch die die Organisation der Symbole im Computer determiniert wird, stellt lediglich das in der betrieblichen Praxis nur wenig verwendete Netzwerkmodell einen Versuch in Richtung einer assoziativen Symbolorganisation dar[79]. Neuere Technologien, wie beispielsweise Methoden der assozia-

---

76   Vgl. z.B. Müller/Nickel (1984), S. 736 f.

77   Vgl. Müller (1973), S. 158.

78   Zu Programmiersprachen und der stufenweisen Ausführung von Computerprogrammen vgl. z.B. Goldschlager/Lister (1984), S. 16 ff und Stahlknecht (1985), S. 102 ff.

79   Zu einer ausführlichen Beschreibung von Datenbankmodellen, insbesondere des Netzwerkmodells vgl. Date (1981); Neuser (1984), S. 36 ff; Niedereichholz (1981).

tiven Speicherung[80] oder neuronale Rechnerarchitekturen[81], sind zwar Gegenstand der aktuellen wissenschaftlichen Forschung; sie finden in der betrieblichen Informationsverarbeitung jedoch noch kaum Verwendung.

Im Gegensatz zu den maschinellen TIV hat die Mehrdeutigkeit der von den menschlichen TIV verwendeten Symbole natürlicher Sprachen einen nicht unerheblichen Einfluß auf die Informationsproduktion. Divergierende Bedeutungsbestimmungen von Verarbeitungsregeln oder zu verarbeitenden Informationen durch die an Produktionsprozessen beteiligten menschlichen TIV können zur Folge haben, daß entweder andere Informationsprodukte als ursprünglich beabsichtigt hergestellt werden, oder daß die Produktionsprozesse sogar gänzlich ohne Ergebnis bleiben. Schließlich ist für die Produktionsprozesse nicht die symbolische Darstellung von Informationen, sondern einzig deren Bedeutungsinhalt maßgeblich. Da zudem an nahezu jeder betrieblichen Informationsproduktion menschliche TIV mehr oder weniger dominierend beteiligt sind[82], kann zusammenfassend festgestellt werden, daß das diskutierte Interpretationsproblem in der betrieblichen Realität für die Informationsproduktion von Bedeutung ist.

Trotzdem soll in dieser Analyse von dem Interpretationsproblem abstrahiert werden. Für die folgende modellhafte Behandlung der Informationsproduktion wird vielmehr die vereinfachende Prämisse unterstellt, daß alle an bestimmten Informationsproduktionsprozessen beteiligte TIV die dabei zu verarbeitenden Sprachsymbole in der gleichen Weise interpretieren und diesen damit einheitliche Bedeutungsinhalte zuweisen. Diese Modellprämisse der Interpretationshomogenität in den Produktionsprozessen erscheint nur bei oberflächlicher Betrachtung als recht

---

80 Näher erläutert in Niedereichholz (1981), S. 225 ff.
81 Vgl. z.B. Kinzel (1988), S. 37 ff; von der Malsburg (1988), S. 32 ff.
82 Zur Bedeutung des Menschen für die Informationsproduktion im Vergleich zum Computer vgl. Heinrich (1986), S. 896; Müller (1987), S. 123.

unrealistisch[83]. Auf sie kann in dieser Arbeit jedoch nicht verzichtet werden, da es sich hier um eine erste grundlegende theoretische Analyse der Vorgänge zur Informationsproduktion handelt. Im Rahmen der gesetzten Zielsetzungen können zwar die meisten auftretenden Problemstellungen aufgezeigt und auf ihre tatsächliche Relevanz bezüglich der Informationsproduktion überprüft werden. Eine fundierte Auseinandersetzung mit allen behandelten Fragestellungen und die anschließende Integration in eine Produktionstheorie für Informationen würde jedoch den Rahmen dieses ersten Ansatzes erheblich sprengen.

3.3 ENTWICKLUNG EINER INFORMATIONSKONZEPTION FÜR PRODUKTIONSTHEORETISCHE ZWECKE

3.3.1 NOTWENDIGKEIT DER KONKRETISIERUNG DES INFORMATIONSBEGRIFFES

Als letzte direkte Konsequenz aus den Erkenntnissen des IV-Ansatzes ergibt sich die Notwendigkeit einer weiteren Konkretisierung der hier zugrunde gelegten Vorstellung von Informationen. Für die in dem verhaltenswissenschaftlich orientierten IV-Ansatz verfolgte generelle Zielsetzung der Beschreibung und Analyse der beim menschlichen Informationsverarbeiter ablaufenden kognitiven Prozesse erscheint eine sehr allgemein gehaltene Informationskonzeption als zweckmäßig, da jeder beliebige Sachverhalt der Welt Gegenstand kognitiver Informationsverarbeitungsprozesse sein kann. Die Verwendung eines restriktiveren Informationsbegriffes, etwa durch die Einschränkung auf nur **zweckorientiertes** Wissen, würde eine kaum zu begründende Einengung des Untersuchungsgegenstandes der kognitiven Wissenschaften implizieren.

---

83 In Wirklichkeit kann diese Modellprämisse in der betrieblichen Realität zumindest annäherungsweise erfüllt werden: Einheitliche Interpretationen bei den Produktionsvorgängen können durch verschiedenartige betriebliche Maßnahmen, wie etwa normierte und standardisierte Produktionsabläufe, zusätzlichen Informationsaustausch zwischen den beteiligten TIV oder Auswahl und Schulung geeigneter TIV, erreicht werden. Wesentlich restriktiver wäre eine derartige Prämisse etwa zur Herleitung von Erkenntnissen im Bereich des Marketing: Dort hat der Produzent von Informationen erheblich weniger Einflußmöglichkeiten auf die Nachfrager nach seinen Informationsprodukten und deren Interpretationsvoraussetzungen, vgl. hierzu Nickel-Waninger (1987), S. 92 ff.

Für die hier beabsichtigte produktionstheoretische Analyse ist jedoch die Aussage, Informationsprodukte seien beliebige, durch sprachliche Symbole repräsentierte Abbildungen von Aspekten der Welt, noch eine zu abstrakte, wenig operationale Vorstellung. Eine derartige abstrakte Erklärung von Informationsprodukten allein bietet noch keine ausreichende Basis, um die diversen aus produktionstheoretischer Perspektive relevanten Problembereiche, wie beispielsweise die Abgrenzung einzelner Informationsprodukte oder deren Quantifizierung, zu behandeln. Wie später noch ausführlich gezeigt werden wird, liegt in einer derartigen allgemeinen und wenig differenzierten Betrachtung des Phänomens "Information" einer der wesentlichen Gründe, die einer ausführlichen produktionstheoretischen Analyse bisher im Wege standen. Schon hier kann diese These jedoch an einem einfachen Beispiel aus dem IV-Ansatz verdeutlicht werden.

Eine der zentralen Thesen dieses Theorieansatzes besagt, daß Informationsproduktionsprozesse zielgerichtet ablaufen. Eine konkrete Formulierung der Zielsetzung einer Informationsproduktion ist jedoch nicht auf gleiche Weise wie bei der Produktion von Sachgütern möglich. Dort werden Produktionsziele nicht auf der Ebene der herzustellenden realen Sachgüter, sondern vielmehr auf der informationellen Ebene festgelegt[84]. Es werden bestimmte Informationen über die zu produzierenden Güter vorgegeben. Eine derartige Vorgehensweise ist bei einer Informationsproduktion nicht möglich, da diese Produkte schon auf der Informationsebene angesiedelt sind. Unterstellt man dann eine pauschale, undifferenzierte Informationskonzeption, betrachtet also insbesondere keine unterschiedlichen informationellen Abstraktionsebenen, so würde die Formulierung eines solchen Zieles die Kenntnis der zu produzierenden Information voraussetzen und damit ihre Produktion letztlich überflüssig machen.

Dieses stark vereinfachte Beispiel deutet schon an, daß es für die weitere Analyse erforderlich ist, eine differenzierte, mehrschichtige Vorstellung von Informationen bzw. Informationsprodukten zu entwickeln. Einige Anhaltspunkte hierfür sind in den beiden betriebswirtschaftlichen Theoriebereichen der Betriebsinformatik und der Forschung und Entwicklung schon vorhanden. Die für die beabsichtigte Operationalisierung der Informationskonzeption relevanten Erkenntnisse in diesen

---

84 Vgl. Müller-Merbach (1985), S. 140; Wild (1970a), S. 50.

Disziplinen sollen in den beiden nächsten Abschnitten kurz dargestellt und in bezug auf die zu behandelnde Problematik ausgewertet werden.

3.3.2 INFORMATIONSSTRUKTUREN IM RAHMEN MENSCHLICHER UND MASCHINELLER SPEICHERORGANISATION

Bezüglich der Organisation von Symbolstrukturen im menschlichen Massenspeicher, dem Langzeitgedächtnis, wurde schon die Konzeption der Internen Modelle als Organisationseinheiten beschrieben. Im wesentlichen handelt es sich hierbei um einen als "Bezeichner" fungierenden Designator, der mit verschiedenen Attributen und Attributwerten assoziiert ist[85]. Nach ähnlichen Grundsätzen erfolgt auch die Strukturierung von Informationen zum Zwecke einer effizienten Speicherorganisation im Rahmen der Betriebsinformatik. Dort ist ebenfalls die Problematik der Bildung und Abgrenzung von zu speichernden Informations- bzw. Dateneinheiten von Interesse[86], wenn auch teilweise primär an physisch-technischen Speicherfragen orientiert.

Die in diesem Bereich der Betriebsinformatik hergeleiteten Erkenntnisse basieren auf der gleichen Grundvorstellung von Informationen, wie sie hier verwendet wird[87]. Als weitere Ausgangshypothese wird vereinfachend davon ausgegangen, daß die duch Informationen abbildbare Realität aus einzelnen, diskreten Objekten sowie verschiedenartigen Beziehungen zwischen ihnen besteht[88].

Die einzelnen realen Objekte werden gemäß der von Chen 1976 eingeführten Datenbankterminologie[89] als **Entities** bezeichnet[90]. Entities stellen also "individuelle,

---

85   Vgl. dazu die Darstellung im Rahmen des IV-Ansatzes auf S. 50 f.
86   Vgl. Wedekind (1972), S. 30 ff.
87   "Die Objekte der realen Welt werden ... auf maschinell verarbeitbare Informationen abgebildet", Hansen (1986), S. 96; vgl. hierzu auch Hergenhahn (1985), S. 16; Scheer (1987), S. 14; Waleschkowski (1987), S. 25 ff. Die in der Betricbsinformatik an einigen Stellen (z.B. Stahlknecht 1985, S.6) getroffene Unterscheidung zwischen Daten und Informationen ist hier nicht relevant.
88   Vgl. z.B. Hansen (1986), S. 96.
89   Vgl. Chen (1976), S. 9 ff.

von anderen Objekten abgrenzbare, identifizierbare Elemente der realen oder einer fiktiven Welt"[91] dar. Eine Menge gleichartiger Entities wird auf einer übergeordneten Ebene unter dem Begriff **Entitytyp** zusammengefaßt. So bilden z.B. **alle** Kunden eines Unternehmens einen Entitytyp, während der spezielle Kunde Herr Schmidt als ein Entity anzusehen ist.

Entitytypen werden schließlich durch eine Reihe von **Attributen** (Eigenschaften) beschrieben und charakterisiert. Spezifische Ausprägungen derartiger Attribute eines Entitytypes (**Attributswerte**) legen dann ein Entity als spezielles Element eines Entitytypes fest. Einzelne Entities können demnach durch Auflisten von Attributen und spezifischen Attributswerten beschrieben werden. Der Zusammenhang der Begriffe Entity, Entitytyp, Attribute und Attributwerte wird in Abb. 7 noch einmal graphisch dargestellt.

```
ENTITYTYP:
                        Entities:

     KUNDE                          Schmidt      Maier


ATTRIBUTE:
                    Attributwerte:

     ADRESSE                        BONN         KÖLN
     KD.-NR.                        6645         6655
     RABATTE                        10%          8%
```

Abb. 7: Beziehungen zwischen Entitytyp und Entities

---

90 Die folgende Darstellung orientiert sich an Stahlknecht (1985), S. 168 f; vgl. auch Scheer (1987), S. 14 f; einzelne Informatiker verwenden an Stelle der Begriffe "Entity" und "Entitytyp" die Bezeichnungen "Objekt" und "Objekttyp", vgl. z.B. Müller-Merbach (1985), S. 128; Wedekind (1980), S. 662.

91 Waleschkowski (1987), S. 110.

Von den hier kurz dargestellten grundlegenden Überlegungen zur Speicherung von Informationen sind für die beabsichtigte Konkretisierung der Informationskonzeption vor allem zwei Aspekte relevant und im folgenden zu berücksichtigen:

o   Die Informationsstrukturierung findet auf zwei unterschiedlichen Hierarchieebenen statt. Hierbei handelt es sich zum einen um die Ebene der "Entitytypen", auf der eine homogene Menge einzelner Entities zusammengefaßt wird. Diese einzelnen Entitytypen werden durch unterschiedliche Kombinationen von Attributen definiert und abgegrenzt. Auf einer untergeordneten Ebene werden spezielle Entities als Elemente bestimmter Entitytypen betrachtet.

Diese Vorstellung unterschiedlicher "Strukturierungsebenen" ist nicht nur bei der hier betrachteten maschinellen, sondern auch bei der schon behandelten, menschlichen Speicherorganisation zu erkennen. Dort wird ein Internes Modell als Organisationseinheit durch eine abstrakte Attributenmenge und - auf einer konkreten Ebene angesiedelte - Attributwerte beschrieben[92]. Diese modellhafte Konzeption beinhaltet zwar das grundlegende Prinzip der Unterscheidung abstrakter und konkreter Informationsebenen. Eine derartig strikte Trennung, wie sie durch die Differenzierung zwischen Entitytypen, die durch Attribute festgelegt werden, und durch entsprechende Attributwerte konkretisierte Entities realisiert wird, ist damit jedoch nicht verwirklicht.

o   Eine zweite, der menschlichen und maschinellen Speicherorganisation gemeinsame Erkenntnis besteht darin, daß eine Festlegung und Konkretisierung einzelner Informationen auf der "Entity-Ebene" durch Angabe von spezifischen Eigenschaften erfolgt, die als Ausprägungen oder Werte vorgegebener Attribute operationalisiert werden.

---

92   Vgl. die Beschreibung der Internen Modelle auf S. 50 f.

3.3.3   SPEZIELLE INFORMATIONSPRODUKTION: SOFTWARE-ENGINEERING UND FORSCHUNG UND ENTWICKLUNG

Weitere hier relevante Erkenntnisse können aus den Bereichen des Software-Engineering und der Forschung und Entwicklung hergeleitet werden. Prozesse zur Erstellung von Softwareprodukten sowie Forschung und Entwicklungs-Aktivitäten stellen aufgrund der hier verwendeten Grundvorstellung von Informationen Vorgänge zur Produktion ganz spezieller Informationen dar. In diesen beiden noch jungen wissenschaftlichen Disziplinen existieren mittlerweile eine ganze Reihe auch theoretisch orientierter Analysen der Vorgänge zur Erzeugung dieser speziellen Informationsprodukte, die auch konkrete Aussagen zur Spezifikation der jeweils zu erzeugenden Produkte beinhalten.

Unter Software Engineering wird allgemein "die Anwendung wissenschaftlicher Erkenntnisse und Verfahren auf die Konstruktion von Software"[93] verstanden. Die Bezeichnung "Engineering" zielt hierbei vor allem darauf ab, daß die Softwareprodukte mit ebenso zuverlässigen, erprobten und kontrollierbaren Verfahren und Techniken hergestellt werden sollen, wie sie auch in anderen technischen Ingenieursdisziplinen Anwendung finden[94]. Ein zentrales Ergebnis der Software-Engineering-Forschung ist die Entwicklung von sogenannten Phasenkonzepten: der gesamte Prozeß der Softwareentwicklumg und -wartung wird konzeptionell in mehrere, aufeinander aufbauende Phasen gegliedert, in denen jeweils bestimmte Einzelaktivitäten zusammengefaßt werden.

Als ein Beispiel für eine derartige Phaseneinteilung des Software-Produktionsprozesses kann die Gliederung von Balzert[95] in

(1) Planungsphase
(2) Definitionsphase
(3) Entwurfsphase
(4) Implementierungsphase
(5) Abnahme- und Einführungsphase und
(6) Wartungs- und Pflegephase

---

93   Wirtz (1987), S. 306; detailliertere Definitionen enthalten die Arbeiten von Balzert (1982, S. 3 ff) und Kimm u.a. (1979, S. 15 ff).
94   Vgl. z.B. Gewald/Haake/Pfadler (1985), S. 18 ff.
95   Vgl. Balzert (1982), S. 15; Balzert (1985), S. 16.

angeführt werden. Auch alle anderen, bisher vorgelegten Phasenkonzepte[96] enthalten insbesondere eine der Definitionsphase von Balzert entsprechende Phase.

In dieser Phase[97] ist eine möglichst exakte Definition der Anforderungen, die das zu erzeugende Softwareprodukt zu erfüllen hat, vorzunehmen. Zu Beginn des Softwareerstellungsprozesses sind derartige Anforderungen vielfach nur vage, unvollständig, teilweise sogar widersprüchlich vorhanden. Zentrale Aufgabe in der Definitionsphase ist es, hieraus ein "konsistentes, vollständiges Anforderungsdokument"[98] zu erstellen. Diese als "Produktdefinition" bezeichnete Unterlage soll den vollständigen Funktions- und Leistungsumfang des neuen Softwareproduktes festlegen.

Auch für Forschung und Entwicklungs-Prozesse, die schon als Prozesse zur Gewinnung neuen Wissens und damit als Informationsproduktionsvorgänge identifiziert wurden, sind eine ganze Reihe von Ablaufmodellen entwickelt worden[99]. Kern/Schröder verdichten die dabei gewonnenen Erkenntnisse zu einem Ablaufmodell von Forschung und Entwicklungs-Projekten, das aus den drei Phasen der Projektdefinition, der Bildung und Auswahl von Lösungshypothesen und der Überprüfung dieser Lösungshypothesen besteht[100].

In die Phase der Projektdefinition fallen prinzipiell die gleichen Aktivitäten, wie sie bereits in der entsprechenden Phase des Software Engineering beschrieben wurden. Ziel ist ebenfalls die "Spezifizierung der gewünschten Informationen"[101], also die Formulierung einer möglichst präzisen Projektdefinition, die die genaue Leistungsbeschreibung eines Forschung und Entwicklungs-Projektes enthält.

Wesentliche, im weiteren zu berücksichtigende Erkenntnis der in diesem Abschnitt beschriebenen Sachverhalte ist, daß bei den hier behandelten Informationsproduk-

---

96 Vgl. die Übersicht bei Gewald/Haake/Pfadler (1985), S. 172; siehe auch Kimm u.a. (1979), S.19; Stetter (1984), S. 149.
97 Eine ausführliche Beschreibung der Definitionsphase findet sich bei Balzert (1982), S. 95 ff.
98 Balzert (1982), S. 95.
99 Vgl. z.B. die Zusammenstellung bei Kern/Schröder (1977), S. 267.
100 Vgl. Kern/Schröder (1977), S. 267.
101 Kern/Schröder (1977), S. 270; die folgenden Seiten enthalten eine ausführliche Beschreibung der genannten drei Phasen der Forschungs und Entwicklungs-Prozesse; vgl. auch Brockhoff (1984), S. 174 f.

tionsprozessen dem eigentlichen Produktionsprozeß eine Phase der Definition der zu erzeugenden Information vorangestellt ist. Die zu produzierende Information wird dadurch konkret spezifiziert, daß ein möglichst exakter Anforderungskatalog an neue Informationsprodukte zu entwickeln ist. Durch einen derartigen, jeweils die Produktdefinition bildenden Anforderungskatalog wird im Fall der speziellen Informationsproduktion in den Bereichen des Software-Engineering und der Forschung und Entwicklung das Ziel der Produktionsvorgänge operationalisiert.

3.3.4   OPERATIONALISIERUNG DES INFORMATIONSBEGRIFFES

3.3.4.1   KONZEPTIONELLE ENTWICKLUNG UND BEISPIELE

In Anlehnung an die beschriebene Vorgehensweise der Informationsstrukturierung im Rahmen sowohl menschlicher als auch maschineller Speicherorganisationen sollen zur weiteren Operationalisierung des Informationsbegriffes ganz generell zwei unterschiedliche Informationsebenen betrachtet werden, die sich insbesondere in ihrem jeweiligen inhaltlichen Abstraktionsgrad unterscheiden:

Die konkrete Informationsebene: Informationsprodukte

Auf der konkreten Informationsebene sind alle Informationsprodukte angesiedelt. Als Informationsprodukte werden konkrete informationelle Ausprägungen oder Werte zu einer bestimmten Produktspezifikation bezeichnet. Eine Produktspezifikation besteht dabei selbst aus einer Menge an Informationen, die den inhaltlichen Leistungs- und Funktionsumfang vollständig und exakt festlegen und abgrenzen. Diese Spezifikationsinformationen definieren damit ein konkretes Informationsprodukt dadurch, daß sie alle Anforderungen beinhalten, die von dem entsprechenden Informationsprodukt zu erfüllen sind.

Die abstrakte Informationsebene: Informationsprodukt-Arten

Die abstrakte Informationsebene wird durch Informationsprodukt-Arten gebildet. Eine Informationsprodukt-Art kennzeichnet die Zusammenfassung einer homogenen Menge artmäßig gleicher Informationsprodukte, und zwar auf einer übergeordneten Abstraktionsebene. Informationsprodukte heißen dabei "artmäßig gleich", wenn sie durch identische Spezifikationsinformationen definiert und festgelegt werden. Konkrete Informationsprodukte können also immer dann einer allgemeineren Produktart zugeordnet werden, wenn sie die abstrakten Anforderungen erfüllen, die in der Spezifikation der entsprechenden Produktart definiert sind. Die Spezifikationsinformationen selbst sind folglich als gemeinsame generelle Produktdefinitionen für alle konkreten Einzelelemente einer Informationsprodukt-Art zu verstehen.

Durch die Konstrukte Informationsprodukt, Informationsprodukt-Art und Spezifikationsinformationen sowie deren Beziehung zueinander ist ein zweischichtiges Konzept zur Operationalisierung der Vorstellung von Informationen für produktionstheoretische Zwecke entwickelt worden. Die theoretisch hergeleitete Operationalisierungskonzeption soll nun zunächst an zwei einfachen Beispielen verdeutlicht werden.

Das erste dieser Beispiele bildet eine real existierende Informationsprodukt-Art, ein exemplarischer Kreditbericht der Auskunftei Schimmelpfeng (vgl. Abb. 8). Als "Kreditbericht" wird hier eine bestimmte abstrakte Informationsprodukt-Art der Auskunftei Schimmelpfeng bezeichnet. Ein Element dieser Produktart, also ein konkretes Informationsprodukt, bildet dann ein einzelner Kreditbericht über eine spezifische Firma. Als allgemeine Spezifikationsinformationen, die den Leistungsumfang der Informationsprodukt-Art "Kreditbericht" eindeutig definieren und abgrenzen, sind die angegebenen Merkmale Rechtsform, Handelsregister, Gesellschafter, Gründung und Entwicklung etc. anzusehen. Ein konkretes Informationsprodukt, etwa der Kreditbericht über die Firma "Star-Elektrik" in Abb. 8, hat dann stets informationelle Ausprägungen zu den angeführten artspezifischen Merkmalen zu beinhalten.

Eingangs Datum	Anfrageschein Nr	Aktenzeichen	**Schimmelpfeng** GmbH
10.8.79	68	A 2 / 1.80	Wirtschaftsauskünfte · Marktforschung · Inkasso

Schimmelpfeng GmbH

Auskunft über

Muster-Auskunft

Star-Elektrik
Schmidt und Schulze
Baseler Str. 205

6000 Frankfurt/Main

Uns wird berichtet

Für diese Auskunft gelten unsere jeweiligen Geschäftsbedingungen

Rechtsform
— Offene Handelsgesellschaft

Handelsregister
— Frankfurt/M. HRA 8734, am 30.3.1970

Gesellschafter
— Hans Schmidt, geb. 1.4.1930 in Okriftel, mit der 1935 geb. Gisela Keller verheiratet, 1 Tochter. Schmidt gilt als solider und zuverlässiger Kaufmann. Willy Schulze, geb. 6.12.1925, verheiratet mit Erika Berger, geb. 1.3.1928, zwei erwachsene Kinder. Er ist Elektriker und wird günstig beurteilt.

Gründung und Entwicklung
1969 als Gewerbebetrieb gegründet und 1970 im Handelsregister als OHG eingetragen.

Branche und Produkte
— Einzelhandel mit Elektroartikeln: Haushaltgeräte, Radio- und Fernsehgeräte, mit Reparaturwerkstatt.

Mitarbeiter
— 4, außer den Gesellschaftern und den Ehefrauen.

Umsatz
— 1978 ca. DM 600.000,--; 1979 ca. DM 700.000,--.

Grundeigentum
— Geschäftsräume gemietet, ca. DM 15.000,-- Jahresmiete. Eheleute Schulze Eigentümer eines 1-Familienhauses, Frankfurt/M., Parkstr. 10, Wert ca. DM 450.000,--, Belastung ca. DM 50.000,--.

Betriebseinrichtung
— Reparaturwerkstatt etwa DM 60.000,--; Ladeneinrichtung etwa DM 30.000,--

Warenlager
— ca. DM 80.000,-- bis DM 90.000,--

Außenstände
— ca. DM 20.000,--

Verpflichtungen
— Kurzfristig DM 90.000,--, langfristig keine, gelegentlich wird Bankkredit in Anspruch genommen.

Beteiligungen
— Hans Schmidt ist mit DM 10.000,-- als Kommanditist an der väterlichen Autotankstelle Schmidt & Co KG, Frankfurt/M., Eschborner Str. 10, beteiligt.

Sonstiges
— Die Werkstatt soll vergrößert werden, entsprechende Räume werden gesucht.

Bonitätsbeurteilung
— Unter Inanspruchnahme von Bankkredit wird nach Möglichkeit skontiert, Zahlweise unbeanstandet.

Bankverbindung
— Genossenschafts-Bank und Stadtsparkasse, beide in Frankfurt/M.

2-OK-He (1)
— Fv

Kreditfrage
— DM 10.000,-- zulässig, Höchstkredit DM 50.000,--.

Schlüssel (2)

Schlüssel	Vermögensziffern in TDM bzw. Mio			K über 10 Mio	Kredit	w klein
Großbuchstabe = Vermögen	A bis 25	D bis 250	G bis 2 Mio	Q Gesamtverhältnisse	t sehr gut	x zurückhalt. Beurteilung
Kleinbuchstabe = Krediturteil	B bis 50	E bis 500	H bis 5 Mio	durch ausgewiesenes	u gut	y keine Meinung für Kredit
	C bis 100	F bis 1 Mio	I bis 10 Mio	Kapital gekennzeichnet	v mittel	z Kapital dient d. Unternehmen nicht allein

(1) Aktenzeichen des Sachbearbeiters. (2) Der Schlüssel am Fuß jeder Schimmelpfeng-Auskunft informiert über Vermögensschätzung und Kreditfrage.

Abb. 8: Beispiel eines Kreditberichts der Auskunftei Schimmelpfeng[102]

Als zweites kann die theoretische "Zwei-Ebenen-Betrachtung" von Informationen auch an einem für sehr viele informationelle Verarbeitungsvorgänge in der Realität typischen Tatbestand aufgezeigt werden. Vielen solchen Vorgängen - wie etwa dem Bearbeiten einer Einkommensteuererklärung durch das Finanzamt oder dem Prüfen eines Unterhaltsanspruchs durch einen Richter - ist gemeinsam, daß sie in

---

102 Entnommen aus Bessler (1985), S. 190.

irgendeiner Form durch einen Antrag initiiert werden. Ein hierzu meist auszufüllendes Antragsformular enthält dann in der Regel - sogar in strukturierter Form - alle zur Fallbearbeitung erforderlichen Informationen bezüglich des Antragstellers.

Aus informationstheoretischer Sicht wird durch einen bestimmten Antrag jeweils eine Informationsprodukt-Art repräsentiert. Als die eine solche Informationsprodukt-Art definierenden Spezifikationsinformationen sind die in dem Formular enthaltenen Fragen zu verstehen. Diese legen für eine große Zahl gleichartiger Einzelfälle fest, welche konkreten Auskünfte, welche Informationen ein Antragsteller zur Verfügung zu stellen hat. Alle in einem bestimmten einzelnen Antragsformular dokumentierten Angaben stellen konkrete informationelle Ausprägungen zu den allgemeinen Spezifikationsinformationen dar und sind folglich als einzelnes Informationsprodukt einer bestimmten Produktart zu verstehen[103].

3.3.4.2 GRUNDLEGENDE MERKMALE DER OPERATIONA-LISIERUNGSKONZEPTION

Zusätzlich zu der theoretischen Herleitung der Konzeption zur Operationalisierung von Informationen und den angegebenen Beispielen sind an dieser Stelle erste fundamentale Charakteristika und Merkmale dieses Basiskonzeptes zu behandeln. Hierzu werden im einzelnen diskutiert:

a) Gemeinsamkeiten und Unterschiede zu den dargestellten Konzepten der Betriebsinformatik und der Forschung und Entwicklung;
b) Die Allgemeinheit und Variabilität der entwickelten Konzeption;
c) Die zentrale Bedeutung dieses Basiskonzeptes für die weitere Theorieanalyse.

Zu a): Die zweischichtige Informationskonzeption wurde durch Weiterentwicklung verschiedener vorhandener Konzepte hergeleitet. Folglich ist als erstes zu

---

103 Die Frage nach Informationseinheiten bei der Informationsproduktion wird auf S. 114 ff behandelt.

fragen, welche dieser Erkenntnisse in die neue Konzeption integriert wurden und bezüglich welcher Aspekte Fortschritte erzielt wurden.

Aus den ablauforientierten Phasenkonzepten, die eine Strukturierung sowohl von Prozessen der Softwareproduktion als auch von Projekten der Forschung und Entwicklung beinhalten, wird hier berücksichtigt, daß zur Erzeugung dieser speziellen Informationen in einer ersten Phase jeweils exakte Produkt- bzw. Projektdefinitionen zu entwickeln sind. Die dabei vorgenommene Definition der herzustellenden Informationsprodukte spiegelt sich in der allgemeinen Operationalisierungskonzeption in den "Spezifikationsinformationen" wieder, durch die generell beliebige zu produzierende Informationen vollständig festgelegt und abgegrenzt werden. Diese Grundidee der Produktspezifikation wird damit von den speziellen Fällen der Softwareproduktion und der Forschung und Entwicklung auf beliebige Prozesse der Informationsproduktion ausgedehnt.

Als zweites sind in diesem Zusammenhang Beziehungen zu den im Rahmen der Informationsstrukturierung zwecks effizienter Speicherorganisation auftretenden Konstrukten "Entitytyp", "Attribute", "Entities" und "Attributausprägungen" herzustellen.

Aus diesem Bereich der Betriebsinformatik wird in die hier entwickelte Konzeption die Grundvorstellung übernommen, daß es sich bei Informationsprodukten um einzelne, isolierte Objekte der realen Welt handelt, die auf zwei unterschiedlichen Hierarchieebenen differenziert und strukturiert werden können. Demzufolge sind die Konstrukte der Informationsprodukt-Art und des einzelnen Infomationsproduktes in formaler Analogie zu den Begriffen Entitytyp und Entity zu sehen.

Als wesentlicher inhaltlicher Unterschied zu den Vorstellungen in der Betriebsinformatik werden durch Informationsprodukt-Arten und zugeordnete Spezifikationsinformationen auch komplexe, nicht notwendig einzeln isolierbare Teilausschnitte der realen Welt abgebildet. So beschränkt sich die Spezifikation einer Informationsprodukt-Art, im Gegensatz zu den Attributen eines Entitytyps, nicht allein auf eindeutig bestimmbare elementare Eigenschaften, wie beispielsweise unterschiedliche Farben von Automobilen. Sie sollen vielmehr wesentlich allgemeiner alle zur Definition einer Informationsprodukt-Art notwendigen Anforderungsmerkmale erfassen, welche auch aus zusammenhängenden Informationskomplexen, wie etwa ganzen Projektdefinitionen, bestehen können.

Durch diese Verallgemeinerung wird die in der Betriebsinformatik vorherrschende Orientierung[104] an einer effizienten physisch-technischen Speicherorganisation von Informationen aufgegeben. Diese Zielsetzung ist jedoch für eine produktionstheoretische Analyse wenig relevant. Hier ist vielmehr die durch die generalisierte Konzeption eröffnete Möglichkeit, auch die Verarbeitung zusammenhängender und komplexer Informationsstrukturen zu analysieren, von Bedeutung.

Zu b): Die damit bereits angeführte Allgemeinheit und Variabilität des Konzeptes der Informationsprodukt-Art soll an dieser Stelle nochmals explizit betont werden. Bei den Informationsprodukt-Arten und deren Spezifikationsinformationen handelt es sich nicht um statische, unveränderbare und in allen Situationen gültige Zuordnungen. So kann etwa der Grad der Differenziertheit, mit dem Produktspezifikationen angegeben sind, in Abhängigkeit von dem jeweiligen Sachzusammenhang und Verwendungszweck unterschiedlich ausgeprägt sein. Auch bezüglich der sprachlichen Repräsentation der Spezifikationsinformationen sind Variationen denkbar.

Darüber hinaus kann auch ein einzelner Sachverhalt in einem Zusammenhang ein eigenständiges Informationsprodukt darstellen und in einem anderen Fall nur einen Teil eines Produktes bilden. In den beschriebenen Beispielen werden etwa Antragsinformationen oder ein einzelner Kreditbericht als Informationsprodukte aufgefaßt, die jeweils aus vielen, singuläre Sachverhalte abbildenden Einzelinformationen bestehen. In einem Kreditbericht bildet dabei z.B. die angegebene Firmenadresse lediglich einen Bestandteil dieses gesamten Informationsproduktes. In einem anderen Zusammenhang, etwa für einen professionellen Adressenverkäufer, kann es sich hierbei durchaus um ein eigenständiges, am Markt angebotenes Informationsprodukt handeln.

Der beschriebene Fall, eine bestimmte Menge an Einzelinformationen als singuläres Informationsprodukt zu interpretieren, sowie alle weiteren, für die Realität ty-

---

104   Vgl. z.B. Stahlknecht (1985), S. 177 ff.

pischen Vielschichtigkeiten können durch die entwickelte Informationsprodukt-Konzeption erfaßt werden. Die Variabilität dieser zweischichtigen Informationskonzeption ist damit insgesamt als die zentrale Eigenschaft anzusehen, die eine theoretische Erfassung und Analyse komplexer realer Informationsaspekte ermöglicht.

Die behandelte Variabilität stellt auch keine wesentliche Besonderheit der Informationsproduktion dar, die im folgenden ausführlich zu analysieren wäre[105]. Auch bei der Sachgüterproduktion hängt es von der jeweiligen Betrachtungsperspektive ab, inwiefern ein bestimmtes Gut als ein eigenständiges, nutzenstiftendes Produkt anzusehen ist. So stellt z.B. eine Schraube für einen Schraubenproduzenten ein eigenständiges Produkt dar. Wird eine solche Schraube jedoch beim Bau eines Flugzeuges verwendet, so wird sie nur noch als marginaler, seine Eigenständigkeit verlierender Produktteil angesehen.

Zu c): Als letztes soll hier schon auf die besondere Bedeutung, die der Konzeption der Informationsprodukt-Art im weiteren Verlauf dieser Arbeit zukommt, hingewiesen werden. Mittels dieses Konzeptes soll erreicht werden, Lösungsansätze für eine ganze Reihe von Problembereichen, wie etwa

o   Unterscheidung verschiedener grundlegender Produktionstypen,
o   Abgrenzung und Quantifizierung einzelner Informationsprodukte,
o   Entwicklung mathematisch-formaler Produktionsmodelle auf einer zweckmäßigen Abstraktionsebene,

zu entwickeln.

Auch das zu Beginn dieses Kapitels als Beispiel erwähnte Problem der Formulierung von Produktionszielen kann durch die mehrschichtige Informationskonzeption gelöst werden: Produktionsziele werden konkretisiert durch die Vorgabe der Spezifikation der zu erzeugenden Informationsprodukte. Das Ziel der Produktion, die Herstellung eines bestimmten Informationsproduktes, wird dann erreicht, in-

---

105 Die Betriebsinformatik abstrahiert ebenfalls von derartigen Abhängigkeiten, vgl. z.B. Waleschkowski (1987), S. 110.

dem zu der abstrakten Produktspezifikation konkrete informationelle Ausprägungen oder Werte erzeugt werden, die die spezifizierenden Anforderungen erfüllen.

4. ZUSAMMENFASSUNG

Als erste grundlegende Überlegungen zu einer systematischen Theorie der Informationsproduktion erfolgt eine Auseinandersetzung mit verschiedenen Informationsbegriffen sowie dem in der kognitiven Psychologie entwickelten und hier als theoretischem Bezugsrahmen verwendeten IV-Ansatz.

In dieser Arbeit werden Informationen generell als beliebige Abbildungen von Aspekten der realen und abstrakten Welt verstanden. Diese sehr allgemeine, verhaltenswissenschaftlich orientierte Informationskonzeption wird dann dahingehend operationalisiert, daß nur durch Sprachsymbole repräsentierte Aspekte der Welt berücksichtigt werden. Des weiteren wird für die produktionstheoretische Analyse zwischen zwei unterschiedlichen Abstraktionsebenen differenziert: Auf einer konkreten Ebene sind bestimmte einzelne Informationsprodukte angesiedelt. Eine Menge solcher artmäßig gleicher, konkreter Informationen wird dann auf einer übergeordneten Ebene zu einer abstrakten Informationsprodukt-Art zusammengefaßt. In Anlehnung an Ergebnisse aus den Bereichen der Forschung und Entwicklung sowie des Software Engineering wird eine bestimmte Informationsprodukt-Art durch sogenannte Spezifikationsinformationen festgelegt und abgegrenzt. Diese beinhalten den geforderten Funktions- und Leistungsumfang, der von allen Informationsprodukten, interpretiert als konkreten Elementen dieser Produktart, zu erfüllen ist.

Die beschriebene allgemeine Informationskonzeption liegt auch dem IV-Ansatz zugrunde, der im wesentlichen die Erklärung des speziellen Entscheidungs- und Problemlösungsverhaltens des Menschen durch die Analyse interner, kognitiver Prozesse zum Ziel hat. In einer allgemeineren, auch für die maschinelle Informationsverarbeitung gültigen Fassung werden als Hauptelemente der Informationsverarbeitung die Komponenten sprachliche Symbole, IV-Regeln und IV-Apparat identifiziert und bezüglich ihrer jeweiligen Funktionen analysiert. Zudem beinhaltet der IV-Ansatz ein aus drei Phasen bestehendes Ablaufmodell der Informationsverarbeitung.

Als erste Konsequenz aus den Erkenntnissen des IV-Ansatzes für die Theorie der Informationsproduktion kann nachgewiesen werden, daß die weit verbreitete Charakterisierung der Informationsverarbeitung als Produktion im ökonomischen Sinne gerechtfertigt ist. Neben der Entwicklung der bereits beschriebenen Konzeption der Informationsprodukt-Arten folgt eine Diskussion des Problembereichs der Mehrdeutigkeit sprachlicher Symbole im Rahmen der Informationsproduktion. Dieser Aspekt erhält seine Relevanz dadurch, daß in den Produktionsprozessen die die Informationsinhalte repräsentierenden Sprachsymbole interpretiert werden müssen und daß diese Interpretationsvorgänge jeweils in Abhängigkeit von den beteiligten TIV zu ganz unterschiedlichen Ergebnissen führen können. Obwohl dieser Tatbestand für viele Informationsproduktionen eine bedeutende Besonderheit darstellt, wird in dieser ersten Analyse davon abstrahiert. Als erste vereinfachende Grundprämisse der Theorie der Informationsproduktion wird stets von einer Interpretationshomogenität in den betrachteten Produktionsprozessen ausgegangen.

KAPITEL 3

DIE HAUPTELEMENTE DER INFORMATIONSPRODUKTION

Aus dem IV-Ansatz wurde als eine erste produktionstheoretische Konsequenz die These abgeleitet, daß die Produktion von Informationen als Faktorkombination im Gutenbergschen Sinne interpretiert werden kann (vgl. Abb. 9). Diese Ausgangsthese legt die weitere Vorgehensweise nahe. Analog zu der traditionellen materiellen Produktionstheorie erfolgt in diesem Kapitel eine Analyse der Hauptelemente der Informationsproduktion: Produktionsfaktoren, Kombinationsvorgänge und Produkte. Vorangestellt wird der Untersuchung dieser drei Komponenten der Informationsproduktion zunächst eine Abgrenzung und anschließend eine weitere Strukturierung des Untersuchungsgegenstandes.

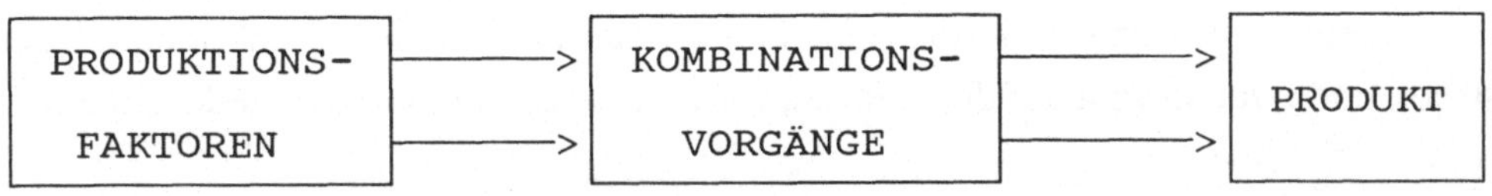

Abb. 9: Produktion als Faktorkombinationsprozeß

1. ABGRENZUNG DER IM WEITEREN BEHANDELTEN INFORMATIONSPRODUKTION

Prozesse zur Produktion von Informationen sind in vielfältigen Ausprägungsformen in jedem beliebigen Wirtschaftsunternehmen vorzufinden. In allen nicht zu den reinen Informationsbetrieben zählenden Unternehmen laufen zusätzlich zur

Informationsproduktion weitere materielle, Sachgüter erzeugende Produktionsprozesse ab.

Zwischen diesen materiellen Produktionsprozessen und den zahlreichen innerbetrieblichen Vorgängen der Informationsproduktion können verschiedenartige Wechselbeziehungen bestehen: so ist es zum einen durchaus vorstellbar, daß Produkte hergestellt werden, die sich sowohl aus Informationsteilen als auch aus materiellen Bestandteilen zusammensetzen[1]. Zum anderen werden in der betrieblichen Realität alle materiellen Produktionsprozesse durch entsprechende Informationsvorgänge unmittelbar veranlaßt und gesteuert.

Die vielschichtigen Beziehungen und Abhängigkeiten zwischen materiellen und informationellen Produktionsprozessen werden in vielen Unternehmen durch verschiedenartige, unter dem Begriff des "Computer Aided Manufacturing (CAM)" zusammengefaßte Maßnahmen realisiert. Genannt werden können hier beispielsweise der Einsatz numerisch gesteuerter Maschinen und Roboter, die computerunterstützte Prozeßplanung sowie die Verwendung von Rechnersystemen zur Prozeßautomatisierung[2]. Über diese, durch Computer und damit maschinelle Informationsproduktion unterstützte Fertigung hinaus wird mittlerweile sogar - wenn auch oft als Zukunftsperspektive deklariert - eine vollständige Integration aller mit dem (materiellen) Produktionsbereich in Verbindung stehender Funktionen angestrebt, und zwar sowohl auf der Informations- als auch auf der materiellen Ebene[3].

Die dargestellten Tendenzen zeigen die schon vielfältig vorhandenen und in Zukunft wegen technologischer Innovationen auf dem EDV-Sektor weiter an Bedeutung gewinnenden Verflechtungen zwischen der materiellen und der Informationsproduktion. In der weiteren Analyse werden diese gemeinsamen materiellen und informationellen Produktionsprozesse nicht berücksichtigt; von den Beziehungen der Informationsproduktion zur materiellen Produktion wird vielmehr abstrahiert. Aufgrund dieser Restriktion sind Gegenstand der folgenden produktionstheoretischen Analyse allein die reinen Informationsproduktionsprozesse, in denen

---

1 Vgl. Nickel-Waninger (1987), S. 15.
2 Zu CAM vgl. z.B. Scheer (1987), S. 160 f; Steinmann (1987), S.79 f; siehe auch Gröner (1987), S. 83 f; Hansen (1987), S. 281 f.
3 Diese Konzeption wird als "Computer Integrated Manufacturing (CIM)", teilweise auch als "Factory of the future" bezeichnet; vgl. z.B. Kahl (1987), S. 97 ff; Roth (1987), S. 82 f; Scheer (1987), S. 155 ff; Scheer (1988); Wildemann (1987), S. 14 ff.

ohne direkte Beziehung[4] zu materiellen Produktionsvorgängen ausschließlich aus Informationen bestehende Produkte erzeugt werden.

2. DETERMINIERTE UND INDETERMINIERTE INFORMATIONS-PRODUKTIONEN

Die im vorangegangenen Abschnitt vorgenommene Restriktion der Analyse auf reine Informationsproduktionsprozesse impliziert eine erste Einschränkung des Untersuchungsgegenstandes. Trotz dieser Prämisse werden jedoch immer noch äußerst unterschiedlich strukturierte und in Komplexität und Umfang stark variierende Vorgänge unter der einheitlichen Bezeichnung "Informationsproduktion" zusammengefaßt. So reicht das weite Spektrum von Informationsproduktionen von so trivialen Prozessen wie dem Erinnern an den eigenen Namen oder der Kopie eines Schriftstücks über umfangreichere Produktionsvorgänge, wie dem Erstellen einer Adressenkartei oder der Berechnung von Steuer- und Versicherungszahlungen eines Unternehmens, bis hin zu komplizierten und umfangreichen Forschungsprojekten der unterschiedlichsten Art.

Dieser äußerst vielschichtige und heterogene Bereich der Informationsproduktion ist an dieser Stelle weiter zu systematisieren und zu strukturieren. Die Notwendigkeit einer derartigen Vorgehensweise wird auch durch das Beispiel der Forschung im Rahmen der Dienstleistungs-Produktionstheorie verdeutlicht. Gerade diese Ansätze zeigen, daß eine einheitliche, undifferenzierte Betrachtung eines äußerst vielschichtigen, heterogenen Untersuchungsgegenstandes die Entwicklung von aussagekräftigen Theorieerkenntnissen in nicht unerheblicher Weise behindert.

Die damit begründete Notwendigkeit zur weiteren Differenzierung von Vorgängen der Informationsproduktion erfolgt durch die Abgrenzung zweier, aus produktionstheoretischer Perspektive grundsätzlich unterschiedlicher Typen von Informationsproduktionen. Die Typen der Determinierten und Indeterminierten Informati-

---

4 Indirekte Beziehungen derart, daß materielle Produktionsprozesse auf der Informationsebene abgebildet werden, sind dadurch nicht ausgeschlossen, vgl. Müller (1973), S. 284.

onsproduktion[5] werden im folgenden anhand der produktionstheoretischen Charakteristika der Produktspezifikation und des Produktionsverfahrens festgelegt und näher beschrieben.

2.1 DAS DEFINITIONSMERKMAL DES "PRODUKTIONS-VERFAHRENS"

Während bereits ausführlich beschrieben wurde, was bei der Informationsproduktion unter einer Produktspezifikation verstanden wird, ist es hier zunächst erforderlich, den in der allgemeinen Betriebswirtschaftslehre zwar bekannten, aber nicht einheitlich verwendeten Begriff des "Produktionsverfahrens"[6] näher zu bestimmen. In der allgemeinen Betriebswirtschaftslehre sind prinzipiell zwei unterschiedliche Interpretationen dieses Begriffs zu finden:

Zum einen erfolgt eine sehr restriktive, rein technische Auslegung des Verfahrensbegriffs. Als Produktionsverfahren wird ausschließlich die Art und Weise der technischen Umwandlung von Einsatzgütern in Produkte bezeichnet, also rein technologische Einzelvorgänge, wie etwa Hobeln oder Fräsen[7]. Neben dieser technologischen und eng auf die industrielle Fertigung abgestimmten Verfahrenskonzeption ist an anderen Stellen auch eine wesentlich breiter angelegte Vorstellung zu finden.

So ist beispielsweise nach Riebel[8] unter einem Produktionsverfahren "die Art und Weise oder die Technik des Vorgehens zu verstehen, in der eine Erzeugungsaufgabe planvoll und in sich gleichbleibend und wiederholbar durchgeführt wird". In einer derartigen weiten Fassung ist ein Produktionsverfahren als ein gesamter Verfahrenskomplex zu verstehen, der aus der Aneinanderreihung einzelner Verfah-

---

5 Die Bezeichnungen orientieren sich an der von Gerhardt (1987, S. 93 ff) vorgenommenen Abgrenzung verschiedener Dienstleistungsprozesse.

6 Teilweise wird synonym die Bezeichnung Fertigungsverfahren (z.B. Dellmann 1980, S. 41) oder auch Erzeugungsverfahren (z.B. Kern 1980, S. 50) verwendet.

7 Vgl. zu dieser Interpretation z.B. Dellmann (1980), S. 41; Gutenberg (1983), S. 86; Schweitzer/Küpper (1974), S. 34.

8 Riebel (1963), S. 12 f.

rensschritte besteht[9]. Ferner zählt zu den Anforderungen an ein Produktionsverfahren in diesem Sinn, daß es die für die Produktion eines Gutes benötigten Arten an Produktionsfaktoren zumindest implizit festlegt[10].

Da der enge Verfahrensbegriff zu sehr auf die industrielle Fertigung von Gütern abgestimmt ist, soll für die folgende Typenabgrenzung der weite Verfahrensbegriff zugrunde gelegt werden. Neben der Auswahl der erforderlichen Produktionsfaktorarten enthält ein Verfahren für eine bestimmte Informationsproduktion dementsprechend alle benötigten Vorschriften, gemäß derer die Verarbeitungsprozesse ablaufen. Zu diesen Einzelvorschriften können dann beispielsweise gehören[11]

o   organisatorische Regelungen und Arbeitsanweisungen für Mitarbeiter, durch die alle notwendigen Aktionen für die Produktion eindeutig festgelegt werden;

o   eine Menge an IV-Regeln für die menschlichen TIV;

o   Computer-Software als IV-Regeln für maschinelle TIV.

2.2   DEFINITION DETERMINIERTER UND INDETERMINIERTER INFORMATIONSPRODUKTIONEN

Mittels der produktionstheoretisch orientierten Kriterien der Produktspezifikation und des Produktionsverfahrens werden nun die beiden folgenden Typen der Informationsproduktion definiert:

Determinierte Informationsproduktion:

Eine Informationsproduktion zählt zu dem Typ der Determinierten Informationsproduktion, wenn alle Komponenten des Produktionsprozesses vollständig bestimmt sind. Dies bedeutet, daß sowohl eine exakte Spezifi-

---

9   Vgl. Weber (1979), Sp. 1610.
10   Vgl. Kahle (1980), S. 29 f.
11   Vgl. Müller (1987), S. 129.

kation der zu erzeugenden Produktart vorliegt, als auch, daß das Produktionsverfahren vollständig bekannt ist.

Indeterminierte Informationsproduktion:

Sind diese beiden Komponenten der Informationsproduktion nicht vollständig vorhanden, so liegt eine Indeterminierte Informationsproduktion vor. In diesem Fall sind entweder das ganze oder zumindest wesentliche Bestandteile des Produktionsverfahrens nicht bekannt oder es liegen noch keine oder keine exakten Spezifikationsinformationen bezüglich der zu erzeugenden Produkte vor.

Die durch diese Definitionen abgegrenzten Typen der Informationsproduktion unterscheiden sich also im wesentlichen durch den zu Beginn der Produktionsvorgänge bereits vorhandenen Bestand an spezifischen Informationen, nämlich an Verfahrensinformationen und an Spezifikationsinformationen über das zu erzeugende Produkt[12].

Determinierte Informationsproduktionen sind hinsichtlich der Verfahrensinformationen konkret dadurch gekennzeichnet, daß zum einen Informationen über alle zur Realisierung der Produktionsprozesse benötigten Einsatzfaktoren vorliegen. Diese Informationen haben dabei sowohl eine artmäßige als auch eine mengenmäßige Festlegung der Produktionsfaktoren zu beinhalten. Die Determiniertheit der Einsatzfaktoren verlangt auch, daß die beteiligten TIV "den physischen, psychischen und kognitiven Anforderungen"[13] der Kombinationsprozesse genügen, daß sie also die erforderlichen Voraussetzungen und Fähigkeiten für die jeweiligen Informationsproduktionen besitzen.

Zum anderen impliziert die Existenz des Produktionsverfahrens, daß die Kombinationsvorgänge Determinierter Informationsproduktionen nach fest vorgegebenen und den TIV bekannten Einzelschritten ablaufen. Insbesondere handelt es sich hierbei um stets gleichbleibende Produktionsabläufe, d.h. die Träger der In-

---

12 Vgl. für die folgenden charakterisierenden Merkmale Gerhardt (1987), S. 93 ff.
13 Gerhardt (1987), S. 94.

formationsverarbeitung können die Reihenfolge der das Produktionsverfahren bildenden Einzelaktivitäten nicht verändern. Sie führen lediglich die jeweiligen Produktionen entsprechend dem vorgegebenen Verarbeitungsablauf aus und werden nicht in irgendeiner Form gestalterisch oder selbständig handelnd tätig[14].

Bezüglich der Informationen über die zu erzeugenden Produkte ist schließlich anzumerken, daß diese die Produkte analog zu den beschriebenen Merkmalen des Faktoreinsatzes, also in mengen- und artmäßiger Dimension, konkret spezifizieren. Die die spezifizierenden Anforderungen erfüllenden konkreten Informationsprodukte ergeben sich dann bei Determinierten Informationsproduktionen auf eindeutige Art und Weise als Konsequenz des genau beschriebenen Gütereinsatzes sowie des exakt festgelegten Ablaufs der Kombinationsprozesse.

Determinierte Informationsproduktionen können weiterhin bezüglich des Strukturierungsgrades der zu behandelnden Aufgabenstellung charakterisiert werden. Der Strukturierungsgrad einer Aufgabenstellung beschreibt allgemein, inwieweit deren verschiedene Bestandteile in strukturierter Form vorliegen[15]. In der verhaltenswissenschaftlich orientierten Entscheidungstheorie wird diesbezüglich prinzipiell zwischen wohl-strukturierten und schlecht-strukturierten Aufgabenstellungen unterschieden, wobei wohl-strukturierte dadurch gekennzeichnet sind, daß[16]

o   die Merkmale der Aufgabenstellung durch numerische Ausdrücke formuliert werden können;

o   ein zuverlässiges, d.h. praktisch ausführbares und wirtschaftliches Lösungsverfahren vorhanden ist, mit dem die Lösung ermittelt werden kann;

o   die Ziele der Aufgabenstellung in dem Sinne wohl-definiert sind, daß es ein systematisches Verfahren gibt, mittels dessen festgestellt werden kann, ob eine vorgeschlagene Lösung annehmbar ist.

Ist eine dieser angeführten Bedingungen nicht erfüllt, so liegt eine schlecht-strukturierte Aufgabenstellung vor.

---

14   Von Einflußfaktoren wie Ermüden oder auch Lernen bei menschlichen TIV wird hier abstrahiert.
15   Vgl. z.B. Abel (1977), S. 97.
16   Vgl. Kirsch (1977), S. II/141 ff; Klein (1971), S. 32; Reitman (1965), S. 131 ff; Simon/Newell (1958), S. 4 ff; Vogt (1981), S. 102 ff; Witte (1979), S. 72 ff.

Aufgrund der beschriebenen Merkmale Determinierter Informationsproduktionen ist es evident, daß es sich hierbei stets um wohl-strukturierte Produktionsaufgaben handelt[17]. Die Forderung nach wohl-definierten Zielen ist aufgrund der vorliegenden Spezifikationsinformationen erfüllt, da mittels dieser entschieden werden kann, ob eine produzierte Information die gestellten Anforderungen erfüllt, inwiefern es sich also um die Lösung einer gestellten Produktionsaufgabe handelt. Die Existenz eines zulässigen Lösungsverfahrens wird bei Determinierten Informationsproduktionen schließlich durch die vollständige Kenntnis der Verfahrensinformationen sichergestellt[18].

Schlecht-strukturiert in dem beschriebenen Sinne sind Indeterminierte Informationsproduktionen. Bei diesen sind, im Gegensatz zu den Determinierten Informationsproduktionen, nicht sämtliche Verfahrens- und Produktinformationen bereits zu Beginn der Produktion vorhanden und müssen folglich in zusätzlichen Produktionsvorgängen erzeugt oder anderweitig beschafft werden. Typisch sind derartige Informationsmängel für solche Produktionen, die die Erzeugung einzigartiger Informationsprodukte zum Ziel haben und auch nur einmalig durchgeführt werden oder auch für die Fälle, in denen über den Ablauf bestimmter Produktionsvorgänge noch keinerlei Erfahrungen vorliegen[19].

In Abhängigkeit davon, welche und wieviele Teile derartiger Verfahrens- und Produktinformationen einerseits noch zu generieren sind und wie umfangreich und komplex sich andererseits diese Produktions- und Beschaffungsprozesse gestalten, können dann verschiedene Grade der Indeterminiertheit unterschieden werden. Der Indeterminiertheitsgrad ist dabei umso höher, je weniger produktionsrelevante Ausgangsinformationen zur Verfügung stehen. Aufgrund dieses wesentlichen Merkmals sind Indeterminierte Informationsproduktionen somit in bezug auf die erforderlichen Produktionsvorgänge nicht als vollkommen homogen anzusehen. In Analogie zu schlecht-strukturierten Aufgabenstellungen, bei denen von auf einem

---

17 Die Einführung der Typen der Determinierten und der Indeterminierten Informationsproduktion ist notwendig, obwohl eine Analogie zur Unterscheidung zwischen wohl-strukturierten und schlecht-strukturierten Aufgabenstellungen besteht. Der Grund hierfür liegt darin, daß diese produktionstheoretische Abgrenzung wesentlich differenziertere Analysemöglichkeiten eröffnet als die entscheidungstheoretische Klassifizierung. Zugleich können damit die Strukturiertheitskonzepte produktionstheoretisch operationalisiert werden.
18 Die Forderung nach numerischer Darstellungsform ist von vernachlässigbarer Relevanz, vgl. z.B. Klein (1971), S. 32.
19 Vgl. Gerhardt (1987), S. 114.

Kontinuum liegenden Strukturierungsgraden ausgegangen wird[20], umfassen sie vielmehr ebenso eine noch sehr heterogene Menge verschiedenartiger informationeller Produktionsvorgänge.

Derartige Inhomogenitäten treten bei Determinierten Informationsproduktionen wegen der in diesem Fall unterstellten Informationsvoraussetzungen nicht auf. Bei diesem, hinsichtlich der behandelten Aspekte als homogen zu bezeichnenden Produktionstyp können jedoch zwei prinzipiell unterschiedliche Grundformen der Informationsproduktion identifiziert werden:

Die eine dieser Grundformen besteht darin, schon vorhandene Informationsprodukte einfach zu vervielfältigen, zu reproduzieren. Als Ergebnis eines derartigen Produktionsvorgangs entsteht also kein neues Informationsprodukt, sondern lediglich die Kopie einer schon vorhandenen Information. Alle anderen, nicht einfach aus Kopierprozessen bestehenden Produktionsverfahren erzeugen - wie auch alle Indeterminierten Informationsproduktionen - tatsächlich neue Informationsprodukte. Um diese beiden unterschiedlichen Formen der Determinierten Informationsproduktion zu unterscheiden, soll im ersten Fall von der Produktion von Kopien, im anderen Fall von der Produktion sogenannter Originärinformationen gesprochen werden[21].

Abschließend ist hier noch darauf hinzuweisen, daß besonders wegen der potentiell unterschiedlichen Ausprägungen des Indeterminiertheitsgrades mittels der hier aufgezeigten Kriterien nicht stets eine starre und eindeutige Abgrenzung der beiden Informationsproduktionstypen möglich ist. Es ist vielmehr, wie auch im Falle der unterschiedlichen Strukturierungsgrade, von einem fließenden Übergang von Determinierten zu Indeterminierten Informationsproduktionen auszugehen. Trotz der damit in den Grenzbereichen nicht immer eindeutigen Zuordnung ist die Bildung der beiden Typen der Informationsproduktion für die hier verfolgte Zielsetzung aus den folgenden Gründen als zweckmäßig anzusehen:

So erfolgt die Abgrenzung der beiden Informationsproduktionstypen mittels produktionstheoretischer Kriterien. Damit ist insbesondere die Möglichkeit gegeben, in der nachfolgenden Analyse - über die schon aufgezeigten Unterschiede hinaus -

---

20   Vgl. Abel (1977), S. 97.
21   Vgl. hierzu auch Müller (1973), S. 294 ff und (1987), S. 131; Nickel-Waninger (1987), S. 26.

weitere signifikante und produktionstheoretisch relevante Charakteristika für die beiden Produktionstypen herauszuarbeiten.

Des weiteren ist mit der Determinierten Informationsproduktion eine relativ homogene Menge an Informationsproduktionen abgegrenzt, die - wie insbesondere die nachfolgenden Beispiele verdeutlichen werden - eine große Menge an realen Informationsproduktionsvorgängen erfaßt. Zudem beinhaltet dieser Typ nicht nur relativ unproblematische Kopierprozesse, sondern auch eine Vielzahl an bedeutsamen determinierten Produktionsvorgängen zur Erzeugung von Originärinformationen.

Die vielleicht bedeutsamste Begründung für die hier vorgenommene Abgrenzung ist jedoch darin zu sehen, daß die auch die Produktion von Originärinformationen umfassenden Determinierten Informationsproduktionen prinzipiell durch die gleichen Informationsprämissen gekennzeichnet sind, wie sie üblicherweise in den Modellen der materiellen Produktionstheorie unterstellt werden. In beiden Fällen wird jeweils die Kenntnis des Produktionsverfahrens und genauer Informationen, die das zu erzeugende Produkt beschreiben und festlegen, vorausgesetzt[22]. Durch diese Gleichartigkeit der Informationsprämissen ist für den Bereich Determinierter Informationsproduktionen eine wichtige Grundvoraussetzung geschaffen, um das in der materiellen Produktionstheorie vorhandene Instrumentarium zur Entwicklung formaler Informationsproduktionsfunktionen oder -modelle nutzbar zu machen.

Ebenso wie Determinierte weisen auch Indeterminierte Informationsproduktionen aufgrund ihrer abgrenzenden Prämissen eine gewisse Analogie zu einem - wenn auch nur in rudimentärer Form - bereits unter produktionstheoretischen Gesichtspunkten betrachteten Funktionsbereich der Betriebswirtschaftslehre auf, dem Bereich der Forschung und Entwicklung. Wesentliche Aufgabe von Forschung und Entwicklungs-Prozessen ist die Produktion von Verfahrensinformationen sowie von Informationen über neue Produkte und Produktvariationen, so daß alle diese informationellen Vorgänge einen Teilbereich der Indeterminierten Informationsproduktion bilden.

---

22   Vgl. Müller (1987), S. 132.

Die bisher begründete Systematisierung genereller informationsproduzierender Aktivitäten ist von dem Grundgedanken geprägt und geleitet, Korrespondenzen zu vorhandenen Theoriebereichen der Betriebswirtschaftslehre herzustellen (vgl. Abb. 10). Aufgrund dieser Vorgehensweise wurden dabei die beschriebenen Erkenntnisse des IV-Ansatzes bisher in gewisser Weise vernachlässigt. Aus der dort zugrundegelegten Betrachtungsperspektive der internen kognitiven Informationsverarbeitungsprozesse ergeben sich jedoch auch jeweils für die beiden Informationsproduktionstypen weitere spezifische Charakteristika.

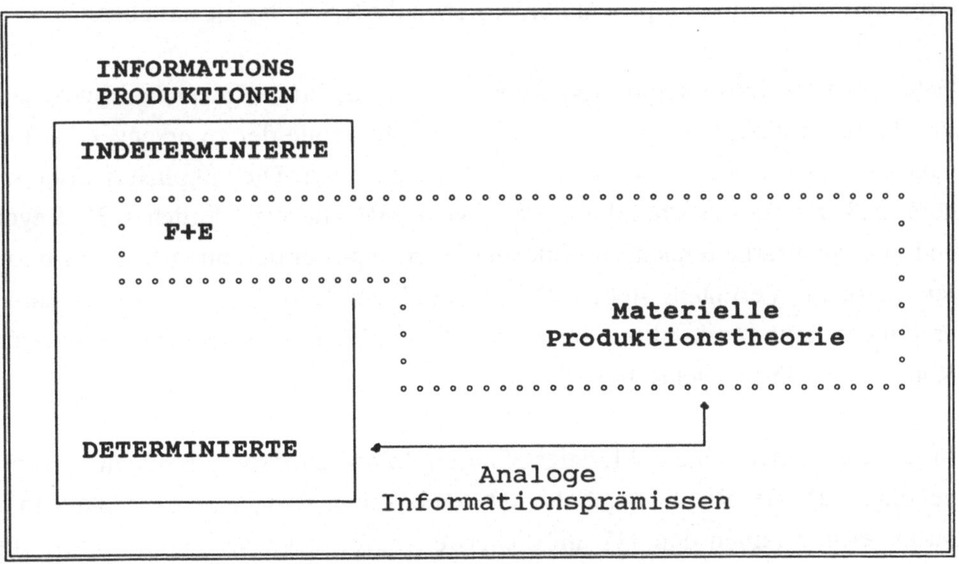

Abb. 10: Beziehungen zwischen Informations- und
          materieller Produktion

2.3 ZUSAMMENHÄNGE ZWISCHEN DEN INFORMATIONSPRODUKTIONSTYPEN UND INTERNEN ASSOZIATIONSVERFAHREN

Im IV-Ansatz wird der Ablauf der Informationsverarbeitung in die Phasen der Aktivierung, der Assoziation und der Lösungssuche aufgeteilt. Bei den nach der Aktivierungsphase ablaufenden Prozessen der Verknüpfung der aktivierten Symbolstrukturen werden als allgemeine Assoziationsverfahren unterschieden: direkte Assoziation, Routine-Assoziation und komplexe Assoziation[23]. Zwischen diesen internen Assoziationsverfahren und den Typen der Determinierten und der Indeterminierten Informationsproduktion bestehen die folgenden Beziehungen:

Determinierte Informationsproduktionen sind dadurch gekennzeichnet, daß sowohl die Produktionsverfahren als auch die Merkmale der zu erzeugenden Produktarten vollständig und exakt zur Verfügung stehen. Dies impliziert insbesondere, daß den an der Produktion beteiligten TIV alle erforderlichen IV-Regeln und alle zu verarbeitenden, die Informationen repräsentierenden Symbolstrukturen intern zur Verfügung stehen. Die zu bewältigende Aufgabe der Informationsproduktion kann somit mittels der beschriebenen Verfahren der direkten oder der Routine-Assoziation gelöst werden.

Im Gegensatz dazu sind bei Indeterminierten Informationsproduktionen nicht alle benötigten IV-Regeln und Symbolstrukturen bekannt. Je nach dem Grad der Indeterminiertheit fehlen den TIV möglicherweise sogar jegliche Vorstellungen über diese erforderlichen Produktionskomponenten. In diesem Fall führen direkte oder Routine-Assoziationen nicht zur Erzeugung der gewünschten, das Informationsprodukt repräsentierenden Symbolstrukturen. Der TIV muß hier vielmehr Verfahren der komplexen Assoziation anwenden, mittels derer er erst die noch benötigten Informationskomponenten und anschließend das zu erzeugende Informationsprodukt herstellt.

Aufgrund dieser aufgezeigten Beziehungen ist also davon auszugehen, daß sich die internen kognitiven Prozesse der an Determinierten Informationsproduktionen beteiligten TIV auf direkte und Routine-Assoziationen beschränken. Bei Indetermi-

---

23   Vgl. S. 55 f.

nierten Informationsproduktionen sind zusätzlich komplexe Assoziationen erforderlich (vgl. Abb. 11).

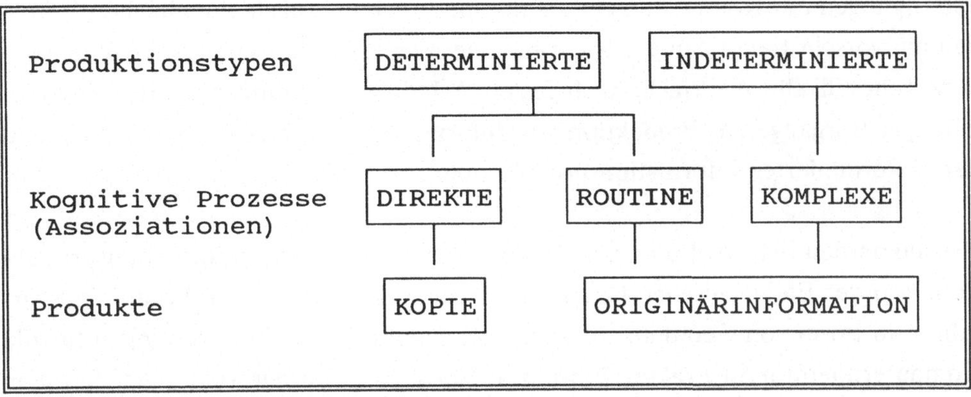

Abb. 11: Zusammenhang zwischen Produktionstypen, Assoziationsverfahren und Produkten

2.4 BEISPIELE FÜR DETERMINIERTE UND INDETERMINIERTE INFORMATIONSPRODUKTIONEN

Nach dieser ersten Zusammenstellung der wesentlichen Merkmale der beiden unterschiedlichen Typen der Informationsproduktion, und zwar sowohl aus produktionstheoretischer Sicht als auch aus der Perspektive des kognitiven IV-Ansatzes, werden alle im Verlauf dieser Untersuchung schon angesprochenen Beispiele für Informationsproduktionen den beiden definierten Typen zugeordnet.

Von diesen Beispielen können zu der Determinierten Informationsproduktion gerechnet werden:

- alle angeführten Aktivitäten im Rechnungswesen
- alle maschinellen Informationsproduktionen
- die Erzeugung des Produktes "Kreditbericht".

Alle diese Informationsproduktionen sind dadurch gekennzeichnet, daß sowohl die Verfahren zur Produktion als auch jeweils exakte Spezifikationen der zu erzeugenden Produktarten den TIV bekannt sind. Es handelt sich bei diesen Produktionsvorgängen um Routinetätigkeiten, die mehrfach und nach den gleichen Verarbeitungsvorschriften ablaufen. Nicht nur die hier exemplarisch aufgezählten, sondern generell alle mehrfach, nach festen Arbeitsplänen durchgeführten routinemäßigen Vorgänge zur Produktion von Informationen in Unternehmen zählen zu den Determinierten Informationsproduktionen.

Besonders deutlich wird dies am Beispiel der maschinellen Informationsproduktion, also der Elektronischen Datenverarbeitung. Hier stehen die Produktionsverfahren in Form von Computersoftware und eventuell Arbeitsanweisungen für die Computeroperator in exakter Form zur Verfügung. Ferner sind stets Angaben über die durch die Software erzeugbaren Ergebnisse (Informationsprodukte), über die benötigten Inputdaten sowie über die erforderliche EDV-Technik vorhanden. Alle Komponenten dieser Informationsproduktionsprozesse sind somit vollständig determiniert.

Die restlichen, bereits behandelten Beispiele zählen zu den Indeterminierten Informationsproduktionen:

- überwiegende Teile der Tätigkeiten der Unternehmensführung
- Forschung und Entwicklungs-Projekte
- Software-Engineering.

Diese informationellen Produktionsvorgänge haben allgemein die innovative Erzeugung von noch nicht bekannten Originärinformationen zum Ziel. Es handelt sich überwiegend um typische schlecht-strukturierte IV-Aufgaben, die sich dadurch auszeichnen, daß keine exakten Produktionsverfahren, beispielsweise in Form programmierbarer Lösungsalgorithmen, vorliegen und/oder daß teilweise nur vage, nicht präzise dokumentierte Vorstellungen über die zu erzeugenden Informationsprodukte vorhanden sind. Zudem sind derartige Informationsproduktionen von einer einzigartigen und einmaligen Art, so daß insgesamt deren Einstufung als Indeterminierte Informationsproduktionen gerechtfertigt erscheint.

3. DIE PRODUKTIONSFAKTOREN ZUR INFORMATIONS-PRODUKTION

Nach den einleitenden Abgrenzungen und Strukturierungen werden als erster der drei Bestandteile der Informationsproduktion die eingesetzten Produktionsfaktoren näher analysiert. Diese, den Input bildenden Wirtschaftsgüter können aus den Hauptkomponenten des IV-Ansatzes (Sprachsymbole, IV-Regeln und IV-Apparat) abgeleitet werden. Denn die Interpretation der mittels dieser Komponenten durchgeführten IV-Prozesse als Produktionsvorgänge im ökonomischen Sinne impliziert, daß die für die Informationsverarbeitung benötigten Komponenten als Produktionsfaktoren zu behandeln sind. Lediglich die IV-Regeln stellen hiervon eine Ausnahme dar, da sie aufgrund ihrer Funktion im Produktionsprozeß als Bestandteil des Produktionsverfahrens klassifiziert wurden.

Als die beiden wesentlichen Faktorarten zur Informationsproduktion werden im folgenden TIV und Input-Informationen behandelt. Durch den Faktor TIV werden dabei die für die Verarbeitungsprozesse erforderlichen IV-Apparate erfaßt. IV-Apparate allein als Produktionsfaktoren zu interpretieren erscheint nicht als zweckmäßig, da diese - speziell bei menschlichen Informationsverarbeitern - nicht von den jeweiligen TIV isoliert und autonom in den Produktionsprozessen eingesetzt werden können. Als zweite Produktionsfaktorart werden ferner Informationen, und nicht sprachliche Symbole, behandelt. Diese, in der betriebswirtschaftlichen Literatur üblicherweise zu findende Terminologie kann auch hier verwendet werden, da die im IV-Ansatz begründete Trennung zwischen Sprachsymbolen als potentiellen Informationen und Informationen selbst in dieser produktionstheoretischen Analyse nicht von Bedeutung ist. Hier wird durch die unterstellte Prämisse der Interpretationshomogenität in den Produktionsprozessen gerade von dem Interpretationsproblem abstrahiert, das letztlich die Unterscheidung von Sprachsymbolen und Informationen notwendig macht.

Eine zusätzliche Gruppe an Produktionsfaktoren bilden alle sonstigen, zur Produktion benötigten Sachmittel. Hierbei handelt es sich beispielsweise um Trägermedien, wie Papier oder Magnetbänder, aber auch um Telefone, Telex, Rohrpost, Btx, Kopiergeräte, Büroraum und -ausstattung, Energie etc.. Diese eigentlich recht heterogenen Einsatzfaktoren werden wegen ihrer für die produktionstheoretische

Analyse nur untergeordneten Bedeutung zu der als Residualmenge zu verstehenden Faktorart "Sonstige Sachmittel" zusammengefaßt und dann vereinfachend als homogenes Aggregat betrachtet. In die folgende Untersuchung der wesentlichen Produktionsfaktoren werden sie nicht weiter mit einbezogen[24].

3.1 DIE PRODUKTIONSFAKTORART TRÄGER DER INFORMATIONSVERARBEITUNG (TIV)

Unter der Produktionsfaktorart Träger der Informationsverarbeitung werden sowohl menschliche als auch maschinelle Informationsverarbeiter zusammengefaßt. Diese spezifische Produktionsfaktorart umfaßt damit zwei Faktoren, die in allgemeinen, sowohl für den Dienstleistungs- als auch den Sachgüterbereich gültigen Produktionsfaktorsystemen[25] ebenfalls enthalten sind: Personal und Computer.

In derartigen Produktionsfaktorsystemen werden Menschen und Computer jedoch üblicherweise nicht unter eine einzige Faktorart subsumiert[26]. Diese von schon vorhandenen Systematisierungen abweichende Bildung der Produktionsfaktorart TIV ist jedoch für den Fall der Informationsproduktion als zweckmäßig anzusehen, denn die beiden Faktoren Mensch und Computer erfüllen hier die prinzipiell gleiche Funktion. Sie bilden aufgrund ihrer Ausstattung mit IV-Komponenten die beiden einzigen Orte, an denen aktive Symbolmanipulationen und damit die eigentlichen Vorgänge der Produktion von Informationen ablaufen können[27].

Aufgrund der Funktionsgleichheit im Produktionsprozeß bilden hier also menschliche und maschinelle Informationsverarbeiter eine einzige Faktorart. Insbesondere werden damit Computer als maschinelle Informationsverarbeiter aus der Gruppe der Sachmittel herausgehoben[28], denen aufgrund ihrer lediglich die bedeutenden Produktionsfaktoren unterstützenden Funktion oft nur geringe Rele-

---

24   Zu einer ausführlicheren Darstellung dieser Produktionsfaktorart vgl. Hauke (1984), S. 95 ff.
25   Vgl. z.B. Corsten (1985), S. 80 ff; Kern (1980), S. 16 ff; Weber (1980), S. 1066 ff.
26   Vgl. z.B. die Zusammenstellung bei Corsten (1985), S. 89 ff; Wittmann (1982), S. 92 ff.
27   Vgl. Müller (1973), S. 54 ff; Nickel-Waninger (1987), S. 23.
28   Zur EDV als Sachmittel vgl. Hauke (1984), S. 95 ff; Heinrich (1986), S. 896.

vanz zugesprochen wird[29]. Sie werden vielmehr als ökonomisch bedeutsame Produktionsfaktoren für die Informationsproduktion eingestuft.

Durch diese Vorgehensweise gelingt die der schon aufgezeigten enormen Bedeutung der EDV für die Unternehmenspraxis gerecht werdende Integration des Faktors EDV in die Betriebswirtschaftslehre. Der bereits angesprochene Wandel der EDV vom als Hilfsmittel fungierenden Sachmittel hin zu einem bedeutsamen Aktionsträger[30], der als "ein äußerst flexibles und leistungsfähiges Gestaltungsinstrument mit vielfältigen Wechselwirkungen mit den traditionellen betriebswirtschaftlichen Phänomenen"[31] eingeschätzt wird, spiegelt sich in der hier vorgenommenen Zuordnung wieder.

Trotz der gleichartigen Behandlung der menschlichen und maschinellen TIV verfügen diese jedoch jeweils über eine ganze Reihe unterschiedlicher charakteristischer Merkmale und Beschränkungen, die die entsprechenden Vorgänge der Informationsproduktion teilweise nicht unerheblich beeinflussen[32]. Derartige, aus produktionstheoretischer Betrachtungsperspektive relevante Charakteristika des Menschen und des Computers werden im folgenden dargestellt.

3.1.1 UNTERSCHIEDLICHE MERKMALE DES IV-APPARATES

Als erste, für die Informationsproduktion relevante Unterschiede zwischen menschlichen und maschinellen TIV sind Restriktionen des IV-Apparates, und zwar sowohl in zeitlicher als auch in kapazitätsmäßiger Ausprägung, zu diskutieren. Die wichtigste kapazitätsmäßige Beschränkung des menschlichen IV-Apparates betrifft das Kurzzeitgedächtnis (KZG). Wie schon erwähnt, wird heute von einer Momentankapazität des KZG von lediglich drei bis neun Elementareinheiten ausgegangen. Eine derartig stark beschränkte Kapazität ist im KZG des maschinellen TIV, dem Arbeits- oder Hauptspeicher, nicht vorhanden. Hier ist diese

---

29   Vgl. Heinrich (1986), S. 896; Hergenhahn (1985), S. 22; Kosiol (1978), S. 68; Müller (1987), S. 128.

30   Vgl. z.B. Grochla (1980), S. 46; Hergenhahn (1985), S. 22.

31   Heinrich (1986), S. 898.

32   Vgl. Müller (1987), S. 128.

Speicherkapazität in Abhängigkeit von dem verwendeten Computersystem relativ variabel gestaltbar. Sie liegt bei typischen Großrechnern bei ca. 10 Megabyte, sogenannte Superrechner weisen Arbeitsspeicherausstattungen von über 64 Megabyte auf[33].

Derartige Differenzen in der Speicherkapazität der KZG sind zwischen dem menschlichen Langzeitgedächtnis und den maschinellen Massenspeichern nicht vorhanden. Bei beiden Typen kann prinzipiell von einer unbeschränkten Speicherkapazität ausgegangen werden[34]. Bei in der betrieblichen Praxis eingesetzten Computersystemen liegt die Kapazität der größten Speicher jedoch weit unter der des menschlichen Gehirns[35]. Dies ist zwar für meist noch im Forschungsstadium befindliche Anwendungen der Künstlichen Intelligenz von Bedeutung, nicht jedoch für die momentane betriebliche Informationsproduktion.

Weiterhin unterscheiden sich menschliche und maschinelle IV-Apparate wesentlich in der Geschwindigkeit, mit der elementare Grundoperationen durchgeführt werden. Während beim Menschen davon ausgegangen wird, daß ein elementarer Verarbeitungsprozeß etwa 40 Millisekunden benötigt, liegt die für einen vergleichbaren Verarbeitungsschritt benötigte Zeit beim Computer momentan bei etwa 10-100 Nanosekunden (10^{-9} Sek.)[36].

Die angeführten Daten zeigen, daß der maschinelle IV-Apparat in Bezug auf Verarbeitungskapazität und -geschwindigkeit wesentlich leistungsfähiger ist als der menschliche IV-Apparat. Maschinelle TIV eignen sich damit für solche Produktionsvorgänge, bei denen große Informationsmengen möglichst schnell zu verarbeiten sind[37]. Daß der Mensch bei der Informationsproduktion dennoch eine bedeutende Rolle spielt, liegt an anderen Merkmalen, die das Potential des Computers für die Informationsproduktion beschränken.

---

33   Vgl. z.B. Hansen (1986), S. 55 ff; 64 Megabyte entsprechen etwa 33.000 Schreibmaschinenseiten.
34   Beim menschlichen TIV vgl. S. 49 ff; maschinelle Massenspeicher können durch externe Speicher, wie Magnetplatten oder -bänder, zumindest theoretisch beliebig ausgedehnt werden.
35   Vgl. Goldschlager/Lister (1984), S. 251.
36   Vgl. z.B. Dworatschek (1986), S. 29.
37   Diese These wird zusätzlich unterstützt durch stark abweichende Zugriffszeiten auf den jeweiligen Arbeitsspeicher. Dworatschek (1986, S.79) geht beim Menschen von 0,01 bis 1 Sekunde, beim Computer dagegen von 0,00000001 Sekunden aus.

3.1.2 UNTERSCHIEDLICHE SPEICHERORGANISATION DER TIV

Eine der wesentlichen Einschränkungen der maschinellen TIV bezüglich der Produktion von Informationen ist in der Art und Weise begründet, wie die symbolisch repräsentierten Informationen im Arbeitsspeicher des maschinellen TIV organisiert sind. Ohne die in der Standardliteratur zur Informatik[38] ausführlich dargestellten Details hier aufzugreifen, kann die maschinelle Speicherorganisation im wesentlichen dadurch charakterisiert werden, daß alle in aktiven Verarbeitungsprozessen benötigten Informationen und Verarbeitungsregeln in einzelnen Speicherstellen abgelegt sind, die jeweils durch eindeutige, von der Hardware determinierte Adressen zu identifizieren sind. Die für Produktionsvorgänge benötigten Informationen können dementsprechend nur durch Angabe der Adresse der jeweiligen physischen Speicherstelle aktiviert werden. Insbesondere muß jede elementare Verarbeitungsoperation alle Adressen der durch diesen Befehl tangierten Informationen beinhalten.

Diese Art der Speicherorganisation unterscheidet sich prinzipiell von der des menschlichen TIV. Wie schon ausführlich dargestellt[39], ist die menschliche Speicherorganisation durch die Existenz vielfältiger assoziativer Verbindungen und Beziehungen der einzelnen Symbole und Internen Modelle gekennzeichnet, die alle bei der Informationsproduktion aktiviert sind. Eine derartige Aktivierung großer Mengen an Symbolstrukturen und ihrer vielschichtigen Assoziationen untereinander ist durch die überaus elementare Symbolorganisation im maschinellen Arbeitsspeicher nicht realisierbar[40].

Aus diesen unterschiedlichen Organisationsformen resultieren die folgenden beiden Beschränkungen des maschinellen TIV gegenüber dem Menschen bei der Informationsproduktion:

o   Mittels maschineller TIV können auf Bedeutungsinterpretationen beruhende Informationsproduktionsvorgänge wenn überhaupt, dann nur sehr einge-

---

38   Vgl. z.B. Biethahn (1987), S. 58 ff; Dworatschek (1986), S. 77 ff; Hansen (1986), S. 124 ff; Schmitz/Seibt (1975), S. 64 ff.
39   Vgl. S. 49 ff.
40   Vgl. Müller (1973), S. 156 ff.

schränkt durchgeführt werden[41]. Für die Interpretation von Bedeutungsinhalten ist die Aktivierung komplexer assoziativer Verbindungen zwischen den einzelnen Symbolstrukturen im Arbeitsspeicher notwendig. Dies ist jedoch aufgrund der aufgezeigten Symbolorganisation im Arbeitsspeicher des maschinellen TIV nicht möglich.

o   Während beim menschlichen TIV davon ausgegangen wird, daß die Aktivierung oder das Wiederauffinden von Symbolen durch die Assoziation mit anderen Symbolstrukturen erfolgt, ist es beim maschinellen TIV wegen dessen Speicherorganisation erforderlich, für jeden elementaren Verarbeitungsschritt die exakte Adresse der zu verarbeitenden Informationseinheiten zu lokalisieren. Dies ist jedoch mit einer Menge an Aufwand verbunden; Aufwand, "der sowohl die Zeit für den Entwurf der Algorithmen als auch die Ausführungsdauer erhöht"[42].

3.1.3   WEITERE RESTRIKTIONEN DER MASCHINELLEN TIV

Zusätzlich zu den durch die Art der Speicherorganisation bedingten Schwächen der maschinellen TIV für bestimmte Informationsproduktionen kommt als weitere Restriktion hinzu, daß bei Computern relativ hohe Anforderungen an die Aufnahme und Abgabe von Informationen gestellt werden. Im Gegensatz zu der sehr flexiblen und vielfältigen Informationsaufnahme und -abgabe durch die Sinnesorgane des menschlichen TIV, sind bei maschinellen TIV insbesondere der Informationsaufnahme in der Regel sehr enge Grenzen gesetzt.

Die zu erfassenden Informationen müssen hier sowohl nach sehr restriktiven und starren syntaktischen Regeln formatiert, als auch auf standardisierten und normierten Informationsträgern repräsentiert sein[43]. Derartig restriktive Anforderungen sind bei der heute nur noch wenig bedeutsamen Eingabe von Informationen über Lochkarten oder Lochstreifen besonders intensiv ausgeprägt. Aber auch bei

---

41   Vgl. Hauke (1984), S. 65; Müller (1973), S. 156 ff.
42   Vgl. Goldschlager/Lister (1984), S. 14.
43   Vgl. Müller (1973), S. 155 ff.

neueren Eingabegeräten, wie etwa Beleg- oder Klarschriftlesern, können nur hoch standardisierte Schriften, wie die OCR-Schrift auf Schecks oder die UPC-Schrift auf Konsumgütern, eingelesen werden[44]. Die Eingabe vollkommen unformatierter und nicht standardisierter, schriftlich fixierter Informationen oder sogar Spracheingaben sind nach dem momentanen Stand der EDV-Technik so gut wie nicht realisiert.

Eine weitere wesentliche Beschränkung der maschinellen TIV gegenüber den menschlichen besteht ferner darin, daß maschinelle TIV nur bei solchen Produktionsvorgängen eingesetzt werden können, bei denen Produktionsverfahren in Form programmierter IV-Regeln, also Computerprogramme, zur Verfügung stehen[45]. Alle maschinellen TIV benötigen zur erfolgreichen Bewältigung von Informationsproduktionen exakte und vollständige sowie in einer für den jeweiligen Computer verständlichen Programmiersprache codierte Lösungsalgorithmen, die dann Schritt für Schritt abgearbeitet werden[46]. Allein durch die korrekte Bearbeitung der einzelnen konstituierenden Vorschriften eines Lösungsalgorithmus gelingt es maschinellen TIV, Informationsproduktionsprozesse durchzuführen. Bei Produktionsvorgängen, für die ein solcher Lösungsalgorithmus nicht vorhanden ist und die folglich mittels anderer genereller IV-Regeln, wie logischen Schlußregeln oder Analogiebildungen, zu bewältigen sind, ist der ausschließliche Einsatz maschineller TIV nicht möglich[47].

---

44 Zu den Ein- und Ausgabegeräten der maschinellen TIV vgl. z.B. Biethahn (1987), S. 43 ff; Hansen (1986), S. 116 ff; König/Niedereichholz (1985), S. 108 ff.
45 Vgl. Müller (1973), S. 158 f.
46 Vgl. z.B. Goldschlager/Lister (1984), S. 11 ff.
47 Bei diesen Überlegungen außer acht gelassen wurden neuere Entwicklungen auf dem Gebiet der Künstlichen Intelligenz, speziell bei Expertensystemen, da diese für die betriebliche Informationsproduktion momentan noch sehr wenig Bedeutung haben; vgl. Goldschlager/Lister (1984), S. 240 ff; Mertens/Allgeyer (1983, 1986); Nilsson (1980); Winston (1984).

3.1.4 GEMEINSAMKEITEN UND UNTERSCHIEDE IN DER ARBEITSWEISE DER TIV

Einen weiteren Einflußfaktor auf die Prozesse zur Informationsproduktion bildet die spezifische Arbeitsweise der menschlichen und maschinellen TIV. Gemeinsam ist beiden Arten der TIV die prinzipiell serielle Arbeitsweise.

Beim Menschen ist die serielle Verarbeitung im Sinne von Newell/Simon[48], also daß zu einem fest vorgegebenen Zeitpunkt genau ein elementarer Verarbeitungsprozeß ausgeführt wird, eine der zentralen Hypothesen, die in den Arbeiten zur menschlichen Informationsverarbeitung vertreten wird[49]. In neueren Untersuchungen erfährt diese These dahingehend eine marginale Einschränkung, daß gewisse Routineprozesse im Bereich der automatischen, unbewußten Informationsverarbeitung parallel ablaufen können[50].

Bei den maschinellen TIV ist die serielle Verarbeitungsweise durch sequentielle Programmabläufe eines der wesentlichen Merkmale der sogenannten "von-Neumann-Architektur", nach der nahezu alle momentan existierenden Rechnersysteme konstruiert sind[51]. Im Rahmen der Forschungsprojekte zur Entwicklung einer Fünften Computer Generation sollen jedoch Rechnersysteme mit einer "Non-von-Neumann"-Architektur entwickelt werden: Ziel ist es, anstelle des sequentiellen Ablaufs eine Parallelverarbeitung dadurch zu erreichen, daß eine Vielzahl einzelner Prozessoren parallel miteinander verbunden werden[52].

Während damit momentan sowohl beim menschlichen als auch beim maschinellen TIV von einer seriellen Verarbeitungsweise ausgegangen werden kann, unterscheiden sich beide TIV in bezug auf die Durchführung sich gegenseitig unterbrechender Produktionsaufgaben. Der menschliche TIV ist hauptsächlich wegen der äußerst beschränkten Kapazität seines KZG nicht in der Lage, gleichzeitig meh-

---

48 Vgl. Newell/Shaw/Simon (1958), S. 151; Newell/Simon (1972), S. 796.
49 Vgl. z.B. Hofacker (1985), S. 34; Kirsch (1977), S. II/92 ff; Müller (1973), S. 71 f.
50 Vgl. Hofacker (1985), S. 34.
51 Vgl. z.B. König/Niedereichholz (1985), S. 64 ff; Stahlknecht (1985), S. 14 ff.
52 Zu den verschiedenen Computer-Generationen vgl. z.B. Dworatschek (1986), S. 26 ff; speziell zur Fünften Computer-Generation und zur Parallelverarbeitung siehe auch Feigenbaum/Mc Corduck (1984); Hansen (1986), S. 405 ff.

rere, sich gegenseitig unterbrechende Produktionen korrekt durchzuführen[53].
Diese Einschränkung der menschlichen Fähigkeiten bei der Informationsproduktion ist bei maschinellen TIV wegen der dort fehlenden Kapazitätsrestriktion des
Arbeitsspeichers nicht vorhanden. Im Gegenteil, hier wird das Verfahren der
gleichzeitigen Ausführung verschiedener, sich gegenseitig unterbrechender Programme als "Multi-Programming-Betrieb" bezeichnet und intensiv genutzt[54].

3.1.5 DER EINFLUß TIV-SUBJEKTIVER MERKMALE AUF DEN PRODUKTIONSPROZEß

Das letzte wesentliche Unterscheidungsmerkmal der Klasse der menschlichen von
der der maschinellen TIV bildet der subjektive Einfluß spezieller, individueller
TIV auf die Prozesse zur Produktion von Informationen. Generell kann hier die
Aussage formuliert werden, daß ein durch TIV-subjektive Merkmale begründeter
Einfluß auf die Informationsproduktion bei Computern nur wenig, beim Menschen
jedoch mehr oder weniger stark ausgeprägt vorhanden ist.

Der vergleichsweise geringe Einfluß derartiger TIV-subjektiver Charakteristika
beim maschinellen TIV ist evident. Hier stellt die Computersoftware das Produktionsverfahren dar, nach dem die Verarbeitungsvorgänge ablaufen. Für eine bestimmte Software gibt es nun lediglich die beiden Möglichkeiten, daß sie auf einem speziellen maschinellen TIV korrekt abläuft oder nicht. Bei allen maschinellen TIV, auf denen eine bestimmte Software eingesetzt werden kann, laufen die
Produktionsprozesse dann unabhängig von den speziellen Merkmalsausprägungen
des jeweils verwendeten Computers stets auf die gleiche Art und Weise ohne jede
Veränderung ab. Ferner werden durch eine bestimmte Software immer die gleichen Informationsarten produziert.

Dem damit praktisch nicht vorhandenen Einfluß individueller Merkmale spezifischer maschineller TIV auf die Produktionsprozesse steht eine starke Abhängigkeit bestimmter Informationsproduktionen von den jeweils eingesetzten menschli-

---

53 Vgl. Müller (1973), S. 149.
54 Vgl. z.B. Stahlknecht (1985), S. 110.

chen TIV gegenüber. Eine derartige Abhängigkeit liegt vor allem in zwei charakteristischen Merkmalen des Menschen als Informationsproduzenten begründet:

o Schon behandelt wurden die von (menschlichem) TIV zu TIV äußerst differierenden Voraussetzungen zur Interpretation von Sprachsymbolen. Diese große Varianz in den individuellen Fähigkeiten zur Bedeutungsinterpretation beruht wiederum im wesentlichen auf Unterschieden in den jeweils TIV-individuell aufgebauten Symbolstrukturen, also den Internen Modellen und den IV-Regeln.

o Zu diesem Merkmal der individuell stark differierenden Informationsbestände kommt hinzu, daß sich beim menschlichen TIV, im Gegensatz zum maschinellen, sogenannte Lerneffekte[55] einstellen. Durch gerade ablaufende sowie schon abgewickelte Informationsproduktionsprozesse erfährt der individuelle Informationsbestand, also die von einem Menschen zu einem bestimmten Zeitpunkt gesammelten Erfahrungen, sein vorhandenes Wissen[56], eine permanente Veränderung.

Durch diese beiden Spezifika wird eine starke interpersonale Heterogenität der menschlichen TIV aufgedeckt, die im Spezialfall von Forschung und Entwicklung für Schröder sogar "bewirkt, daß eine Zusammenfassung der in Forschung und Entwicklung eingesetzten Arbeitskräfte zu einem Produktionsfaktor oder auch nur zu wenigen Faktorkategorien kaum möglich ist"[57]. Für bestimmte Informationsproduktionen ist es damit von entscheidender Bedeutung, welche Qualität im Sinne der spezifischen Voraussetzungen zur Informationsproduktion ein bestimmter menschlicher TIV aufweist. Je nach den Ausprägungen solcher TIV-spezifischer Merkmale bei den an den Produktionsprozessen beteiligten menschlichen TIV, werden die Vorgänge zur Informationsproduktion auf unterschiedlichste Art und Weise ablaufen.

---

55 Zu einer ausführlichen Darstellung der Lerneffekte beim Menschen und ihrem Einfluß auf die Informationsproduktion vgl. Hauke (1984), S. 101 ff. Auch beim maschinellen TIV sind Lerneffekte zwar grundsätzlich möglich, haben aber noch wenig praktische Bedeutung; zur Frage "can computers learn?" vgl. z.B. Raphael (1976), S. 158 ff; Winston (1984), S. 13 ff und S. 385 ff.
56 Vgl. Nickel-Waninger (1985), S. 38.
57 Schröder (1973), S. 48.

Zusammenfassend werden in Abb. 12 diese und die anderen hier diskutierten Spezifika der Produktionsfaktorart "TIV" noch einmal gegenübergestellt. Aufgrund der in dieser Gegenüberstellung zusammengefaßten typischen Merkmale der TIV lassen sich schließlich Korrelationen zwischen dem Einsatz bestimmter Arten von TIV und den beiden abgeleiteten Typen der Informationsproduktion aufzeigen.

So begründen zum einen die besonderen Fähigkeiten maschineller TIV in bezug auf Produktionskapazität und -geschwindigkeit sowie zum anderen der geringe Einfluß maschinenindividueller Merkmale auf die Produktionsvorgänge die Zweckmäßigkeit eines dominierenden Einsatzes maschineller TIV für Determinierte Informationsproduktionen. Bei diesem Informationsproduktionstyp handelt es sich, wie gezeigt, um routinemäßig und einheitlich ablaufende, sich oft in großer Zahl wiederholende Produktionsprozesse, so daß hier gerade die oben angeführten Merkmale maschineller TIV von Vorteil sind.

Andererseits sind Indeterminierte Informationsproduktionen nur bei wesentlicher Beteiligung menschlicher TIV erfolgreich durchzuführen. Denn hierzu sind insbesondere die - im Gegensatz zum Menschen - bei maschinellen TIV nur sehr eingeschränkt vorhandenen Fähigkeiten zur differenzierten Bedeutungsinterpretation sowie allgemein zur Realisierung komplexer Assoziationsvorgänge erforderlich. Ferner ist bei Indeterminierten Informationsproduktionen auch nicht die für maschinelle TIV erforderliche Existenz programmierter IV-Regeln für den vollständigen Produktionsprozeß gegeben.

Spezifika	Mensch	Computer
Verarbeitungs-geschwindigkeit	Niedrig (0,04 sec.)	Hoch (10^{-8} sec.)
Arbeitsspeicher-kapazität	Niedrig (3-9 El.Einh.)	Hoch (8-64 MB)
Speicher-organisation	Assoziativ	Physische Adressierung
Bedeutungs-interpretation	Ja	Nein
Informations-aufnahme/abgabe	Variabel	Restriktiv
Programmierte IV-Regeln	Nicht notwendig	Notwendig
Arbeitsweise	Seriell	Seriell
Sich unterbre-chende Produktionen	Eingeschränkt	Beliebig
Einfluß TIV-sub-jektiver Merkmale	Stark	Kaum

Abb. 12: Spezifika von Mensch und Computer als TIV

3.2 DIE PRODUKTIONSFAKTORART INFORMATIONEN

Informationen bzw. Informationsprodukte stellen nicht nur die Ergebnisse von Informationsproduktionsprozessen dar, sie gehören vielmehr auch zu den wichtigsten
Einsatzfaktoren. Für die Informationsproduktion sind Informationen als Einsatzfaktoren sogar von größerer Wichtigkeit als bei materiellen Produktionsprozessen,
an denen sie ebenfalls, etwa in der Form des dispositiven Faktors, beteiligt sind[58].
Der Grund hierfür liegt darin, daß Informationen bei der Informationsproduktion

---

58 Zur Rolle von Informationen als Produktionsfaktor bei der materiellen Produktion vgl. z.B.
Schaefer (1986), S. 17 ff; Wittmann (1982), S. 127 ff; Zimmermann (1972).

zusätzlich zu ihrer dispositiven Funktion auch eine Art Werkstoff oder Rohstoff für die neu zu erzeugenden Informationsprodukte bilden[59]. Damit wird insbesondere angedeutet, daß an Informationsprodukten, analog zu Werkstoffen in der materiellen Produktion, verschiedene Form- und Substanzveränderungen vorgenommen werden und sie somit selbst das wesentliche Objekt der Kombinationsvorgänge darstellen. Für die Informationsproduktion werden Informationen damit zum Elementarfaktor im Gutenbergschen Sinne[60].

Entsprechend ihrer großen Bedeutung, sind Informationen in ihrer Funktion als Produktionsfaktor Gegenstand vielfältiger Klassifizierungs- und Typologisierungsversuche[61]. Wegen der untergeordneten Relevanz für die hier beabsichtigte Analyse sollen diese Ansätze jedoch nicht näher aufgeführt werden. Im folgenden werden vielmehr die wesentlichen, aus der Betrachtungsperspektive der Produktionstheorie relevanten Eigenschaften von Informationen beschrieben[62].

3.2.1 INFORMATIONEN ALS IMMATERIELLE WIRTSCHAFTS-GÜTER MIT MATERIELLEN TRÄGERMEDIEN

Bei der Betrachtung von Informationen als Produktionsfaktoren sowie bezüglich der theoretischen Analyse der Vorgänge zur Informationsproduktion ist die folgende Eigenschaft von Informationen von großer Bedeutung: Informationen sind immaterielle Wirtschaftsgüter, die auf materiellen Trägermedien abgebildet und gespeichert sind[63].

---

59 Vgl. Bessler (1985), S. 24; Knoblich/Beßler (1985), S. 560; Müller (1987), S. 128; Schulz (1970), S. 98.

60 Vgl. Schulz (1970), S. 98; einschränkend ist hier anzumerken, daß wegen der später aufgezeigten Mehrstufigkeit der Informationsproduktionsprozesse Input-Informationen selbst das Ergebnis vorangegangener Produktionsstufen sein können, vgl. Müller (1987), S. 128.

61 Vgl. z.B. Bessler (1985), S. 77 ff; Wild (1971), S. 327; Zimmermann (1972).

62 Eine ausführliche Zusammenstellung allgemeiner Merkmale von Informationen geben beispielsweise Bearchell (1983), S. 24 und Nickel-Waninger (1987), S. 54 ff.

63 Vgl. Berthel (1975b), Sp. 1869; Bessler (1985), S. 11 f; Corsten (1985), S. 105; Hauke (1984), S. 93 ff; Neugebauer (1986), S. 33; Müller/Nickel (1984), S. 733; Nickel-Waninger (1987), S. 67 f; Wild (1971), S. 318.

Diese Charakterisierung von Informationen als immaterielle Wirtschaftsgüter beruht darauf, daß der durch Informationen gestiftete Nutzen sowie insgesamt deren "Wirtschaftsgut-Eigenschaft" auf den Bedeutungsinhalt der Informationen, die abgebildeten Aspekte der Welt, zurückzuführen ist. Dieser Bedeutungsinhalt, der auch als "gedanklicher Inhalt"[64], "abstrakt-immaterielle Komponente"[65] oder auch "geistiges Phänomen"[66] bezeichnet wird, weist per se keine körperliche, materielle Substanz auf.

Damit dieser Bedeutungsinhalt jedoch überhaupt wahrgenommen werden kann, bedarf es der Repräsentation der Informationen auf aus materiellen Substanzen bestehenden Trägermedien[67]. Die Trägermedien stellen die "konkret-gegenständliche" Komponente der Informationsprodukte dar[68]; sie konkretisieren damit als materielle Substanz die unkörperlichen Bedeutungsinhalte der Informationen. Als Träger für Informationen kommen die unterschiedlichsten Materialien in Frage, etwa Papier, Magnetband, Hirnzellen, etc.[69].

Diese wesentliche Eigenschaft von Informationen als auf materiellen Trägermedien repräsentierte, immaterielle Wirtschaftsgüter führt zu einer ganzen Reihe produktionstheoretischer Konsequenzen. Bezüglich Informationen als Produktionsfaktoren werden anschließend deren quasi-beliebige Kopierbarkeit sowie ihr output-unabhängiger Verbrauch behandelt. Die aus der Immaterialitäts-Eigenschaft üblicherweise abgeleiteten Konsequenzen für die Produkte[70] werden später diskutiert.

---

64 Bessler (1985), S. 11.
65 Schulz (1970), S. 98.
66 Berthel (1975b), Sp. 1869.
67 Vgl. z.B. Berthel (1975b), Sp. 1869; Müller/Nickel (1984), S. 733.
68 Vgl. Schulz (1970), S. 98.
69 Vgl. Müller/Nickel (1984), S. 733.
70 Vgl. z.B. Maleri (1970), S. 26 ff.

3.2.2 DIE QUASI-BELIEBIGE KOPIERBARKEIT VON INFORMATIONEN

Die Immaterialität von Informationsprodukten, bzw. genauer von deren Bedeutungsinhalt, ist die wesentliche Voraussetzung dafür, daß Informationen leicht von einem materiellen Trägermedium auf ein anderes transferiert werden können. Diese Übertragung des Bedeutungsinhaltes von einem Träger auf einen anderen wird üblicherweise als die Anfertigung einer Kopie eines Informationsproduktes erklärt[71]. Das "Erinnern" an den eigenen Namen oder dessen Niederschrift stellt in diesem Sinne ebenso einen Kopierprozeß dar wie die Vervielfältigung eines Berichtes mittels eines Kopiergerätes.

Die durch Kopierprozesse erfolgende Reproduktion schon vorhandener Informationsprodukte bildet eine der Grundformen der Determinierten Informationsproduktion. Mit dieser Grundform sind, einerseits wegen des meist vernachlässigbaren materiellen Aufwandes und andererseits wegen der heute[72] hochentwickelten und äußerst effizienten Kopiertechnologien, kaum ökonomisch oder technisch bedeutsame Probleme verbunden[73]. Aufgrund dieser Gegebenheiten ist - eine Bezeichnung von Müller[74] verwendend - von der quasi-beliebigen Kopierbarkeit schon erzeugter Informationen auszugehen.

Diese quasi-beliebige Kopierbarkeit von Informationen stellt eine der wesentlichen Besonderheiten der Informationsproduktion dar, die in dieser Form bei der Produktion materieller Güter nicht vorzufinden ist[75]. Zudem begründet sie, als weiteres wichtiges Unterscheidungsmerkmal zur materiellen Produktion, den output-unabhängigen Verbrauch des Produktionsfaktors Informationen.

---

71 Vgl. Müller (1973), S. 274 f.
72 Dies ist in früheren Zeiträumen durchaus anders gewesen. So stellte etwa die Vervielfältigung von Tontafeln als Informationsträger in der Frühzeit durchaus einen sehr aufwendigen Vorgang dar.
73 Vgl. z.B. Müller/Nickel (1984), S. 738; Nickel-Waninger (1987), S. 26 f.
74 Vgl. Müller (1973), S. 274 f; Müller (1987), S. 131.
75 Vgl. z.B. Nickel-Waninger (1987), S. 26.

3.2.3 DER OUTPUT-UNABHÄNGIGE VERBRAUCH VON INFORMATIONEN

Die Eigenschaften der Immaterialität des Bedeutungsinhaltes sowie der quasi-beliebigen Kopierbarkeit von Informationen führen dazu, daß in allen Prozessen zur Informationsproduktion Informationen nur in Form von - heute problemlos vervielfältigbaren - Kopien eingesetzt werden. Originärinformationen können folglich nahezu unbeschränkt oft, jeweils in Form reproduzierter Informationskopien, in Produktionsprozessen Verwendung finden[76]. Zudem können auch im Falle des Verlustes oder der Zerstörung von Informationskopien jederzeit neue Reproduktionen angefertigt werden. Ein einmal vorhandener Bestand an Originärinformationen bleibt damit unabhängig vom Verbrauch an Kopien sowie unabhängig von der Art und Menge der zu erzeugenden Informationsprodukte unverändert. Er verbraucht sich nicht bzw. unterliegt keiner physischen Abnutzung durch die Häufigkeit seiner Verwendung in Produktionsprozessen[77]. Diese besondere Eigenschaft des Produktionsfaktors Information kann zusammenfassend als output-unabhängiger Verbrauch bezeichnet werden[78].

Nicht unterstellt wird durch diese These, daß Informationen überhaupt keinem Verbrauch unterliegen. Vielmehr können sie "ihre Relevanz für bestimmte Produktionsaufgaben mehr oder weniger schnell verlieren"[79]. Unter dieser speziellen Art des Verbrauchs durch Relevanzverlust ist zu verstehen, daß sich die durch Informationen abgebildeten Aspekte der Welt verändern. Derartige Veränderungen in der abzubildenden Realität bewirken, daß Informationen im Zeitablauf veralten und sich dadurch verbrauchen[80]. Dies kann an dem folgenden Beispiel verdeutlicht werden[81]: Nutzt ein Unternehmen Informationen über bestimmte Marktnischen und schließt dann diese Nischen, so sind die ursprünglichen Informationen durch die resultierenden Veränderungen in der Realität verbraucht.

---

76 Vgl. z.B. Müller (1987), S. 131.
77 Vgl. Hauke (1984), S. 93 ff; Nickel-Waninger (1987), S. 27 f; Wild (1971, S. 318) spricht in diesem Zusammenhang Informationen einen "Bestandseffekt" zu.
78 Vgl. Müller (1973), S. 276 ff.
79 Müller (1987), S. 131.
80 Vgl. Wittmann (1986), S. 521.
81 Vgl. Hauke (1984), S. 95.

3.2.4 DIE QUELLEN FÜR DEN PRODUKTIONSFAKTOR INFORMATIONEN

Zum Abschluß der Behandlung von Informationen als Produktionsfaktoren ist kurz auf die Informationsquellen einzugehen. Diese stellen die Einrichtungen oder Orte dar, von denen die für die Produktionsprozesse benötigten Informationen beschafft werden können[82]. Aufgrund der Vielfalt potentieller Informationsquellen können diese hier nicht alle aufgezählt werden. Für produktionstheoretische Zwecke ist jedoch die folgende Klassifizierung hinreichend:

Als erstes ist zwischen unternehmensinternen und unternehmensexternen Informationsquellen zu unterscheiden[83]. Innerhalb eines Unternehmens kommen wiederum zwei unterschiedliche Informationsquellen in Frage: Zum einen handelt es sich um alle menschlichen TIV, welche einen im Langzeitgedächtnis abgespeicherten, individuell unterschiedlichen Bestand an verschiedenartigen Informationen besitzen. Diese gesamten Informationen bilden einen untrennbaren Bestandteil des Produktionsfaktors menschlicher TIV[84] und sollen deshalb als "TIV-immanente" Informationen bezeichnet werden. Zusätzlich zu den TIV-immanenten Informationen sind in den Unternehmen eine ganze Reihe weiterer interner Informationsquellen zu finden. Als Beispiele seien nur das gesamte Rechnungswesen und die dort vorhandenen Informationen sowie alle in EDV-Abteilungen angelegten Datenbanken zu nennen[85].

Noch vielschichtiger als diese internen Informationsquellen sind die externen. Als externe Informationsquellen kommen prinzipiell alle informationsproduzierenden Einrichtungen außerhalb des eigenen Unternehmens in Frage. Auf die außerordentliche Vielfalt derartiger Institutionen ist schon im einleitenden Kapitel hingewiesen worden.

---

82 Vgl. Bessler (1985), S. 94 ff; Mag (1975), Sp. 1887.
83 Vgl. z.B. Mag (1975), Sp. 1888.
84 Vgl. Schröder (1973), S. 46.
85 Vgl. hierzu auch Thommen (1981), S. 88 ff.

Die recht grobe Klassifizierung[86] (vgl. Abb. 13) reicht für diese Arbeit deshalb aus, da die TIV-immanenten Informationen in grundsätzlich anderer Form als die Informationen aus den übrigen innerbetrieblichen Informationsquellen in die folgende modellhafte Analyse Eingang finden. TIV-immanente Informationen werden, im Gegensatz zu den anderen Informationen, nicht explizit als eigenständige Produktionsfaktoren in die Modelle integriert, da diese Informationen jeweils untrennbar mit bestimmten menschlichen TIV verbunden sind. Sie determinieren dadurch letztlich die Qualität des Produktionsfaktors menschlicher TIV und können folglich indirekt über unterschiedliche Produktionsfaktorqualitäten in den Produktionsmodellen berücksichtigt werden. Eine eigenständige Erfassung derartiger Informationen ist nicht möglich, da sie zum einen nicht vom menschlichen TIV isoliert und damit weder von diesem unabhängig beschafft, noch getrennt vom Menschen in den Prozessen eingesetzt werden können. Zum anderen wäre dadurch die Gefahr einer Doppelzählung gegeben, und zwar einmal als eigenständiger Produktionsfaktor und zum anderen über die Qualität anderer Einsatzfaktoren[87].

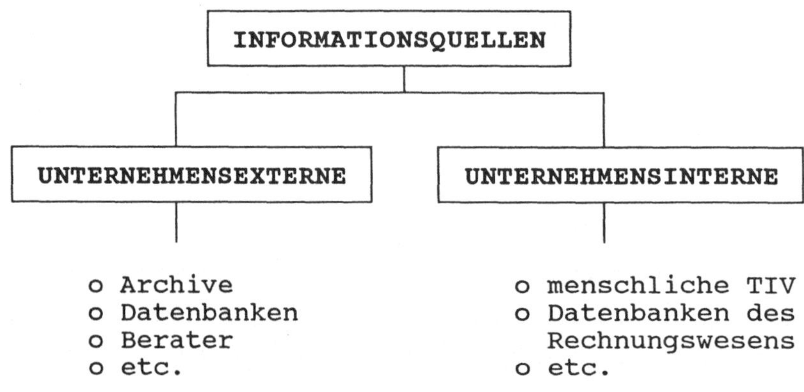

Abb. 13: Quellen der Input-Informationen

---

86 Zu weiteren, wesentlich detaillierteren Einteilungen der Informationsquellen vgl. z.B. Bessler (1985), S. 94 ff und Thommen (1981); siehe auch die empirischen Ergebnisse bzgl. der Nutzung von Informationsquellen bei Hübner (1984), S. 26 ff.
87 Vgl. Schröder (1973), S. 46.

3.3 DIE WIRKUNGSWEISE DER VERSCHIEDENEN PRODUKTIONS-FAKTOREN BEI DER INFORMATIONSPRODUKTION

Neben der Identifikation der wesentlichen, bei der Informationsproduktion einge-setzten Faktoren und der Analyse der wichtigsten, die Produktionsprozesse beein-flussenden Eigenschaften dieser Produktionsfaktoren, ist ferner im Rahmen der Entwicklung einer Produktionstheorie die Wirkungsweise der einzelnen Produkti-onsfaktoren im Produktionsprozeß zu untersuchen[88]. Diese Wirkungsweise und der davon abhängige Verbrauch oder Verschleiß der Faktoren im Produktionspro-zeß ist insbesondere für die Formulierung von Produktionsmodellen von Bedeu-tung[89].

Zur Untersuchung dieser Art der Mitwirkung am Produktionsgeschehen werden die Produktionsfaktoren - wie zuerst von Gutenberg vorgeschlagen - in Ver-brauchsfaktoren und Potentialfaktoren[90] eingeteilt. Als **Verbrauchsfaktoren** wer-den dabei die Faktoren bezeichnet, die nach ihrem Einsatz nicht mehr zur Verfü-gung stehen, weil sie entweder unmittelbarer Bestandteil der Produkte werden (di-rekter Verbrauch) oder weil sie im Produktionsprozeß untergehen und diesen da-durch ermöglichen (indirekter Verbrauch). **Potentialfaktoren** werden, im Gegen-satz dazu, innerhalb abgegrenzter Produktionszeiträume nicht verbraucht, sondern gebraucht. Sie stellen ein Leistungspotential zur Verfügung, das in den Produkti-onsprozessen genutzt wird. Potentialfaktorbestände können damit insbesondere bei einmaliger Verwendung nicht vermindert werden, sie unterliegen jedoch län-gerfristig unterschiedlichen Arten von Verschleißerscheinungen.

Diese kurz skizzierte Einteilung in Verbrauchs- und Potentialfaktoren führt, an-gewendet auf die speziellen Faktoren der Informationsproduktion, zu folgender Klassifizierung:[91]

---

88   Vgl. z.B. Fandel (1987), S. 33; Kilger (1975), Sp. 3098.

89   Vgl. Busse v. Colbe/Laßmann (1986), S. 73.

90   Verbrauchsfaktoren werden teilweise auch als Repetier- oder Materialfaktoren, Potentialfakto-ren als Bestands- oder Gebrauchsfaktoren bezeichnet, vgl. auch für das folgende Bohr (1979), Sp. 1483 ff; Fandel (1987), S. 33 f; Kilger (1975), Sp. 3098 ff; Kloock (1984), S. 244 f; Krelle (1969), S. 56.

91   Vgl. Hauke (1984), S. 88 ff.

Menschen und **Computer** in ihrer Funktion als Träger der Informationsverarbeitung sind zu den Potentialfaktoren zu rechnen. Sie stellen jeweils ihre Kapazitäten und Fähigkeiten zur Informationsproduktion zur Verfügung und unterliegen weder einem direkten noch einem indirekten Verbrauch[92].

Ebenfalls als Potentialfaktoren anzusehen sind die bei der Produktion eingesetzten **Informationen**. Wegen der effizienten Kopiermöglichkeiten unterliegen sie keinem Verbrauch im obigen Sinne; der mögliche Relevanzverlust ist als für Potentialfaktoren typischer längerfristiger Zeitverschleiß, etwa analog zur technischen Veralterung bei Maschinen, zu interpretieren[93].

Unter den verschiedenartigen **Sachmitteln**, die zur Produktion von Informationen benötigt werden, befinden sich sowohl Potential- als auch Verbrauchsfaktoren. Als typische Potentialfaktoren können beispielsweise Gebäude, Schreibmaschinen oder Kopiergeräte angeführt werden, während etwa Papier, Schreibwerkzeuge, Datenträger oder Energie generell als Verbrauchsfaktoren einzustufen sind.

Zusammenfassend (vgl. Abb. 14) kann festgestellt werden, daß bei der Informationsproduktion der Einsatz von Potentialfaktoren weitaus dominiert. Verbrauchsfaktoren werden in der Form von sonstigen Sachmitteln verwendet, die jedoch gegenüber den Potentialfaktoren aus ökonomischer Sicht insgesamt nur eine untergeordnete Rolle für die Informationsproduktion spielen[94].

---

92 Vgl. Kloock (1984), S. 244.
93 Vgl. Wittmann (1982), S. 122 f und S. 127 ff.
94 Vgl. Hauke (1984), S. 112.

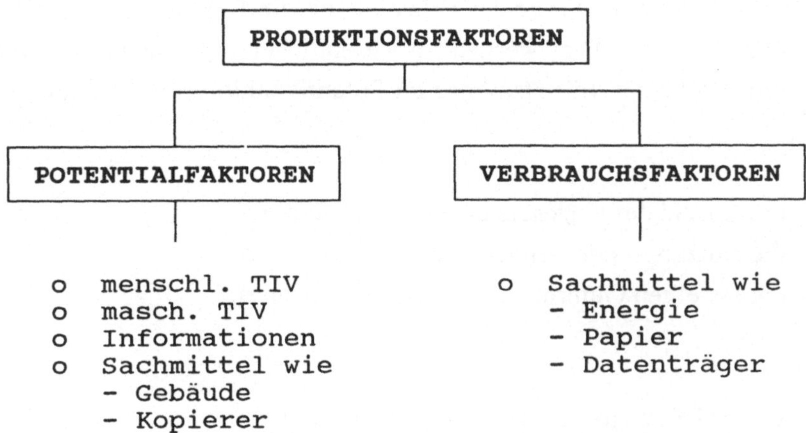

Abb. 14:   Die Faktoren der Informationsproduktion

3.4   DIE QUANTITATIVE ERFASSUNG DER POTENTIALFAKTOREN

3.4.1   DIE DISKUSSION IN DER ALLGEMEINEN BETRIEBSWIRTSCHAFTSLEHRE

Zentrale Aufgabe der Produktionstheorie ist die Identifizierung und formale Abbildung der quantitativen Beziehungen zwischen den eingesetzten Produktionsfaktoren und den erzeugten Produkten. Zur Bewältigung dieser Aufgabe ist eine notwendige Voraussetzung, daß alle zu berücksichtigenden Güter mittels eines Maßsystems quantifiziert werden können. Hierzu muß sowohl jeweils eine Gütereinheit festgelegt als auch eine Vergleichbarkeit und additive Verknüpfbarkeit gegeben sein[95].

Für Verbrauchsgüter bereitet dieses Meßproblem keine Schwierigkeiten, da hier direkt auf die bei der Produktion verbrauchten Mengeneinheiten je Güterart zurückgegriffen werden kann[96]. Kontrovers diskutiert wird jedoch in der allgemeinen

---

95   Vgl. z.B. Schweitzer/Küpper (1974), S. 40.
96   Vgl. z.B. Kloock (1984), S. 245; Schweitzer/Küpper (1974), S. 42 f.

Betriebswirtschaftslehre die Frage der Erfassung der im Produktionsprozeß eingesetzten Potentialfaktoren. Hier werden im wesentlichen die folgenden Alternativen als Maßzahlen für die Einsatzmenge an Potentialfaktoren pro Periode vorgeschlagen[97]:

    o die Anzahl der eingesetzten Potentialfaktoren

    o die Nutzungs- oder Einsatzzeit

    o die erstellten Gütermengen (Leistungsabgabe).

Welche dieser drei Kenngrößen als Maßzahl jeweils Verwendung findet, hängt einerseits von der speziellen Produktionsfaktorart ab, andererseits sind hier auch gewisse kostentheoretische Aspekte zu beachten. So ist z.B. die Einsatzzeit als Maßgröße bei nach Zeitlohn bezahlten Arbeitskräften, nicht jedoch bei nach Akkordlohn vergüteten zweckmäßig. Hier wären eher Leistungsabgabemengen eine geeignete Maßzahl. Bei Potentialfaktoren wie beispielsweise Gebäuden oder Grundstücken wäre wiederum die Verbrauchsmessung über die Anzahl der davon benötigten Faktoren vorzuziehen. Aufgrund dieser verschiedenen, variabel anwendbaren Alternative kann das Maßproblem letztlich als lösbar angesehen werden[98].

3.4.2   DIE SPEZIFISCHE SITUATION DER INFORMATIONSPRODUKTION

Dem Problem der Potentialfaktorquantifizierung ist bei der Informationsproduktion aus dem Grund ein besonderes Gewicht beizumessen, da hier, wie gerade gezeigt, eine Dominanz des Einsatzes an Potentialfaktoren gegeben ist. Für die Erfassung dieser verschiedenen Potentialfaktoren kann auf die dargestellten Ansätze der allgemeinen Betriebswirtschaftslehre zurückgegriffen werden. So sind insbe-

---

97   Vgl. z.B. Haupt (1987), S. 9 ff; Kampkötter (1981), S. 35; Kloock (1984), S. 245.

98   Vgl. Kloock (1984), S. 244; diese These wird auch dadurch gestützt, daß dieser Problembereich in neueren produktionstheoretischen Arbeiten meist keine explizite Erwähnung findet.

sondere menschliche[99] und maschinelle TIV und auch alle zu den Sachmitteln zählenden Potentialfaktoren mittels dieser Ansätze als in einer hinreichend exakten und praktikablen Form meßbar anzusehen.

Ausführlicher ist an dieser Stelle die Frage des Einsatzes von Informationen bei der Informationsproduktion zu diskutieren. In der allgemeinen ökonomischen Theorie sind zu diesem Problem der Abgrenzung einzelner Informationen sowie der Festlegung von Informationseinheiten noch kaum theoretisch fundierte und praktikable Lösungsansätze vorhanden[100]. Der wesentliche Grund für die diesbezüglich wenig erfolgreichen Versuche, insbesondere in Entscheidungstheorie und Informationsökonomik[101], liegt in dem theoretisch hohen Anspruchsniveau dieser Disziplinen: Dort wird angestrebt, generell alle beliebigen Informationen mittels einer einzigen Maßeinheit zu erfassen und damit eine Informationseinheit zu bestimmen, die für alle noch so divergenten Informationen verwendbar ist.

Für die in dieser Arbeit verfolgte produktionstheoretische Zielsetzung ist es jedoch nicht notwendig, eine allgemeine "Informationseinheit" im beschriebenen entscheidungstheoretischen Sinne zu definieren. Die bereits entwickelte zweischichtige Operationalisierungskonzeption von Informationen macht es vielmehr möglich, die Quantifizierungsfrage auf der weniger abstrakten Ebene der Informationsprodukt-Arten zu untersuchen. Zur Bestimmung des Einsatzes von Informationen in Produktionsprozessen wird die folgende Vorgehensweise vorgeschlagen:

Die Bezugsbasis für die Quantifizierung von Informationen bilden einzelne Informationsprodukt-Arten, die durch zugeordnete Spezifikationsinformationen eindeutig festgelegt und abgegrenzt werden. Für eine gegebene Informationsprodukt-Art besteht dann eine Produkteinheit genau aus der Menge einzelner Informationsbestandteile, die erforderlich ist, um die durch die Spezifikation abstrakt festgelegten Anforderungen der jeweiligen Produktart zu erfüllen. Einzelne Informationsprodukte einer bestimmten Art umfassen dann stets die gleiche Menge an Einzelinformationen. Sie unterscheiden sich jedoch in den konkreten informatio-

---

99   Vgl. auch Reichwald (1977), S. 26 ff; Rehberg (1973), S. 94 ff.

100   Abgesehen von dem für betriebswirtschaftliche Zwecke ungeeigneten Shannonschen Informationsmaß der klassischen Informationstheorie, vgl. S. 39 f.

101   Allgemein zu diesen Disziplinen vgl. z.B. Ferschl (1982); Laux (1982); Mag (1977); zu der hier geäußerten Einschätzung vgl. speziell Arrow (1974), S. 38; Ferschl (1982), S. 69 ff; Wild (1970a), S. 52; Wild (1971), S. 322 ff.

nellen Ausprägungen oder Werten zu den abstrakten Produktspezifikationen. Informationelle Produktmengen können dementsprechend durch einfaches Aufzählen der in den einzelnen Ausprägungen differerierenden Informationsprodukte angegeben werden.

Bei der vorgeschlagenen Methode zur Erfassung von Informationen in Produktionsprozessen handelt es sich um eine produktartspezifische Quantifizierungskonzeption. Quantitative Angaben über Informationsprodukte beziehen sich damit stets auf eine bestimmte Informationsart. An dem schon behandelten Beispiel der Informationsprodukt-Art "Kreditbericht" kann dieses Meßverfahren als erstes exemplarisch verdeutlicht werden:

Durch die einen Kreditbericht der Auskunftei Schimmelpfeng spezifizierenden Informationen wird festgelegt, welche konkreten einzelnen Angaben jeder Kreditbericht über ein bestimmtes Unternehmen enthalten muß, also z.B. Angaben über die Gesellschaft, Mitarbeiter, Umsatz, Beteiligungen, Verpflichtungen, etc.. Die sich aus ganz verschiedenen Einzelinformationen zusammensetzende Informationsmenge, die alle diese geforderten Angaben über ein konkretes Unternehmen enthält, konstituiert eine Produkteinheit "Kreditbericht". Verschiedene Mengen dieser Produktart können in operationaler Form durch Angabe bestimmter Anzahlen quantifiziert werden, etwa dergestalt, daß in einer bestimmten Periode z.B. 200 Informationsprodukte "Kreditbericht" erzeugt wurden.

Der auf der Grundlage des Konzeptes der Informationsprodukt-Art hergeleitete und exemplarisch verdeutlichte Ansatz zur Informationsquantifizierung ist weiterhin durch folgende zentrale Eigenschaften und Spezifika gekennzeichnet:

Informationspakete als Informationseinheiten

Als informationelle Produkteinheit werden alle Informationsbestandteile betrachtet, die zur Erfüllung der abstrakten Spezifikationsanforderungen einer Produktart notwendig sind. Eine solche Menge an Einzelinformationen wird im folgenden als "Informationspaket" bezeichnet. Durch den Begriff "Paket" soll dabei explizit betont werden, daß eine derartige Informationsmenge nicht weiter in bezug auf ihre einzelnen Informationsteile differenziert wird. Obwohl diese möglicherweise ganz unterschiedliche singuläre Sachverhalte abbilden, werden sie als integrierte Informationseinheit interpretiert.

Informationsmessung mit unterschiedlichen Maßeinheiten

Die auf diese Weise gebildeten Produkteinheiten sind jeweils nur für eine einzelne Informationsprodukt-Art gültig. Dies hat zur Folge, daß sich eine Einheit einer Produktart von der einer anderen durchaus in verschiedenen Merkmalen, wie etwa dem Umfang der zu einem Produkt integrierten Einzelinformationen, dem Präzisionsgrad der Aussagen oder auch deren Allgemeinheit oder Aktualität, unterscheiden kann. So weist beispielsweise ein Informationsprodukt "Kreditbericht" ganz andere quantitative Dimensionen oder auch Aktualitätsmerkmale auf als etwa ein Informationsprodukt "Frankfurter Allgemeine Zeitung". Durch diese Eigenschaft wird jedoch, wie schon von Berthel vorgeschlagen, lediglich die "Möglichkeit, eine entsprechend große Vielzahl von unterschiedlichen Maßeinheiten zu Informationsmessungen heranzuziehen"[102], realisiert.

Funktionsfähigkeit für produktionstheoretische Zwecke

Durch die abgeleitete operationale Informationskonzeption können Informationen als Produktionsfaktoren und Produkte differenzierter in einzelne Informationsarten eingeteilt und voneinander abgegrenzt werden. Auf der Ebene solcher Informationsprodukt-Arten gelingt dann eine Quantifizierung von Informationen mittels des hier vorgeschlagenen Meßkonzeptes. Das für Informationen generell bedeutende Problem der Abgrenzung und Quantifizierung von Einheiten kann damit insgesamt für produktionstheoretische Zwecke als hinreichend gut gelöst angesehen werden.

Der hier vorgeschlagene Ansatz entspricht im übrigen der Vorgehensweise in der materiellen Produktionstheorie. Auch dort wird die Quantität der Produktionsfaktoren nicht auf der generellen Ebene von Sachprodukten, sondern auf der Abstraktionsebene der einzelnen Güterarten vorgenommen (vgl. Abb 15).

---

102   Berthel (1975a), S. 47; vgl. auch Wild (1970a), S. 52.

<u>Mangelnde Eignung für entscheidungstheoretische Forschung</u>

Abschließend ist noch darauf hinzuweisen, daß die hier entwickelte Quantifizierungskonzeption nicht als geeignet erscheint, um das hohe theoretische Anspruchsniveau der entscheidungstheoretischen und informationsökonomischen Forschung zu erfüllen. Mittels dieses Ansatzes gelingt es nicht, beliebige Informationen nach einem einheitlichen Maßstab und damit durch eine strenge Meßform zu quantifizieren. Die prinzipielle Fragestellung, inwiefern ein solcher Anspruch überhaupt eine realistische Zielsetzung darstellt bzw. inwiefern es überhaupt **die** Quantität für Informationen gibt, soll hier nicht untersucht werden[103].

SACHPRODUKTE	INFORMATIONEN
PRODUKTARTEN	**PRODUKTARTEN**
- VW Golf - CD-Player	- Kreditbericht - Hausratversicherung
EINZELPRODUKTE	**EINZELPRODUKTE**
VW Golf - Fahrzeugnr. 7470667 - Fahrzeugnr. 7470668	Kreditbericht über - Firma Star-Elektrik - Firma Adler GmbH

Abb. 15: Vergleich der Abstraktionsebenen von Sachprodukten und Informationen

4. DIE KOMBINATIONSPROZESSE ZUR INFORMATIONS-PRODUKTION

Die produktionstheoretische Analyse der aus unterschiedlichen Kombinationsvorgängen bestehenden Prozesse zur Produktion von Informationen gliedert sich in zwei zentrale Bestandteile. Zu Beginn werden die verschiedenartigen Substituti-

---

103   Vgl. hierzu Berthel (1975a), S. 47 ff.

onsbeziehungen der an den Produktionsprozessen beteiligten Produktionsfaktoren untersucht. Hieran schließt sich die Charakterisierung der Informationsproduktionsprozesse nach verschiedenen, im wesentlichen an Klassifikationskriterien der materiellen Produktionstheorie orientierten Merkmalen an.

4.1 DIE EINSATZVERHÄLTNISSE DER PRODUKTIONSFAKTOREN

4.1.1 ALLGEMEINE BEGRIFFSERKLÄRUNGEN UND EINORDNUNGEN

Eine der wichtigsten charakteristischen Eigenschaften produktiver Kombinationsprozesse stellt, unter der generellen Annahme gleichbleibender Produktionsverfahren und homogener Produktionsfaktoren, die unterschiedliche Art und Weise der Einsatzverhältnisse der an der Produktion beteiligten Faktoren dar. Grundsätzlich ist bei der Art dieser Produktionsverhältnisse zwischen substitutionalen und limitationalen Prozessen[104] zu unterscheiden.

Substitutionale Produktionsprozesse

Substitutionale Produktionsprozesse liegen dann vor, wenn sich gleiche Produktmengen durch Kombination unterschiedlicher Quantitäten der eingesetzten Produktionsfaktoren erzeugen lassen. Dies bedeutet, daß sich die Verminderung der Menge eines eingesetzten Produktionsfaktors durch gleichzeitige Vergrößerung der Menge mindestens eines anderen Produktionsfaktors ausgleichen läßt. Die Produktionsfaktoren sind damit gegenseitig austauschbar, substituierbar.

Ist durch derartige Substitutionsvorgänge ein Produktionsfaktor vollständig ersetzbar, so spricht man von totaler oder alternativer Substitution. Partielle oder periphere Substitutionsbedingungen sind dagegen dadurch gekennzeichnet, daß Pro-

---

104 Vgl. für das folgende z.B. Busse von Colbe/Laßmann (1986), S. 84 ff; Ellinger/Haupt (1982), S. 24 ff; Kloock (1984), S. 262 ff.

duktionsfaktoren nicht vollständig, sondern nur in bestimmten Grenzen substituierbar sind.

Limitationale Produktionsprozesse

Produktionsprozesse, bei denen keinerlei Substitutionsmöglichkeiten zwischen den eingesetzten Faktoren bestehen, werden als limitationale Produktionen bezeichnet. Die Realisierung einer bestimmten Produktmenge ist in diesem Fall nur mit Hilfe einer einzigen Faktorkombination möglich. Insbesondere ist jeder Produktmenge eine Faktoreinsatzmengenkombination eindeutig zugeordnet. Die Menge der eingesetzten Produktionsfaktoren weist damit sowohl untereinander als auch zur Produktionsmenge jeweils ein festes Verhältnis auf. Bleibt dieses Verhältnis bei beliebiger Variation der Produktmenge stets konstant, so liegen linear-limitationale Produktionsprozesse, andernfalls nichtlinear-limitationale vor.

Limitationalität und Substitutionalität kennzeichnen die beiden prinzipiell unterschiedlichen Typen der Faktoreinsatzbedingungen. Neben diesen beiden Extremfällen sind jedoch auch Produktionen möglich, bei denen zugleich limitationale und substitutionale Faktoreinsatzbedingungen auftreten. Für einen Teil der eingesetzten Produktionsfaktoren gelten dann limitationale, für den anderen Teil substitutionale Verhältnisse[105].

Ferner ist an dieser Stelle anzumerken, daß die Eigenschaften der Limitationalität und der Substitutionalität nur in engem Zusammenhang mit der jeweiligen Art der Kombinationsprozesse zu sehen sind. Sie stellen keine den Faktoren generell, für jede beliebige Produktion zuzurechnende Eigenschaft dar[106]. Aus diesem Grund wird es in dieser Arbeit auch vorgezogen[107], von substitutionalen oder limitationalen Produktionsprozessen, und nicht Produktionsfaktoren zu sprechen.

---

105   Derartige gemischt limitational-substitutionale Beziehungen entsprechen nach Busse von Colbe/Laßmann (1986, S. 90) am besten der Realität.

106   Vgl. z.B. Heinen (1974), S. 174 f; Kahle (1980). S. 21; Kilger (1975), Sp. 3100; Kloock (1984), S. 262 ff; Schweitzer/Küpper (1974), S. 61.

107   Im Gegensatz beispielsweise zu Busse von Colbe/Laßmann (1986), S. 84 ff.

4.1.2 SUBSTITUTIONSBEZIEHUNGEN BEI DER INFORMATIONS- PRODUKTION

Wie gerade angeführt, hängen die Faktoreinsatzbedingungen stark von der speziellen Art der betrachteten Produktionsprozesse ab. Folglich ist auch bei der Informationsproduktion stets im konkreten Fall zu überprüfen, inwieweit Substitutionsbeziehungen zwischen den eingesetzten Faktoren festzustellen sind[108]. Für beliebige Informationsproduktionen kann generell die These begründet werden, daß rein limitationale oder rein substitutionale Produktionsprozesse nicht typisch sind. Es ist hier vielmehr von gemischt limitational-substitutionalen Produktionsprozessen auszugehen.

Möglich sind **Substitutionsbeziehungen** bei der Informationsproduktion zwischen menschlichen und maschinellen TIV. Theoretisch begründet werden können derartige Substitutionsbeziehungen durch die aufgezeigte prinzipielle Funktionsgleichheit der beiden Arten der TIV im Produktionsprozeß. Lediglich in solchen Produktionsprozessen, in denen der Einsatz einer der beiden Arten der TIV wegen ihrer jeweils spezifischen Besonderheiten und charakteristischen Beschränkungen nur eingeschränkt möglich ist, sind folglich auch entsprechende Substitutionen nur in Grenzen realisierbar.

Wie schon beschrieben, trifft dies für maschinelle TIV insbesondere auf den Fall Indeterminierter Informationsproduktionen zu, so daß hier, wenn überhaupt, nur eine partielle oder periphere Substitution vorliegt. Bei Determinierten Informationsproduktionen sind derartige individuelle Restriktionen der beiden TIV-Arten im allgemeinen wesentlich weniger relevant. Entsprechend kann hier von nahezu unbeschränkten, bis hin zur totalen Substitution reichenden Einsatzmöglichkeiten ausgegangen werden.

Diese, durch produktionstheoretische Argumente gerechtfertigte These von der peripheren Substitution im Fall Indeterminierter sowie der nahezu totalen Substitutionsmöglichkeiten menschlicher durch maschinelle TIV bei Determinierter Informationsproduktion kann ferner durch einige Beobachtungen in der betriebli-

---

108   Vgl. die entsprechende Analyse bei der Versicherungsproduktion, S. 233 ff.

chen Praxis bestätigt werden. Zum einen können alle im Rahmen von Rationalisierungsmaßnahmen durch Einsatz von EDV resultierenden Freisetzungen von Mitarbeitern im Büro- und Verwaltungsbereich als periphere Substitution menschlicher TIV durch Maschinen angesehen werden[109]. Weiterhin stellt auch der immer mehr an Bedeutung gewinnende Einsatz von Expertensystemen in der betrieblichen Praxis eine Substitution menschlicher "Experten der Informationsproduktion" durch maschinelle Systeme dar[110]. Auch die erwähnte totale Substitution menschlicher TIV durch maschinelle Computersysteme läßt sich durch reale Beispiele belegen: die automatische Fahrplanauskunft ("Karlchen") der Bundesbahn oder auch automatische Kontoauszugsdrucker in Banken.

Neben diesen geschilderten Substitutionsmöglichkeiten ist der Einsatz der weiteren, an Informationsproduktionen beteiligten Faktoren **limitational** an die zu erzeugenden Informationsprodukte gebunden. Nicht näher zu untersuchen ist dies im Fall der sonstigen Sachmittel. Unter dieser Faktorart sind alle als Hilfs- und Betriebsstoffe zu bezeichnenden Faktoren zusammengefaßt, für die in der produktionstheoretischen Diskussion üblicherweise limitationale Einsatzverhältnisse unterstellt werden[111].

In den Informationsproduktionsprozessen ist ferner auch für die Menge der eingesetzten Informationen von limitationalen Produktionsverhältnissen auszugehen. Zur Rechtfertigung dieser Behauptung sind die Einsatzbedingungen von Informationen bei Variation von erzeugten Mengen bestimmter Informationsarten zu analysieren. Eine derartige Erhöhung informationeller Produktmengen kann zum einen durch die elementare Produktionsgrundform des Kopierens vorhandener Originärinformationen erreicht werden. In solchen Produktionsprozessen ist stets der Einsatz der zu reproduzierenden Originärinformationen als Produktionsfaktor unabdingbare Voraussetzung, so daß hier die behauptete Limitationalität offensichtlich ist.

---

109   Zur Bedeutung derartiger Rationalisierungsmaßnahmen vgl. die relevanten Beiträge in Kilger/Scheer (1982) sowie Picot (1979), zu den Möglichkeiten der Sustitution menschlicher Informationsverarbeiter durch realtechnische Systeme vgl. insbesondere auch Engelter (1979).
110   Zum Einsatz von Expertensystemen vgl. z.B. Krallmann (1988), S. 87 ff; Mertens (1988), S. 30 ff; Mertens/Allgeyer/Däs (1986), S. 905 ff.
111   Vgl. z.B. Kloock (1984), S. 263; Schweitzer/Küpper (1974), S. 61.

Zum anderen kann die determinierte Produktion artmäßig gleicher, sich aber in den konkreten einzelnen Informationsausprägungen unterscheidender Informationsprodukte dadurch erhöht werden, daß die durch das Produktionsverfahren festgelegten Kombinationsprozesse wiederholt in gleichbleibender Form durchgeführt werden. Auch hier sind jedoch stets bestimmte, durch die Verfahrensinformationen art- und mengenmäßig genau determinierte informationelle Produktionsfaktoren erforderlich. Auf sie kann in den Produktionsprozessen auch nicht verzichtet werden, da diese Input-Informationen, wie beschrieben, die Objekte der Kombinationsvorgänge darstellen, an denen ganz bestimmte Transformationen entsprechend den Verarbeitungsregeln vorgenommen werden. Besonders deutlich wird dies bei rein maschinellen Informationsproduktionen. Hier verlangt die jeweils verwendete Software (Produktionsverfahren) eine ganz bestimmte Art von sowohl inhaltlich als auch teilweise syntaktisch genau festgelegten Input-Daten, ohne die durch die Software kein korrekter Output erzeugt werden kann.

In beiden Grundformen liegen also feste Relationen zwischen den als Faktoren eingesetzten Informationen[112] und den zu erzeugenden Informationsprodukten vor. Die für die Produktionsvorgänge benötigten Input-Informationen können folglich auch durch keine der anderen Produktionsfaktoren ersetzt werden, auch nicht durch menschliche TIV aufgrund deren immanenter Informationsbestände:

Ein solcher Austausch von Produktionsfaktoren wäre etwa dergestalt denkbar, daß bestimmte, als eigenständige Produktionsfaktoren aufgefaßte Input-Informationen für eine Produktion nicht mehr erforderlich wären, weil andere menschliche TIV eingesetzt würden, die genau diese Informationen in ihrem TIV-immanenten Informationsbestand bereits besitzen. Derartige Austauschprozesse werden in der Produktionstheorie jedoch nicht als Substitutionsprozesse bezeichnet, da hierbei mit den anderen menschlichen TIV Produktionsfaktoren zum Einsatz kämen, die aufgrund ihrer größeren TIV-immanenten Informationsbestände eine veränderte Qualität als die ursprünglich eingesetzten aufweisen würden. Substitutionsbeziehungen werden jedoch generell nur bei qualitätsmäßig homogenen Produktionsfaktoren betrachtet[113].

---

112 Hierbei wird davon abstrahiert, daß der gleiche Bedeutungsinhalt von Informationen durch unterschiedliche sprachliche Symbole repräsentiert wird. Die postulierte feste Relation bezieht sich also lediglich auf den Informationsinhalt, nicht jedoch auf die Form dessen sprachlicher Repräsentation.

113 Vgl. z.B. Fandel (1987), S. 34 f.

Neben diesen produktionstheoretischen Bedenken ist zusätzlich anzumerken, daß es sich bei dem beschriebenen hypothetischen Fall lediglich um eine "Substitution" der Informationsquellen, nicht jedoch der eingesetzten Informationen selbst handelt. Der tatsächlich erforderliche Einsatz von Input-Informationen und damit auch dessen nachgewiesene limitationale Relation zu den Informationsprodukten wird hiervon nicht tangiert.

Bezüglich der spezifischen Ausprägung der Limitationalität gilt nun noch, daß bei der Informationsproduktion generell nicht von einer linearen Limitationalität ausgegangen werden kann. Der Grund hierfür liegt darin, daß zur Steigerung einer erzeugten Produktmenge auf die typische Produktionsgrundform der Kopierung zurückgegriffen werden kann. Bei derartigen elementaren Kopiervorgängen wird stets output-unabhängig eine einzelne Originärinformation benötigt, die dann in beliebigen Mengen reproduziert werden kann. Insbesondere ist für diese einfache Vervielfältigung einer Produktmenge folglich nicht eine entsprechend größere Quantität der ursprünglich eingesetzten Produktionsfaktoren notwendig; die mengenmäßigen Faktoreinsatzverhältnisse bleiben somit nicht konstant[114].

4.2 PRODUKTIONSTHEORETISCHE MERKMALE BETRIEBLICHER KOMBINATIONSPROZESSE ZUR INFORMATIONSPRODUKTION

Ebenso wie im Fall der industriellen Sachgüterproduktion lassen sich bei den Vorgängen zur Produktion von Informationen typische produktionstheoretische Merkmale identifizieren. Derartige spezielle Charakteristika können als Kriterien Verwendung finden, um die vielfältigen, in der Realität zu beobachtenden Informationsproduktionen theoretisch fundiert zu charakterisieren und zu klassifizieren[115]. Zur Beschreibung solcher produktionstheoretischer Eigenschaften der Kombinationsprozesse wird im folgenden auf in der allgemeinen Betriebswirt-

---

114 Werden dagegen verschiedene informationelle Produktmengen durch wiederholte Realisierung gleicher Kombinationsprozesse erzeugt, so liegt ein linear-limitationaler Informationseinsatz vor, was allerdings erst im Rahmen der formalen Modellanalyse nachgewiesen werden kann, vgl. S. 168 f.

115 Vgl. auch die entsprechende Typologisierung von Informationsbetrieben durch Bessler (1985). Zur Bedeutung derartiger Differenzierungen vgl. Küpper (1979), Sp. 1645 f.

schaftslehre entwickelte Klassifikationsschemata zurückgegriffen, die in Abb. 16 kurz gegenübergestellt sind[116].

MERKMAL	AUSPRÄGUNGEN
Wiederholungsgrad	Einzelproduktion Serienproduktion Massenproduktiuon
Organisationstyp	Fließproduktion Werkstattproduktion
Produktionsver- bundenheit	Unverbundene Produktion Verbundene Produktion
Güterfluß- kontinuität	Kontinuierliche Produktion Quasikontinuierliche (Takt)- Produktion Diskontinuierliche (Partie-, Chargen) Produktion
Güterfluß- struktur	Glatte (durchgängige)- Zerlegende (analytische, divergierende)- Zusammenfassende (synthetische, konvergierende) Produktion
Ortsbindung	Ortsgebundene Produktion Ortsungebundene Produktion
Stufigkeit der Produktion	Einstufige Produktion Mehrstufige Produktion
Abfolgeprinzip	Wechselproduktion Parallelproduktion
Automatisierungs- grad	Nichtautomatisierte Produktion Teilautomatisierte Produktion Vollautomatisierte Produktion

Abb. 16: Übersicht über die wichtigsten Merkmale betrieblicher Produktionsprozesse

---

116   Vgl. z.B. Kloock (1984), S. 246 ff; Küpper (1979), Sp. 1636 ff; Schweitzer/Küpper (1974), S. 31 ff; Zäpfel (1982), S. 15 ff.

Von den aufgeführten Merkmalen zur Charakterisierung von Produktionsprozessen sind einige speziell auf die Bedingungen und Problembereiche der Industrieproduktion abgestimmt. Hierzu zählen insbesondere die Merkmale, die sich auf den Einsatz materieller Werkstoffe sowie damit verbundener Planungs- und Transportfragen beziehen. Da ein derartiger Werkstoffeinsatz sowie die damit verbundenen Gütertransport- und Mobilitätsaspekte für die Produktion von Informationen nicht relevant sind, können dementsprechend die Merkmale Organisationstyp, Güterflußkontinuität, Ortsbindung und Abfolgeprinzip für die systematische Charakterisierung der Informationsproduktion vernachlässigt werden. Hierfür von Bedeutung sind jedoch die restlichen Merkmale:

Wiederholungsgrad: Extreme Ausprägungen dieses Merkmals sind die Einzelproduktion und die Massenproduktion. Bei Einzelproduktionen werden von individuellen, verschiedenartigen Produkten jeweils eine oder nur sehr wenige Produkteinheiten, bei Massenproduktion dagegen artmäßig gleiche Produkte in großen Mengen hergestellt. Typische Informations-Einzelproduktionen finden beispielsweise in den Bereichen der Forschung und Entwicklung und der Unternehmensführung statt, während die Produktion von Büchern und Zeitschriften oder auch bestimmter Versicherungsprodukte reine Massenproduktionen darstellen.

Produktionsverbundenheit: Verbundene Produktion kennzeichnet bei einer weit gefaßten Interpretation die Situation, daß bei der Erzeugung unterschiedlicher Produktarten mindestens ein Produktionsfaktor gemeinsam eingesetzt wird[117]. Im Fall der Informationsproduktion kann eine Verbundenheit der Produktionsvorgänge wegen der Eigenschaft des output-unabhängigen Verbrauchs aus der gemeinsamen Nutzung bestimmter Informationen als Produktionsfaktoren resultieren. Ferner können auch von maschinellen TIV äußerst unterschiedliche Informationsproduktionen gleichzeitig abgewickelt werden. Unverbundene Informationsproduktionen sind etwa dergestalt denkbar, daß innerhalb eines Unternehmens isoliert arbeitende und dezentral mit EDV-Technik ausgestattete Projektteams unterschiedliche Informationsprodukte erzeugen.

---

117   Vgl. zusätzlich Hummel (1975), Sp. 3081 ff.

Güterflußstruktur: Entsprechend der Struktur des Güterflusses wird zwischen glatten, konvergierenden und divergierenden Produktionen unterschieden. Bei einer glatten Produktion wird aus einer eingesetzten Güterart wieder eine, bei einer divergierenden werden dagegen mehrere Produktarten hergestellt. Ein konvergierender Güterfluß liegt vor, wenn eine Produktart aus mehreren Einsatzgüterarten erzeugt wird. Während man dieses Merkmal in der Industrieproduktion auf die eingesetzten Werkstoffe und Materialien anwendet, kann bei der Informationsproduktion hiermit die Struktur des Einsatzes von Informationen beschrieben werden. Glatte Informationsproduktionen liegen dann insbesondere bei allen Informationskopierprozessen vor.

Stufigkeit: Als einstufige Produktion wird der Fall bezeichnet, daß der gesamte Produktionsprozeß aus einem einzigen Arbeitsgang besteht, der in einer als produktive Einheit zu verstehenden Produktionsstelle[118] durchgeführt wird. Erfolgt die gesamte Produktion stufenweise in mehreren solcher Produktionsstellen, so wird von mehrstufigen Produktionen gesprochen. Diese in der Realität oft gegebene Mehrstufigkeit der Produktion ist in neueren produktionstheoretischen Analysen in den Mittelpunkt des wissenschaftlichen Interesses, insbesondere bei der Konstruktion von Produktionsmodellen, gerückt[119].

Auch für die Informationsproduktion gewinnt diese Eigenschaft dann an Bedeutung, wenn besonders komplexe und umfangreiche Informationsproduktionen zu bewältigen oder der Produktion restriktive zeitliche Grenzen gesetzt sind[120]. In solchen, in der Unternehmensrealität häufig zu beobachtenden Fällen, reicht die Leistungsfähigkeit einzelner TIV wegen deren diversen Produktionsbeschränkungen nicht aus, um die Produktionsaufgabe erfolgreich zu lösen. Es ist hier vielmehr der Einsatz mehrerer TIV sowie die Aufteilung der gesamten Informationsproduktion in mehrere Einzelschritte und deren stufenweise Bearbeitung erforderlich[121], was letztlich die Mehrstufigkeit der Informationsproduktion impliziert[122].

Automatisierungsgrad: Je nachdem wie stark bei Produktionen Arbeitsverrichtungen, und zwar insbesondere die Steuerung, Kontrolle und Korrektur von Pro-

---

118   Vgl. Kloock (1984), S. 247.
119   Vgl. die in Fn. 4 auf S. 2 angegebene Literatur.
120   Vgl. Müller (1973), S. 202 f.
121   Vgl. auch zu den organisatorischen Konsequenzen Müller (1973), S. 194 ff.
122   Vgl. auch Wild (1970a), S. 56.

duktionsprozessen, vom Menschen auf Maschinen übertragen werden, unterscheidet man verschiedene Automatisierungsgrade. Vollautomatisierung liegt dann vor, wenn Führung, Steuerung und Kontrolle der Produktionsprozesse vollständig von Maschinen übernommen werden[123]. Die Übertragung dieses Konzepts auf die Informationsproduktion bedingt, daß man durch den Automatisierungsgrad die Beteiligung maschineller TIV an Informationsproduktionen erfassen kann. Vollautomatisierte Informationsproduktionen sind dann solche, an denen ausschließlich maschinelle TIV beteiligt sind.

Mittels der hier behandelten Kriterien lassen sich die realen Erscheinungsformen der Informationsproduktionen charakterisieren. Speziell weisen auch die beiden Grundtypen der Informationsproduktion differierende Ausprägungen dieser Merkmale auf. Wie in der Profildarstellung in Abb. 17 aufgezeigt, können Determinierte Informationsproduktionen tendenziell als weniger komplex verknüpfte Massenproduktionen mit relativ hoher Verbundenheit und Automatisierungsgrad charakterisiert werden.

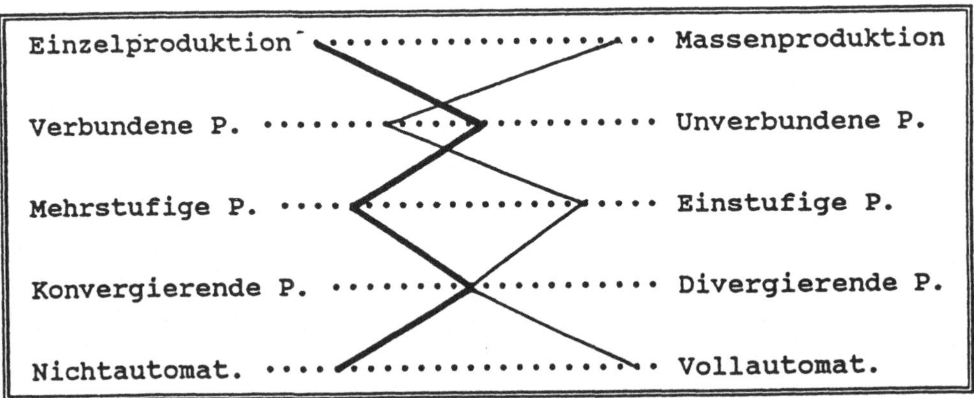

Abb. 17:   Profildarstellung Determinierter (———) und Indeterminierter (▬▬) Informationsproduktionen

---

123   Vgl. zusätzlich z.B. Drumm (1979), Sp. 286 ff.

5. DIE ERGEBNISSE DER INFORMATIONSPRODUKTION: INFORMATIONSPRODUKTE

5.1 IDENTIFIKATION UND ALLGEMEINE CHARAKTERISIERUNG INFORMATIONELLER ENDPRODUKTE

Durch die Kombination der verschiedenen Produktionsfaktoren werden unterschiedliche Informationsprodukte erzeugt. Hierbei kann es sich sowohl um Endprodukte als auch um Zwischenprodukte handeln. Als Endprodukte werden dabei die von einem Unternehmen erzeugten Produkte bezeichnet, die auf externen Absatzmärkten oder auch unternehmensintern anderen Wirtschaftssubjekten zur Nutzung angeboten werden. Zwischenprodukte werden dagegen innerhalb eines Unternehmens im Rahmen mehrstufiger Produktionsprozesse als sogenannte derivative Produktionsfaktoren weiterverwendet[124].

Die auch in der materiellen Produktionstheorie nicht unproblematische[125] Trennung in Zwischen- und Endprodukte bereitet speziell im Fall von Informationsprodukten ebenfalls einige Schwierigkeiten. Es ist hier oft nicht eindeutig zu entscheiden, ob bestimmte Teilergebnisse schon als Endprodukte anzusehen sind. Dieses Problem kann einerseits wegen der Immaterialität der Informationsprodukte und andererseits wegen der Vielschichtigkeit und Mehrstufigkeit vieler Produktionsprozesse hier sogar in ausgeprägter Form auftreten. Zudem fällt es aus diesen Gründen schwer festzustellen, zu welchem Zeitpunkt ein bestimmter Produktionsprozeß beendet ist, und zwar unabhängig davon, ob lediglich Zwischenprodukte oder schon absatzbestimmte Endprodukte erzeugt wurden.

Zur Abgrenzung und Identifizierung von Informations-Endprodukten und auch allgemein als Kriterium dafür, daß ein Produktionsteil als beendet anzusehen ist, wird als eine Voraussetzung verlangt, daß Endergebnisse in einer solchen Repräsentationsform vorliegen, die eine Wahrnehmung durch potentielle externe Produktnachfrager erlaubt[126]. Nur dann können die erzeugten Informationsprodukte

---

124   Vgl. z.B. Busse von Colbe/Laßmann (1986), S. 71; Fandel (1987), S. 32; Kloock (1984), S. 254.
125   Vgl. z.B. Fandel (1987), S. 32.
126   Vgl. Müller (1987), S. 129.

auch von anderen als den direkt an den entsprechenden Produktionsprozessen beteiligten TIV genutzt werden.

Zusätzlich zu dieser notwendigen Voraussetzung wird zur Charakterisierung der Informations-Endprodukte auf die entwickelte Konzeption der Informationsprodukt-Art zurückgegriffen. Die eine Informationsprodukt-Art definierenden Spezifikationsinformationen legen den Leistungs- und Funktionsumfang der zu erzeugenden Endprodukte fest, so daß diese folglich als Abgrenzungskriterien verwendet werden können. Ein für die Nutzung bestimmtes Endprodukt liegt dann vor, wenn konkrete informationelle Ausprägungen derart erzeugt wurden, daß diese die durch die Produktspezifikation implizierten abstrakten Anforderungen vollständig erfüllen. Ist dies nicht der Fall, so wurden lediglich Zwischenprodukte erzeugt und der Produktionsprozeß ist fortzusetzen[127].

Die so abgrenzbaren Endprodukte können, analog zu der Betrachtungsweise in der materiellen Produktionstheorie, weiter aufgeteilt und klassifiziert werden. Als auf die Endprodukte bezogene Differenzierungen kommen die Anzahl der erstellten Produktarten und die spezielle Nachfragesituation in Betracht[128]. Nach der Anzahl der erzeugten Produktarten ist zwischen Einproduktproduktionen und, falls mindestens zwei unterschiedliche absatzbestimmte Endprodukte erzeugt werden, zwischen Mehrproduktproduktionen zu unterscheiden. Des weiteren können Informationsproduktionen in Marktproduktionen und Kundenproduktionen differenziert werden.

Kundenproduktionen oder auch Bestell- oder Auftragsproduktionen sind dadurch gekennzeichnet, daß die Bestellung des Kunden zeitlich vor der Produktion liegt. Durch die Kundenaufträge werden die Produktionsprozesse erst ausgelöst. Ferner hat bei dieser Produktart der Kunde die Möglichkeit, an der konkreten Spezifikation der zu erzeugenden Produkte dergestalt mitzuwirken, daß er die definierenden Anforderungsmerkmale der jeweiligen Informationsprodukte mitentwickelt oder sogar vollständig vorgibt. Im Gegensatz dazu, ist bei der Marktproduktion die konkrete Spezifikation der Informationsprodukte allein Aufgabe des Unterneh-

---

127 Dieses Kriterium ist auch bei Indeterminierten Informationsproduktionen anwendbar, da hier im Rahmen der Produktionsprozesse Spezifikationsinformationen festzulegen oder zu konkretisieren sind.
128 Vgl. auch für das folgende Kloock (1984), S. 250; Zäpfel (1982), S. 16.

mens. Die Produkte werden für einen anonymen Markt entwickelt, so daß insbesondere kundenindividuelle Produktionsvorgaben nicht berücksichtigt werden können.

5.2 SPEZIFISCHE EIGENSCHAFTEN VON INFORMATIONS- PRODUKTEN

Zusätzlich zu diesen allgemeinen produktorientierten Merkmalen der Informationsproduktion, sind Informationsprodukte durch einige spezifische, für materielle Sachprodukte kaum relevante Eigenschaften gekennzeichnet. Diese Eigenschaften sind an verschiedenen Stellen in dieser Arbeit, insbesondere bei der Deskription des IV-Ansatzes sowie der Untersuchung von Informationen als Produktionsfaktoren, bereits in ausführlicher Form behandelt worden. Aus Gründen der Vollständigkeit werden die Spezifika von Informationsprodukten an dieser Stelle noch einmal kurz zusammengestellt:

o   Informationsprodukte werden prinzipiell zu den immateriellen Wirtschaftsgütern gezählt. Materielle Bestandteile von Informationsprodukten bilden lediglich die jeweiligen Trägermedien, auf denen der immaterielle Bedeutungsinhalt der Informationsprodukte konkret repräsentiert ist.

o   Schon vorhandene Informationsprodukte können wegen der Immaterialität der Bedeutungsinhalte sowie wegen der vorhandenen effizienten Kopiertechnologien leicht und ohne größere Kosten reproduziert werden[129].

o   Informationsprodukte sind durch einen Bestandseffekt gekennzeichnet. Sie können folglich nahezu beliebig oft genutzt werden und unterliegen nur einem speziellen Verbrauch, der durch einen möglicherweise eintretenden Relevanzverlust erklärt werden kann.

---

129   Zu den damit verbundenen Problemen vgl. z.B. Nickel-Waninger (1987), S. 85 ff.

o   Informationsprodukte sind interpretationsbedürftig, da zur Nutzung der Produkte deren Bedeutungsinhalt durch Interpretation zu ermitteln ist. Während die Vernachlässigung dieser Interpretationsproblematik für die Analyse der unternehmensinternen Produktionsprozesse begründet wurde, impliziert sie bedeutsame Konsequenzen speziell für das Marketing von Informationproduktcn[130].

5.3   KONSEQUENZEN AUS DEN INFORMATIONSPRODUKT-EIGENSCHAFTEN FÜR DIE BEZIEHUNGEN DER PRODUKTION ZUM ABSATZ

Informationsprodukte werden in dieser Arbeit allgemein zu den Dienstleistungen gerechnet[131]. Für Dienstleistungen werden in der traditionellen Dienstleistungsliteratur[132] einige typische Besonderheiten postuliert. Wie jedoch Ergebnisse neuerer Dienstleistungsanalysen zeigen[133], können derartige Spezifika wegen der in Wirklichkeit fehlenden Allgemeingültigkeit dieser Erkenntnisse nicht generell auch auf Informationsprodukte übertragen werden. Insbesondere Nickel-Waninger[134] hat in einer differenzierten Untersuchung nachgewiesen, daß die "Dienstleistungs-Besonderheiten" bis auf die Immaterialitäts-Eigenschaft für Informationsprodukte keine Gültigkeit besitzen.

Gerade aus der auch für Informationsprodukte typischen Immaterialität sind jedoch indirekt Thesen über die Beziehungen zwischen den betrieblichen Funktionen der Produktion und des Absatzes abgeleitet worden. Folglich ist diese Fragestellung auch hier, allerdings auf der Grundlage der in diesem Kapitel entwickelten Eigenschaften von Informationsprodukten, näher zu untersuchen.

---

130   Ausführlich dargestellt von Müller/Nickel (1984), S. 738 ff; Nickel-Waninger (1987), S. 85 ff.
131   Vgl. S. 27 f.
132   Vgl. z.B. Berekoven (1974), S. 24 ff und 58 ff; Kaufmann (1977), S. 52 ff; Maleri (1970), S. 19 ff; Scheuch (1982), S. 161 ff.
133   Vgl. Corsten (1985), S. 90 ff; Gerhardt (1987), S. 87 ff; Neugebauer (1986), S. 26 ff.
134   Vgl. Nickel-Waninger (1987), S. 112 ff.

Die hier aufgezeigte Eigenschaft der Konkretisierung der immateriellen Komponente von Informationsprodukten auf materiellen Trägermedien rechtfertigt die These, daß Informationsprodukte gespeichert und auch gelagert werden können. Von einer mangelnden Lagerfähigkeit und der dadurch begründeten Notwendigkeit des Absatzes der Informationsprodukte vor deren Erzeugung[135] kann hier somit nicht ausgegangen werden. Überhaupt kann eine solche feste zeitliche Beziehung nicht generell für alle Informationsprodukte behauptet werden.

Eine derartige Beziehung ist vielmehr von der speziellen Art der erzeugten Informationsprodukte abhängig[136]. Liegt der Fall einer Martkproduktion vor, so ist nicht von einer festen Abhängigkeit zwischen Produktion und Absatz auszugehen, und es ist die in der Regel charakteristische Reihenfolge der Produktion vor dem Absatz zu unterstellen. Handelt es sich jedoch um Kunden- oder Auftragsproduktion, so ist zunächst die Bestellung des Produktes vor dessen endgültiger Produktion vorhanden. In diesem Sinne kann dann davon gesprochen werden, daß der Absatz vor der Produktion erfolgt. Letztlich kann somit die Frage nach der zeitlichen Reihenfolge dieser beiden betrieblichen Funktionen - wie auch im Fall der Produktion von Sachgütern - nur für den konkreten Fall spezieller Informationsproduktionen beantwortet werden.

6. ZUSAMMENFASSUNG: ABSCHLIEßENDE DISKUSSION DER PROBLEMBEREICHE DER INFORMATIONSPRODUKTION UND VERGLEICH MIT DER SACHGÜTERPRODUKTION

Das dritte Kapitel dieser Arbeit beinhaltet im wesentlichen die Definition und Abgrenzung der beiden unterschiedlichen Typen der Informationsproduktion sowie eine detaillierte theoretische Analyse der Einsatzfaktoren, der Produkte und der Kombinationsprozesse der Informationsproduktion. Die zusammenfassende Darstellung der wichtigsten Thesen und Erkenntnisse dieses Teils erfolgt in Form einer Auseinandersetzung mit den vier in der Einleitung genannten Gründen, die für das Scheitern der Entwicklung einer Theorie der Informationsproduktion ver-

---

135   Vgl. z.B. Maleri (1970), S. 26 ff; Scheuch (1982), S. 161 ff.
136   Vgl. auch Corsten (1985), S. 103 ff; Neugebauer (1986), S. 32 ff.

antwortlich seien sowie einem abschließenden Vergleich der Informations- mit der Sachgüterproduktion.

Gegen die Entwicklung einer Informationsproduktionstheorie wurden angeführt:

Argument 1:   Problem der mengen- und artmäßigen Abgrenzung von Informationsprodukten

Zu diesem Problembereich wurde ein vereinfachter Lösungsansatz entwickelt, der im wesentlichen die Abgrenzung verschiedener Informationsprodukt-Arten durch deren jeweilige Spezifikationsinformationen und die Messung von Ausprägungen nur jeweils bezüglich einzelner Produktarten und nicht generell beliebiger Informationen vorsieht. Die Zweckmäßigkeit dieser Vorgehensweise kann an einem von Rehberg verwendeten Beispiel nochmals verdeutlicht werden:

Rehberg[137] argumentiert in diesem Zusammenhang, daß eindeutig abgegrenzte Informationen nicht durch einfaches Zusammenzählen gemessen werden können, denn "es ist nicht möglich, unterschiedliche Qualitäten durch Addition zu einem einzigen Wert zusammenzufassen, genau wie Äpfel und Birnen nicht einfach addiert werden können". Genau dies, die Addition von Äpfeln und Birnen, ist jedoch für produktionstheoretische Zwecke nicht erforderlich und wird durch die hier vorgeschlagene Meßkonzeption auch vermieden. Für eine Produktionstheorie reicht es vielmehr aus festzustellen, daß - um bei Rehbergs Beispiel zu bleiben - zur Produktion eines Obstsaftes 2 Birnen, 3 Äpfel und 2 Apfelsinen einzusetzen sind. Die Zusammenfassung und Quantifizierung auf einer übergeordneten Ebene, etwa 7 Stück Obst, ist weder sinnvoll noch notwendig.

Argument 2:   Mangelnde Homogenität des Produktionsfaktors menschliche Arbeitskraft und daraus resultierende Meßprobleme

Die Bedeutung dieses Aspektes für die Informationsproduktion ist in differenzierter Weise zu beurteilen. Während ihm für Determinierte Informationsproduktio-

---

137   Vgl. Rehberg (1973), S. 88 f.

nen wenig Relevanz zuzuweisen ist, kann die Heterogenität dieses Produktionsfaktors für Indeterminierte Informationsproduktionen durchaus bedeutsam sein. Durch die in dieser Arbeit unterstellte Prämisse, daß alle menschlichen TIV gleiche Bedeutungsinterpretationen von Informationen vornehmen, wird jedoch der Einfluß dieses Phänomens auf die Informationsproduktion eingeschränkt. Zudem kann es bei der folgenden formalen Darstellung durch die hier gewählte Modellkonzeption berücksichtigt werden[138].

Argument 3:   Informationen sind sowohl Produktionsfaktoren als auch das Ergebnis von Produktionsprozessen

Dieses Argument kann überhaupt nur bei einer vollkommen undifferenzierten Betrachtung von Information verstanden werden. Bei der hier zugrunde gelegten Differenzierung in einzelne Informationsprodukt-Arten ist dieses Argument nicht mehr nachzuvollziehen. Daß zur Erzeugung eines Produktes (speziell eines Informationsprodukts) andere Wirtschaftsgüter (speziell andere Informationsprodukte) eingesetzt werden, stellt eines der wesentlichen Merkmale ökonomischer Produktionsprozesse dar. Auch der Fall, daß eingesetzte Informationen selbst wieder produziert werden müssen, ist nicht als besonderes Problem zu sehen. Hierdurch wird lediglich die spezielle Situation der mehrstufigen Produktion angesprochen, die durch geeignete Produktionsmodelle, wie beispielsweise durch das von Kloock entwickelte allgemeine Input-Output-Modell, leicht zu erfassen ist.

Argument 4:   Informationen sind stets verwendungszweck abhängig, was in produktionstheoretischen Analysen nicht berücksichtigt werden kann

Der aus der Eigenschaft der Verwendungszweckabhängigkeit von Informationen abgeleiteten Konsequenz ist prinzipiell zuzustimmen, nicht jedoch der Voraussetzung dieser Implikation. Die These bezieht sich stark auf die von Wittmann entwickelte Interpretation von Informationen als zweckorientiertes Wissen. Diese Begriffsexplikation ist jedoch bereits als für eine produktionstheoretische Analyse

---

wenig geeignet eingestuft worden und wird dementsprechend in dieser Analyse auch nicht unterstellt.

Durch die hier verwendete allgemeine Charakterisierung von Informationen als Abbildungen beliebiger Aspekte der Welt wird kein direkter Bezug zu deren Nutzungszweck hergestellt. Informationen haben lediglich in ihrer Eigenschaft als Wirtschaftsgüter den abstrakten Zweck der Bedürfnisbefriedigung zu erfüllen. Dies tangiert Produktionsaspekte nur insoweit, als daß hierfür geeignete Informationsprodukte zu entwickeln und zu gestalten sind.

Der beschriebene Tatbestand betrifft zudem generell alle zu produzierenden Wirtschaftsgüter und ist weder typisch für Informationen, noch steht er einer produktionstheoretischen Analyse im Wege. Aufgrund der hier verwendeten Informationskonzeption verliert Argument 4 also insgesamt seine Relevanz.

Die kritische Diskussion dieser Argumente auf der Basis der bisher entwickelten Erkenntnisse zeigt, daß die dort angeführten Problembereiche keine prinzipiellen und unüberwindbaren Schwierigkeiten für die theoretische Analyse der Informationsproduktion darstellen. Die durchgeführte Analyse selbst macht vielmehr deutlich, daß die wirklich wesentlichen Probleme insbesondere in den spezifischen Eigenschaften von Informationsprodukten und daraus abgeleiteten ökonomischen Konsequenzen begründet sind. Diese sind auch in der folgenden modellhaften Abbildung der Produktionsprozesse zu berücksichtigen.

Die produktionstheoretischen Besonderheiten der Informationserzeugung stellen die wesentlichen Unterschiede zur Sachgüterproduktion und die diese beschreibende und erklärende materielle Produktionstheorie dar[139]. Zusammenfassend können als solche Besonderheiten angeführt werden:

o   Für die Informationsproduktion ist der Einsatz von materiellen Werkstoffen nicht erforderlich. Folglich entfallen damit alle mit dem Einsatz dieses Produktionsfaktors verbundenen Probleme der Planung, Beschaffung und Organisation im Produktionsprozeß.

---

139   Vgl. auch Müller (1987), S. 132.

o Besondere Bedeutung für die Informationsproduktion hat dagegen der Einsatz von Informationsprodukten als Objekte der Kombinationsvorgänge. Insbesondere bewirken die geschilderten Eigenschaften wie Immaterialität, leichte Kopierbarkeit und output-unabhängiger Verbrauch deutliche Unterschiede zu den Bedingungen und Merkmalen materieller Produktionsprozesse und deren modellhafter Abbildung.

o Eine der bedeutenden Grundformen der Informationsproduktion stellen Kopierverfahren dar. Die dadurch mögliche äußerst effiziente Vervielfältigung vorhandener Informationsprodukte ist bei der Sachgüterproduktion nicht gegeben. Dort können Produktmengen nur dadurch erhöht werden, daß stets die ursprünglichen Produktionsfaktoren eingesetzt und entsprechend dem Produktionsverfahren neu kombiniert werden.

o Gegenstand der Analyse der Informationsproduktion ist insbesondere auch die Erzeugung vollkommen neuer Produkte, von Originär-Informationsprodukten. Die Herstellung solcher "Prototypen" wird in der materiellen Produktionstheorie nicht betrachtet, sie wird vielmehr isoliert in dem betriebswirtschaftlichen Teilbereich "Forschung und Entwicklung" analysiert. Wie schon erläutert, bedeutet dies, daß die materielle Produktionstheorie durch restriktivere Informationsprämissen gekennzeichnet ist als im allgemeinen Fall der Informationsproduktion.

Trotz der hier zusammengestellten Unterschiede zwischen Sachgüter- und Informationsproduktion sind jedoch auch wesentliche fundamentale Gemeinsamkeiten zwischen diesen beiden Theoriebereichen vorhanden, die es erlauben, sowohl bestehende Erkenntnisse als auch Vorgehensweisen bei der Theorieentwicklung von der materiellen Produktionstheorie auf die Informationsproduktion zu übertragen. Hierzu zählt insbesondere die zentrale Ausgangsthese, die Informationserzeugung als Produktion im ökonomischen Sinne und damit als Faktorkombination zu verstehen. Analog zur materiellen Produktionstheorie, konnte folglich auch die Analyse in die drei Hauptelemente Produktionsfaktoren, Produkte und Produktionsprozesse eingeteilt werden. Letztlich wird auch bei der folgenden modellhaften Abbildung der Informationsproduktion auf in der materiellen Produktionstheorie entwickeltes Instrumentarium zurückgegriffen. Informations- und Sachgüterproduktion basieren also auf einigen gemeinsamen prinzipiellen Grundhypothesen, unterscheiden sich jedoch auch in speziellen Merkmalen und Strukturen der Produktion.

KAPITEL 4

MODELLHAFTE ABBILDUNG DER INFORMATIONSPRODUKTION

Durch die vorangegangene systematische Analyse der Hauptbestandteile der Informationsproduktion wurden die wesentlichen Merkmale und Bedingungen realer Prozesse zur Informationserzeugung beschrieben. Eines der zentralen Anliegen einer Produktionstheorie und folglich auch der hier zu entwickelnden Theorie der Informationsproduktion ist es nun, die so gewonnenen Erkenntnisse über die Produktionsprozesse auf einer mathematisch-formalen Abstraktionsebene darzustellen. Hierdurch können die abgeleiteten produktionstheoretischen Erkenntnisse auch für in der Einleitung schon erwähnte Zwecke, wie beispielsweise die Entwicklung kostentheoretischer Aussagen oder die Planung und Organisation der Produktionsvorgänge, nutzbar gemacht werden.

1. ALLGEMEINE GRUNDLAGEN: PRODUKTIONSFUNKTIONEN UND -MODELLE

Zur formalisierten Darstellung von Produktionsprozessen und damit zur theoretisch fundierten Behandlung derartiger weiterführender Fragestellungen hat sich speziell die Formulierung von Produktionsfunktionen bzw. von komplexeren Produktionsmodellen[1] als erforderlich erwiesen[2].

---

1 Allgemein zum Modellbegriff in der Betriebswirtschaftslehre und zur Verwendung von Modellen als Instrument zum Erkenntnisgewinn vgl. z.B. Grochla (1974), S. 21 ff; Heinen (1983), S. 11; Schweitzer/Küpper (1974), S. 15 ff.
2 Vgl. z.B. Fandel (1987), S. 11 f; Linde (1981), S. 276 ff.

140

Produktionsfunktionen oder -modelle bilden jeweils für eine konstante Qualität der an der Produktion beteiligten Güter und für ein bestimmtes festes Produktionsverfahren die charakteristischen Tatbestände sowie die wesentlichen Zusammenhänge realer Produktionsprozesse auf einer rein quantitativen Ebene durch mathematisch-formale Funktionsbeziehungen ab[3]. Solche funktionalen Beziehungen werden bei impliziter Schreibweise allgemein in der Form $f(x,\vec{v}) = 0$ oder - in aufgelöster Schreibweise - als $x = f(\vec{v})$ dargestellt[4]. Die Variable x beschreibt dabei die Menge des zu erzeugenden Produktes, der Vektor $\vec{v} = (v_1,...,v_n)$ gibt die Mengen der n eingesetzten Produktionsfaktoren an.

Das Aufstellen einer solchen funktionalen Beziehung allein reicht jedoch zur Ableitung ökonomisch relevanter Aussagen nicht aus. Hierzu ist neben der genauen Angabe der eingesetzten Produktionsfaktoren und des zu erzeugenden Produktes insbesondere eine konkrete Spezifikation der Produktions**funktion** erforderlich. Eine derartige Spezifikation kann entweder explizit durch Angabe spezieller mathematischer Funktionen, wie beispielsweise Exponentialfunktionen oder trigonometrischer Funktionen, oder aber implizit durch Postulierung bestimmter Eigenschaften der Funktionen, wie etwa Monotonie, Stetigkeit oder Homogenität, vorgenommen werden[5].

Bei der Aufstellung von Produktionsmodellen ist es wegen der Komplexität der realen Produktionsvorgänge notwendig, sich auf die wichtigsten Einflußfaktoren der Produktion zu beschränken[6]. Hierin ist auch der Grund dafür zu sehen, daß in der Produktionstheorie mittlerweile eine Vielzahl von Produktionsmodelltypen entwickelt wurde, in denen jeweils unterschiedliche Aspekte formal abgebildet beziehungsweise aus den Modellen ausgeschlossen werden. Da eine ausführliche Behandlung der verschiedensten Produktionsfunktionen und -modelle für diese Untersuchung nicht erforderlich ist, werden die in der allgemeinen produktionstheoretischen Literatur am häufigsten behandelten, statischen Produktionsfunk-

---

3 Vgl. z.B. Schweitzer/Küpper (1974), S. 46.
4 Vgl. auch für den Fall mehrerer Produkte z.B. Busse v.Colbe/Laßmann (1986), S. 89 ff; Gümbel (1978), S. 249; Schneeweiß (1987), S. 36 f.
5 Vgl. z.B. Linde (1981), S. 276 f; Zschocke (1974), S. 39.
6 Vgl. z.B. Fandel (1987), S. 12.

tionen in der folgenden Abb. 18 lediglich kurz zusammengestellt und durch ihre wesentlichen Merkmale charakterisiert[7].

Typ A: Ertragsgesetz **Turgot 1766**	Einstufige, substitutionale Produktionen; keine Bildung einzelner Produktionsstellen; zeitlich erste Formulierung einer Produktionsfunktion.
Cobb-Douglas-Produktionsfunktionen **1928**	Einstufige, substitutionale Produktionen; keine Bildung einzelner Produktionsstellen; Verwendung überwiegend für volkswirtschaftliche Zwecke.
Leontief-Produktionsfunktionen **1951**	Einstufige, linear-limitationale Produktionen; keine Bildung einzelner Produktionsstellen; Übergang zur Berücksichtigung limitationaler Produktionsverhältnisse.
Typ B: Verbrauchsfunktionen **Gutenberg 1951**	Mehrstufige, limitationale Produktionen; Stellenbildung ohne Berücksichtigung interner Güterflüsse; Faktorverbrauch in Abhängigkeit von technischen Größen.
Engineering Production Functions **Chenery 1949, Ferguson 1950**	Berücksichtigung technisch-naturwissenschaftlicher Gesetzmäßigkeiten; Zerlegung des Produktionsprozesses in einzelne chemische und physikalische Elementarvorgänge.
Typ C: Elementarkombinationen **Heinen 1965**	Mehrstufige, gemischt limitational-substitutionale Produktionen; Stellenbildung mit Berücksichtigung eingeschränkter interner Güterflüsse; Übergang zur modernen betriebswirtschaftlichen Input-Output-Analyse.
Typ D: Allgemeines Input-Output-Modell **Kloock 1969**	Mehrstufige, gemischt limitational-substitutionale Produktionen; Stellenbildung mit Berücksichtigung beliebiger interner Güterflüsse; konkrete Anwendung auf Chemieunternehmen: Pichler Modelle.

Abb. 18:   Statische Produktionsfunktionen

---

7 Die hier angeführten Produktionsfunktionen wurden zusammengestellt aus Fandel (1987), S. 63 ff; Gümbel (1986), S. 142 ff; Kloock (1984), S. 272 ff; Linde (1981), S. 276 ff; zur Behandlung dynamischer und stochastischer Weiterentwicklungen der statischen Produktionsfunktionen vgl. z.B. Fandel (1987), S. 149 ff.

2. DISKUSSION VORLIEGENDER VERSUCHE ZUR FORMALEN ABBILDUNG VON INFORMATIONSPRODUKTIONEN

Neben diesen ausschließlich für die Abbildung materieller Produktionsprozesse gültigen Produktionsfunktionen sind in der Literatur auch einige wenige Vorschläge zur formalen Abbildung von Prozessen zur Erzeugung von Informationsprodukten zu finden. Bei diesen Ansätzen handelt es sich zum einen um Arbeiten, die sich mit ganz speziellen, als Informationsproduktionen zu charakterisierenden Vorgängen in Unternehmen beschäftigen. Zum anderen sind auch formale Modelle für generelle Informationsproduktionen entwickelt worden.

2.1 PRODUKTIONSFUNKTIONEN FÜR SPEZIFISCHE INFORMATIONSPRODUKTIONEN

In der ökonomischen Literatur sind verschiedenartige Ansätze für Produktionsfunktionen, insbesondere für den schon verschiedentlich behandelten Bereich der Forschung und Entwicklung sowie für die formal-mathematische Analyse bestimmter organisationstheoretischer Fragestellungen, zu finden[8]. Diese unterschiedlichen Vorschläge werden hier nur kurz zusammengestellt, da sie für eine Verallgemeinerung auf den Fall der vorne abgegrenzten Produktionstypen aus verschiedenen, im folgenden jeweils angegebenen Gründen als nicht geeignet erscheinen.

Produktionsfunktionen für Forschung und Entwicklung

Zum Problem der Entwicklung von Produktionsfunktionen für Forschung und Entwicklung (F+E) wurde 1973 eine ausführliche Untersuchung von Schröder[9] vorgelegt. Als Ergebnis spricht Schröder von einem " "embryonalen" Zustand, in

---

8 Von Kaminsky (1977, S. 52 ff) wird zudem über sogenannte "Informationsproduktions-Kurven" referiert. Hierbei werden allerdings für die Informationsproduktion nicht die Zusammenhänge zwischen Input und Output, sondern vielmehr die Abhängigkeit des Produktionsvolumens von der Zeit gegenübergestellt.
9 Schröder (1973).

dem sich die produktionstheoretische Durchdringung von Forschung und Entwicklung befindet"[10]. In dieser Arbeit werden die folgenden Ansätze für Produktionsfunktionen ausführlich diskutiert[11]:

o grundlegende theoretische Untersuchungen von Machlup und Schätzle[12]. So begründet Machlup allgemein einen S-förmigen Verlauf von F + E-Produktionsfunktionen, allerdings ohne nähere Angaben beispielsweise über den Input und den Output von F + E-Aktivitäten zu treffen (vgl. Abb. 19).

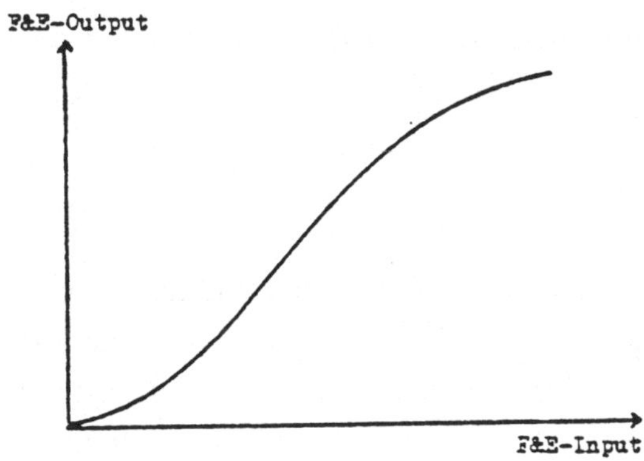

Abb. 19:   Allgemeine F+E-Produktionsfunktion nach
Machlup[13]

o ökonometrische Modelle, die bei der Produktion von Sachgütern das hierbei eingesetzte technische Wissen explizit berücksichtigen. Solche von Minasian, Mansfield oder Brockhoff[14] entwickelten Modelle enthalten jedoch nur sehr eingeschränkt Erkenntnisse über reine F + E-Produktionsfunktionen[15].

o projektbezogene Produktionsfunktionen auf wahrscheinlichkeitstheoretischen Grundlagen. In diesen, von Rosen/Souder ursprünglich entwickelten und von

---

10   Schröder (1973), S. 101.
11   Vgl. Schröder (1973), S. 83 ff; siehe auch Corsten (1988), S. 145 ff.
12   Vgl. Machlup (1962), Schätzle (1965).
13   Vgl. Machlup (1962), S. 155 ff.
14   Vgl. Brockhoff (1969), S. 248 ff; Mansfield (1969), S. 66 ff; Minasian (1969), S. 80 ff.
15   Vgl. Schröder (1973), S. 95.

Schröder dann ausgebauten Ansätzen[16] wird das für F+E-Projekte typische Charakteristikum der Unsicherheit der Produktionsvorgänge berücksichtigt.

Eine ausführliche Beschreibung und Auseinandersetzung mit diesen verschiedenen Ansätzen ist für die in diesem Kapitel verfolgte Zielsetzung nicht erforderlich, da sich die genannten Vorschläge alle auf F+E-Aktivitäten und damit auf typische Indeterminierte Informationsproduktionen beziehen, welche in dem später dargestellten Produktionsmodell gerade ausgeklammert werden sollen. Für eine eventuelle Ausdehnung dieses Produktionsmodells auf Indeterminierte Informationsproduktionen können die angeführten Beiträge und die dort jeweils verwendeten formalen Instrumente und Methoden jedoch wichtige Erkenntnisse liefern.

Organizational Production Functions

Ausgehend von der Grundannahme, daß Organisationen[17] bestimmte Dienste produzieren und dafür Ressourcen verbrauchen, hat sich speziell Beckmann[18] mit der Entwicklung von Produktionsfunktionen, und zwar allgemein für die Sachbearbeitung in Organisationen und für Führungs- und Kontrolltätigkeiten des Managements, beschäftigt.

Für den Fall der Sachbearbeitung in Organisationen[19] konstruiert er eine einfache Organisation, die aus einer bestimmten Zahl von Sachbearbeitern besteht sowie einer Führungskraft, die den Sachbearbeitern die zu erledigenden Fälle zuweist und die Aktivitäten der Sachbearbeiter überwacht. Für eine solche Organisation entwickelt und analysiert er unter Verwendung der Warteschlangentheorie eine Produktionsfunktion, die Zusammenhänge zwischen Sachbearbeitern und Führungskraft als Einsatzfaktoren sowie "erledigten Fällen" als Produkt der Organisation aufzeigt.

---

16 Vgl. Rosen/Souder (1965), S. 87 ff; Schröder (1973), S. 101 ff.
17 Allgemein zur Organisationstheorie vgl. z.B. Laux (1979); Laux/Liermann (1987); Picot (1984).
18 Vgl. Beckmann (1977, 1982, 1983).
19 Vgl. Beckmann (1982), S. 1159 ff; Beckmann (1983), S. 94 ff.

Bei seinen "Management Production Functions"[20] geht Beckmann davon aus, daß auf unterschiedlichen Hierarchieebenen angesiedelte Manager durch den Einsatz ihrer eigenen Arbeitskraft sowie von "supervision" übergeordneter Manager selbst "manager control" und "supervision" für die nächste untergeordnete Managerebene produzieren. Durch Iteration dieser rekursiven Beziehungen und Verwendung von Cobb-Douglas-Produktionsfunktionen für die einzelnen Hierarchieebenen konstruiert er eine Produktionsfunktion für das Management, mittels derer er Fragestellungen nach der optimalen Unternehmensgröße, der optimalen Struktur von Administrationen oder der optimalen Leitungsspanne untersucht.

Wie schon diese Anwendungsbeispiele zeigen, verwendet Beckmann seine Produktionsfunktionen, um auf einer mathematischen Ebene allgemeine Fragen der Gestaltung von Organisationen zu behandeln. Er stellt seine Überlegungen jedoch nicht in den generellen Zusammenhang der Produktion spezifischer Informationen und verfolgt auch nicht die üblicherweise in produktionstheoretischen Untersuchungen zugrundegelegten Zielsetzungen. Dementsprechend werden wesentliche, durch die Analyse der Informationsproduktion aufgedeckte Aspekte der Verarbeitung von Informationen in diesen Modellen ausgeklammert. So werden beispielsweise weder explizit Informationen, maschinelle TIV oder Sachmittel als Produktionsfaktoren berücksichtigt, noch wird in irgendeiner Form auf zentrale Quantifizierungsprobleme eingegangen. Auch bezüglich Struktur und Zusammenhänge der Prozesse zur Produktion von "erledigten Fällen" oder "manager control" werden keinerlei Aussagen getroffen. Die "organizational production functions" erscheinen als ein nützliches Instrument zur formalen Behandlung spezieller Fragen der Organisationstheorie; sie können jedoch keinen Beitrag zur Entwicklung eines allgemeineren Modells der Informationsproduktion leisten.

---

20 Vgl. Beckmann (1977), S. 1 ff; Beckmann (1983), S. 109 ff.

2.2 ANSÄTZE ALLGEMEINGÜLTIGER INFORMATIONS-PRODUKTIONSFUNKTIONEN

Neben diesen Produktionsfunktionen zur Abbildung ganz spezieller Vorgänge der Informationserzeugung wurden weiterhin Vorschläge zur formalen Darstellung beliebiger Prozesse der Informationsproduktion unterbreitet.

2.2.1 AUS DEM IV-ANSATZ ABGELEITETE PRODUKTIONS-FUNKTIONEN

Müller[21] hat auf der Basis seines in Kap. 2 dargestellten Grundmodells der Informationsverarbeitung eine allgemeingültige Informationsproduktionsfunktion entwickelt, die - von dem beschriebenen Verfahren der komplexen Assoziation ausgehend - insbesondere auch die innovative Produktion von Originärinformationen formalisiert. Analog zu dem Verfahren der komplexen Assoziation versteht Müller seine allgemeine Produktionsfunktion als eine Art Generator, der jeweils eine spezielle Produktionsfunktion für die Herstellung eines bestimmten originären Informationsproduktes erzeugt. Aus diesem allgemeinen funktionalen Zusammenhang leitet Müller spezielle Funktionen für solche Produktionsprozesse ab, bei denen Informationsprodukte mittels der Verfahren der Routine- oder der direkten Assoziation hergestellt werden. Die Produktionsfunktion für die Erzeugung von Originärinformationen mittels Verfahren der Routine-Assoziation hat dann die Gestalt

$$P_j = f_I(E_i \,|\, i \in I), \text{ wobei gilt}$$

$$
\begin{aligned}
P_j &: &&\text{Spezifikation des Informationsoutputs } j \\
E_i &: &&\text{Spezifikation des Inputfaktors } i \text{ für } i \in I \\
I &: &&\text{Indexmenge für die verschiedenen Inputfaktoren} \\
f_I &: &&\text{IV-Regeln, die geeignet sind, den Inputfaktoren} \\
& &&E_i, i \in I, \text{ das entsprechende } P_j \text{ zuzuordnen.}
\end{aligned}
$$

---

21 Vgl. für das folgende Müller (1973), S. 299 ff sowie die Darstellung in Corsten (1988), S. 159 ff.

Eine hierzu ähnliche Konzeption ist von Hauke[22] zur Diskussion gestellt worden. Dieser hat den Versuch unternommen, durch die Analyse von Kosten- und Nutzeneinflußgrößen der Informationserzeugung einen "holistischen Denkansatz"[23] zum Problem der Bewertung von Informationen zu entwickeln. Die zur Ermittlung der Kosteneinflußgrößen notwendige produktionstheoretische Fundierung der Informationserzeugung basiert ebenfalls auf dem beschriebenen Grundmodell der Informationsverarbeitung und beinhaltet die Angabe einer Produktionsfunktion.

Ohne detaillierter auf die verschiedenen Assoziationsverfahren Bezug zu nehmen, schlägt Hauke als generelle Informationsproduktionsfunktion die Beziehung

$$I_x = f(I_i, R_{A,S,E}, P) \quad \text{vor, wobei}$$

I_x	:	Output-Informationen
I_i	:	Input-Informationen
$R_{A,S,E}$	:	IV-Regeln, eingeteilt in Assoziationsregeln
		(R_A), Suchregeln (R_S), Erfassungsregeln (R_E)
P	:	Charakteristika des IV-Apparates, Prozessor.

Von diesen beiden Produktionsfunktionen weist der gegenüber dem Vorschlag von Hauke wesentlich differenziertere Ansatz von Müller ein hohes theoretisches Abstraktionsniveau auf. Dessen allgemeine Informationsproduktionsfunktion stellt eine auf mathematisch-formaler Ebene angesiedelte, modellhafte Beschreibung der im Grundmodell der Informationsverarbeitung herausgearbeiteten Bedingungen und Zusammenhänge der speziell auch im Gehirn des menschlichen TIV ablaufenden internen kognitiven Prozesse dar.

Beide Ansätze eignen sich jedoch nur sehr eingeschränkt als aussagekräftige Produktionsmodelle zur formalisierten Beschreibung betrieblicher Informationsproduktionen. Hierfür fehlt beiden Konstrukten, insbesondere dem nur wenig ausgearbeiteten Ansatz von Hauke, die zur Ableitung ökonomisch relevanter Aussagen notwendige konkrete Spezifikation der jeweiligen Produktionsfunktionen. Durch beide Produktionsfunktionen wird lediglich die Aussage ausgedrückt, daß zwischen dem Output einer Informationsproduktion und den eingesetzten Faktoren Input-

---

22 Vgl. Hauke (1984), S. 88.
23 Hauke (1984), S. 49.

Informationen, IV-Regeln und Charakteristika des IV-Apparates[24] ein funktionaler Zusammenhang besteht. Allein unter Verwendung eines solchen allgemeinen und sehr abstrakten produktionstheoretischen Fundaments können jedoch weder die Kostenprobleme der Informationsproduktion behandelt, noch können beispielsweise Informationen über die Planung der benötigten Faktoreinsatzmengen oder den Ablauf von Informationsproduktionen gewonnen werden.

Im Gegensatz zu den bisher diskutierten Informationsproduktionsfunktionen ist das noch zu behandelnde allgemeine Input-Output-Modell von Wild auf einer wesentlich konkreteren Ebene angesiedelt. Dieser Ansatz stellt zudem den ersten Versuch einer Theorieanalyse dar, in der ein allgemeines produktionstheoretisches Modell zur formalen Abbildung beliebiger Informationsverarbeitungsprozesse herangezogen wird. Aus diesem Grund wird der Input-Output-Ansatz von Wild in einer ausführlicheren Form dargestellt und anschließend einer kritischen Analyse unterzogen.

2.2.2   DER INPUT-OUTPUT-ANSATZ VON WILD

2.2.2.1   DARSTELLUNG DES MODELLS

Die Grundannahme dieses Ansatzes[25] ist, daß Informationsproduktionsprozesse in Unternehmen nicht isoliert an einem einzigen Ort, sondern vielmehr in einer großen Zahl untereinander durch verschiedene Kommunikationseinrichtungen[26] stark verflochtener betrieblicher (Produktions)Stellen ablaufen. In einer solchen Stelle werden von Menschen als verantwortlichen Aufgabenträgern zusammen mit diversen Sach- und Arbeitsmitteln verschiedenartige Informationen generiert. Die in einer Stelle erzeugten Informationsprodukte werden dann an verschiedene andere Stellen des Unternehmens abgegeben.

---

24 Von den Unschärfen, daß IV-Regeln nicht als Einsatzfaktoren zu klassifizieren sind und daß nicht die Charakteristika des IV-Apparates, sondern vielmehr TIV selbst eingesetzt werden, kann hier abstrahiert werden.

25 Vgl. für das folgende Wild (1970a), S. 50 ff; auch Corsten (1988), S. 155 ff; Platz (1980), S. 122 ff; Rehberg (1973), S. 78 ff.

26 Allgemein zu Kommunikationsfragen vgl. z.B. Mag (1980); Reichwald (1984).

Zur Abbildung dieser Stellen und deren Verflechtungen untereinander schlägt Wild eine modifizierte Form der allgemeinen betriebswirtschaftlichen Input-Output-Analyse[27] vor: Jede als organisatorische Einheit zu verstehende Stelle wird durch eine Input-, eine Output- und eine Prozeßmatrix charakterisiert (vgl. Abb. 20). Durch getrennte Angabe einer Input- und einer Outputmatrix wird es möglich, die jeweils in einer Stelle verwendeten, inhaltlich verschiedenen Einzelinformationen zu berücksichtigen; die Prozeßmatrix ist schließlich zur Ermittlung des Kostenwertes der erzeugten Informationen erforderlich.

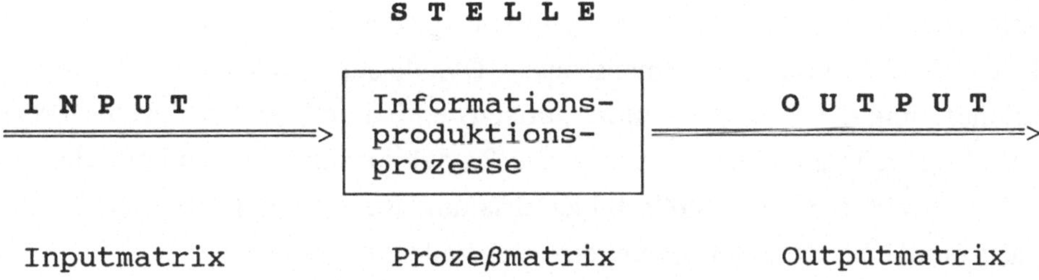

Abb. 20: Stellen der Informationsproduktion[28]

Die Inputmatrix einer Stelle:

Die Inputmatrix einer Stelle ist so aufgebaut, daß die Zeilen die verschiedenen Informationsquellen einer Stelle und die Spalten die jeweils von den Quellen gelieferten Einzelinformationen enthalten. Das Matrixelement a_{ij} der Inputmatrix einer Stelle gibt dann die Häufigkeit der Übermittlung oder die Kosten der Einzelinformation j, die von der Quelle i geliefert wird, an.

Die Outputmatrix einer Stelle:

Diese Matrix enthält in den Zeilen die Informationsempfänger und in den Spalten wiederum die verschiedenen Einzelinformationen, die in der Stelle erzeugt wer-

---

27   Vgl. z.B. Kloock (1975), Sp. 1953 ff und die Ausführungen auf S. 154 f.
28   Vgl. Wild (1970a), S. 57.

den. Entsprechend werden durch die Elemente c_{ij} der Outputmatrix die Übermittlungsrate oder die Kosten der Information j angegeben, die von der Stelle i empfangen wird.

Die Prozeßmatrix einer Stelle:

Wild geht davon aus, daß in jeder einzelnen Stelle verschiedene elementare Produktionsprozesse ablaufen, in denen "Informationen bestimmter Qualität kombinativ unter Einsatz menschlicher Denkleistungen und unter Nutzung verschiedenster Sach- oder Arbeitsmittel verschiedenen Operationen unterworfen (werden), deren Produkt eine Einzelinformation oder eine Kombination verschiedener Informationen ist"[29]. Diese Elementarprozesse werden durch Vektoren dargestellt, die jeweils die Einsatzgüter (menschliche Denkleistung, Sachmittel, Input-Informationen) und die Produkte (Informationen) enthalten[30]. Jeder einzelne Prozeßvektor beschreibt eine linear-limitationale Produktionsfunktion, und die Menge aller Prozeßvektoren einer Stelle bildet zusammengefaßt die Prozeßmatrix. Diese Matrix enthält somit in den Zeilen die verschiedenen Einsatzgüter und die erzeugten Informationen, die Spalten bilden die unterschiedlichen elementaren Erzeugungsprozesse ab. Der Zusammenhang der Prozeßmatrix einer Stelle mit Input- und Outputmatrix dieser Stelle ist in Abb. 21 dargestellt.

Unter Verwendung des beschriebenen produktionstheoretischen Fundamentes behauptet Wild, durch Aufstellen und Lösen simultaner Gleichungssysteme Stückkosten von Informationen, Periodenkosten von Informationsstellen oder Kosten für Informationsproduktionen, die sich über mehrere Stellen hinziehen, ermitteln zu können[31].

---

29 Wild (1970a), S. 60.
30 Es können zusätzlich auch Kuppelproduktionen und das Prozeßniveau, also die Ablaufhäufigkeit der Elementarprozesse, erfaßt werden.
31 Vgl. hierzu Wild (1970a), S. 66 ff; Wild (1970b), S. 218 ff.

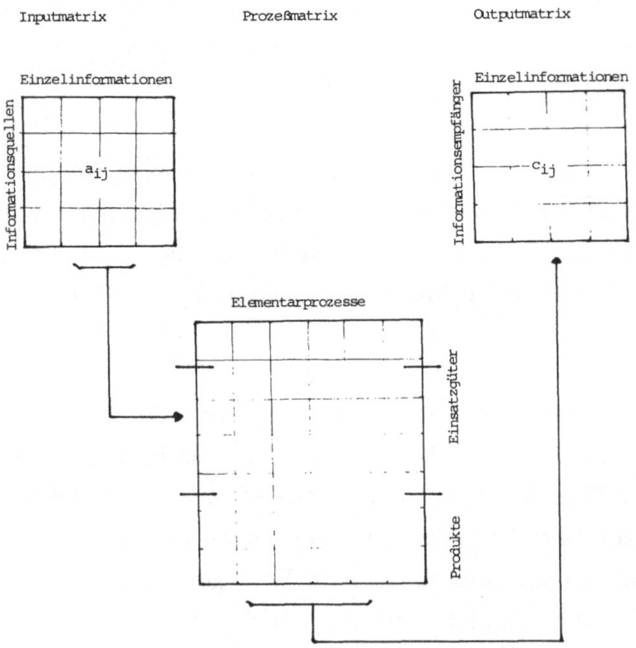

Abb. 21: Zusammenhang zwischen Input-, Output- und Prozeßmatrix

2.2.2.2 KRITISCHE ANALYSE DES ANSATZES

Das hier in seinen Grundzügen beschriebene Modell von Wild versucht in einem ersten Ansatz, die komplexen betrieblichen Prozesse zur Erzeugung von Informationen aus produktionstheoretischer Perspektive auf einer formalen Ebene abzubilden. Besonders hervorzuheben ist die von Wild vorgeschlagene Grundidee, das allgemeine betriebswirtschaftliche Input-Output-Modell und als Instrument die leistungsfähige Matrizenrechnung auf die Verhältnisse der Informationsproduktion zu übertragen. Durch diese Vorgehensweise gelingt es, wesentliche Merkmale von Informationsproduktionen, etwa die mögliche Mehrstufigkeit der Produktionsprozesse, in einem formalen Modellrahmen zu berücksichtigen. Gleichzeitg wird es durch differenzierte Berücksichtigung der Produktionsfaktoren, speziell der eingesetzten Einzelinformationen, und durch Postulierung von linear-limitationalen Produktionsbedingungen ermöglicht, weitere ökonomisch relevante Tatbestände, beispielsweise bezüglich der Kosten von Informationsproduktionen, in einem produktionstheoretisch fundierten Modell zu formulieren.

Trotz dieser beachtlichen Vorzüge weist der Wildsche Ansatz einige fundamentale Schwächen auf, die sowohl aus rein produktionstheoretischer Perspektive als auch aus Sicht der praktischen Anwendbarkeit die im folgenden Teil beabsichtigte Entwicklung eines alternativen Input-Output-Modells der (determinierten) Informationsproduktion rechtfertigen.

Einer der insbesondere in der Literatur[32] zu findenden Kritikpunkte an dem Ansatz ist dessen mangelnde Praktikabilität. Diese liege einerseits in dem Problem der Datengewinnung für die Berechnungen und andererseits in den erforderlichen komplexen und komplizierten Berechnungen selbst begründet. Bezüglich der Fragestellung nach der Datengewinnung sind jedoch von Wild konkrete Vorschläge, wie beispielsweise die Befragung von Stelleninhabern nach den relevanten Informationen oder die Durchführung von Ablaufanalysen, unterbreitet worden. Das Problem der Komplexität der Berechnungen verliert dadurch an Bedeutung, daß sich Matrizenberechnungen mühelos mittels Einsatzes der EDV durchführen lassen.

Während dadurch der nahezu für alle produktionstheoretische Modelle zutreffende Kritikpunkt bezüglich der Anforderungen an die für konkrete Anwendungen benötigten Informationen insgesamt eine Relativierung erfährt, erscheint es in diesem Zusammenhang vielmehr als bedeutsamer, generell auf eine nicht ausreichende Entwicklung der konzeptionellen Theoriegrundlagen des Wildschen Ansatzes aufmerksam zu machen. Diese fundamentalen Defizite betreffen insbesondere die beiden zentralen Modellelemente der menschlichen Denkleistungen und der Information.

Für diese beiden Konstrukte werden keinerlei operationalisierende Angaben derart getroffen, daß angegeben würde, auf welche Art und Weise, in welcher konkreten Form diese Faktoren in der Modellanalyse zu berücksichtigen und folglich auch zu ermitteln sind. Wesentliche Operationalisierungsaspekte, insbesondere be-

---

32 Vgl. Kolf/Dortans/Schübeler (1973), S. 87; Müller-Ettrich/Schelle (1980), S. 1164; Platz (1980), S. 125 ff; Rehberg (1973), S. 81 ff.

treffend der exakten Festlegung und Abgrenzung sowie der Quantifizierung von menschlichen Denkleistungen und Informationen, werden von Wild vollkommen vernachlässigt[33]. Durch diese grundlegenden konzeptionellen Schwächen ist auch der Vorwurf der mangelnden Praktikabilität wesentlich mehr begründet als in den in der Literatur meist angeführten Problemen der reinen Informationsgewinnung und der komplexen Berechnungen. Über diesen Problembereich hinaus sind weiterhin speziell aus produktionstheoretischer Sicht einige Punkte kritisch zu betrachten.

So kann der Wildsche Ansatz eigentlich nicht als ein auf produktionstheoretischer Ebene abgeschlossenes und vollständiges Modell für die Informationserzeugung bezeichnet werden. Es werden zwar die Input- und Outputbeziehungen der einzelnen Stellen sowie die dort jeweils ablaufenden Elementarprozesse formal beschrieben. Es fehlt jedoch die Integration dieser einzelnen Verflechtungs- und Prozeßmatrizen zu einem umfassenden Modell, welches auch die über mehrere Stellen ablaufenden Informationsproduktionen abbildet. Wie solche Produktionen formal erfaßt werden können wird nicht in allgemeiner Form, sondern lediglich an Hand eines einfachen Beispiels demonstriert. Als Grund für diese fehlende Zusammenführung der einzelnen Elemente zu einem Gesamtmodell ist das insgesamt zu geringe Abstraktionsniveau dieses Ansatzes anzusehen, was besonders an der expliziten Berücksichtigung aller an einer Stelle vorhandenen Einzelinformationen und der deshalb notwendigen Angabe dreier Matrizen zur Beschreibung einer einzigen Stelle deutlich wird.

Zusätzlich zu diesen eher grundsätzlichen Kritikpunkten sind noch einige einzelne, nicht weniger bedeutsame Mängel des dargestellten Modells aufzudecken.

So erscheint die generell unterstellte lineare Limitationalität der Elementarprozesse als keine besonders realistische Annahme. Wie schon ausführlich begründet, können hierdurch alle die Produktionsvorgänge nicht adäquat berücksichtigt werden, die entsprechend der Grundform der Produktion von Informationen mittels Kopierprozessen ablaufen. Auch das Abbilden von bei Informationsproduktionen vorhandenen Substitutionsbeziehungen ist mittels dieses Ansatzes nicht möglich.

---

33 Vgl. hierzu auch Kappler (1975), S. 99 f.

Letztlich ist noch auf die Vorgehensweise hinzuweisen, in den verschiedenen Matrizen unterschiedliche Kostengrößen einzutragen. Hierdurch umgeht Wild zwar genau die aufgezeigten Operationalisierungs- und Meßprobleme, verläßt aber damit eigentlich die üblicherweise unterstellte Perspektive der Produktionstheorie, die sich auf die Darstellung der rein quantitativen Beziehungen der Produktionsvorgänge beschränkt. Die Bewertung dieser mengenmäßigen Zusammenhänge, beispielsweise mittels Preisen, wird als Aufgabe der Kostentheorie angesehen.

Zusammenfassend ist die Input-, Output- und Prozeßanalyse von Wild als formale Anwendung eines allgemeinen produktionstheoretischen Modells auf die Informationsproduktion zu charakterisieren, die erhebliche Defizite in bezug auf die grundlegende konzeptionelle Entwicklung der wesentlichen Modellelemente aufweist. Derartige fundamentale Fragestellungen sind jedoch in dem hier vorgelegten Theorieansatz untersucht worden. Auf die dabei entwickelten Lösungskonzepte kann das folgende Produktionsmodell zur Abbildung Determinierter Informationsproduktionen zurückgreifen. Dieser Modellansatz vereinigt damit die formale produktionstheoretische Vorgehensweise von Wild mit der hier entwickelten, im wesentlichen auf Erkenntnissen von Newell/Simon und Müller basierenden Analyse der zentralen Einflußfaktoren der Informationsproduktion.

3. EIN ALLGEMEINES INPUT-OUTPUT-MODELL DER DETERMINIERTEN INFORMATIONSPRODUKTION

3.1 INPUT-OUTPUT-ANALYSEN ALS ALLGEMEINER ANSATZ ZUR HERLEITUNG BETRIEBSWIRTSCHAFTLICHER PRODUKTIONSFUNKTIONEN

Die Analyse von Input-Output-Beziehungen wurde in ihrer ursprünglichen Form von Leontief[34] zur Untersuchung volkswirtschaftlicher Fragestellungen, wie beispielsweise nach den Beziehungen zwischen den einzelnen Sektoren einer Volkswirtschaft, entwickelt. Für betriebswirtschaftliche Forschungszwecke wurde die

---

34 Vgl. z.B. Leontief (1966), S. 134 ff; siehe auch Gehrig (1978), S. 215 ff.

Konzeption der Input-Output-Analyse zuerst von Kloock[35] zur Herleitung eines allgemeingültigen Produktionsmodells von Unternehmen, das auch als Produktionsfunktion vom Typ D bezeichnet wird, eingesetzt.

Ausgangspunkt für die Konstruktion von Produktionsmodellen auf der Basis von Input-Output-Analysen ist die auf Gutenberg zurückgehende Erkenntnis, daß der "Versuch, den gesamten komplexen Fertigungsprozeß mittels einer Funktion zu erfassen, zum Scheitern verurteilt"[36] ist. Von dieser Erkenntnis geleitet, teilt Kloock den gesamten Produktionsbereich eines Unternehmens in einzelne produktive Teileinheiten auf. Im Rahmen seines Produktionsmodells untersucht er die Struktur dieser einzelnen Teileinheiten sowie die Beziehungen zwischen den jeweiligen Input- und Outputmengen der einzelnen Stellen. Durch diese beiden Faktoren wird dann schließlich die gesamte Produktionsfunktion einer Unternehmung, verstanden als die Abbildung der Beziehungen zwischen den Mengen **aller** im Unternehmen eingesetzten und von Beschaffungsmärkten bezogenen originären Produktionsfaktoren sowie den damit **insgesamt** erzeugten Endproduktmengen, determiniert.

Die somit kurz charakterisierte Vorgehensweise zur Entwicklung von Produktionsmodellen soll im folgenden auf die Bedingungen der Determinierten Informationsproduktion angewendet werden. Der Input-Output-Ansatz eignet sich hierfür insbesondere aus dem Grund, da es sich hierbei nicht um einen Theorieansatz handelt, mittels dessen sich nur ein sehr eingeschränkter Bereich, wie beispielsweise einstufige oder rein substitutionale bzw. limitationale Produktionen, abbilden läßt. Vielmehr bildet er einen allgemeinen formalen Modellansatz, der auch mehrstufige und auf beliebige Art und Weise verflochtene und damit sämtliche denkbaren (materiellen) Produktionsbeziehungen umfaßt. Er enthält zudem alle anderen statischen Produktionsfunktionen als Spezialfälle[37].

Die Produktionsfunktion vom Typ D stellt somit eine geeignete Theoriebasis dar, die durch Konkretisierung und Übertragung der allgemeinen Modellelemente zu einer modellhaften Abbildung Determinierter Informationsproduktionen führen kann. Die für die im folgenden vorzunehmende Anpassung und Erweiterung auf

---

35   Vgl. Kloock (1969a, 1969b, 1984).
36   Kloock (1969a), S. 52.
37   Vgl. Fandel (1987), S. 200; Kloock (1969b), S. 135 ff; Kloock (1984), S. 277 ff.

die Bedingungen der Informationsproduktion zu berücksichtigenden, schon herausgearbeiteten wesentlichen Erkenntnisse und Prämissen werden anschließend noch einmal zusammengestellt und bezüglich ihrer Konsequenzen auf die formal-theoretische Analyse diskutiert. Sie bilden die Grundprämissen, unter denen das folgende Input-Output-Modell der Determinierten Informationsproduktion Gültigkeit beansprucht.

3.2 GRUNDVORAUSSETZUNGEN DES INPUT-OUTPUT-MODELLS

Die bisherige Beschäftigung mit dem Problemkreis der Produktion von Informationen ist - wie schon verschiedentlich kritisch angemerkt - insgesamt durch eine sehr generelle und wenig differenzierende Betrachtungsweise gekennzeichnet. Diese Vorgehensweise, die als eine der wesentlichen Gründe für die bisher kaum vorhandene theoretische Analyse von Informationsproduktionen identifiziert wurde, kann im folgenden dadurch vermieden werden, daß für das zu entwickelnde Produktionsmodell einige Grundprämissen unterstellt werden, durch die der im Modell abzubildende Teilbereich aller Informationsproduktionen abgegrenzt wird.

Von diesen und auch den dann bei der Modelldarstellung zu treffenden, speziellen Annahmen geht zwar eine nicht geringe restriktive Wirkung aus. Allein durch ein derartiges Vorgehen erscheint es aber überhaupt möglich, zu einer ersten modellmäßigen Abbildung von Informationsproduktionsprozessen zu gelangen. In späteren Analysen kann durch schrittweises Lockern der hier getroffenen Annahmen versucht werden, allgemeingültigere und umfassendere Modelle der Informationsproduktion zu entwickeln.

Diesen Ausführungen entsprechend, werden für das Modell der Informationsproduktion - zusätzlich zu der generellen Voraussetzung der Interpretationshomogenität von Informationen in den Produktionsprozessen - die folgenden Grundprämissen unterstellt:

<u>Prämisse 1:</u>

> Das folgende Modell beschränkt sich auf die formale Abbildung
> Determinierter Informationsproduktionen.

Durch diese Restriktion auf die vorne definierten Determinierten Informationsproduktionen wird zwar der große Teil aller innovativen Originärinformationen, etwa in den Bereichen der Forschung und Entwicklung oder der Unternehmensführung, ausgegrenzt. Die verbleibende, betriebswirtschaftlich ebenfalls äußerst bedeutsame und aus produktionstheoretischer Sicht homogene Restmenge an betrieblichen Informationsproduktionsvorgängen kann jedoch wegen ihrer Vergleichbarkeit mit Prozessen der materiellen Produktion mittels Input-Output-Analysen formal-theoretisch beschrieben und analysiert werden.

Eine analoge Modellentwicklung wäre für Indeterminierte Informationsproduktionen nicht sehr erfolgversprechend, da hier aufgrund der beschriebenen Informationsvoraussetzungen nicht generell von deterministischen Input-Output-Beziehungen ausgegangen werden kann. Zur formalisierten Darstellung dieser Prozesse erscheint vielmehr ein Rückgriff auf andere produktionstheoretische Ansätze[38], insbesondere auch auf die bereits erwähnten Konzepte[39], erforderlich.

<u>Prämisse 2:</u>

> Die modellhafte Abbildung wird auf der Abstraktionsebene ein
> zelner Informationsprodukt-Arten angesiedelt.

Durch diese Abstraktionsstufe kann einerseits eine notwendige Komplexitätsreduktion erreicht und Probleme, die beispielsweise im Wildschen Ansatz aus der expliziten Berücksichtigung aller relevanten Einzelinformationen in seinem Modell resultieren, vermieden werden. Andererseits wird durch das gewählte Abstrak-

---

38   Vgl. z.B. Fandel (1987), S. 149 ff.
39   Vgl. S. 142 ff.

tionsniveau die generelle Ebene allgemeiner Information[40] verlassen und eine Konkretisierungsstufe erreicht, die die Entwicklung eines aussagekräftigen Produktionsmodells erst ermöglicht.

Eine weitere wichtige Konsequenz aus dieser Prämisse ergibt sich zudem bezüglich der Frage, welche Produkte in dem Produktionsmodell als gleichartig anzusehen sind. Als gleichartig oder homogen werden hier alle Elemente einer Informationsprodukt-Art charakterisiert, und zwar unabhängig davon, daß eventuell unterschiedliche konkrete informationelle Ausprägungen zu den abstrakten Produktspezifikationen vorliegen. Für das Beispiel der Informationsprodukt-Art "Kreditauskunft" bedeutet dies etwa, daß Kreditauskünfte über die Firmen X, Y und Z als drei gleichartige Produkte in dem Produktionsmodell behandelt werden. Von der Tatsache, daß sich diese drei Produkte in den jeweiligen konkreten Merkmals**ausprägungen** unterscheiden, wird im Modell abstrahiert.

Für die praktische Anwendbarkeit des Produktionsmodells sei hier nochmals betont, daß in der Konzeption der Informationsprodukt-Art per definitionem eine gewisse Variabilität enthalten ist. Diese erlaubt es, Informationsprodukt-Arten in einer unterschiedlichen Differenziertheit festzulegen und abzugrenzen. So ist es beispielsweise möglich, allgemein Rechnungswesen- oder Führungsinformationen als einzelne Informationsprodukt-Arten zu definieren. Es kann jedoch auch weiter unterschieden werden in einzelne Arten von Informationsprodukten aus dem Rechnungswesen, wie z.B. der Jahresabschluß oder spezielle interne Planungsberichte. Inwiefern derartige Differenzierungen vorgenommen werden, ist von Zweckmäßigkeitsüberlegungen und letztlich auch vom gewünschten Präzisionsgrad der aus dem Produktionsmodell abzuleitenden Erkenntnisse abhängig[41].

Prämisse 3:

> Das Produktionsmodell bildet lediglich die Produktionsbedingungen einer einzelnen Informationsprodukt-Art ab.

---

40   Vgl. Abb. 15 auf S 118.
41   Vgl. z.B. Wild (1970a), S.52.

Diese Prämisse beinhaltet den ersten prinzipiellen Unterschied zu dem betriebswirtschaftlichen Input-Output-Modell Kloocks. Wie schon beschrieben, ist es zentrale Zielsetzung dieses Modells, die Gesamtproduktionsfunktion eines Unternehmens zu formulieren. Dies erscheint im Fall der Informationsproduktion jedoch nicht als sinnvoll, da innerhalb von Unternehmen eine Vielzahl sowohl intern genutzter als auch für den Absatz bestimmter Informationsprodukte in untereinander sehr stark verflochtenen Prozessen hergestellt werden[42].

Einen konkreten Eindruck der Komplexität der unternehmensinternen Prozesse zur Informationsproduktion kann eine vielbeachtete Studie Grochlas vermitteln, die unter der Bezeichnung "Kölner Integrationsmodell" veröffentlicht wurde[43]. In dieser Studie werden die für ein Industrieunternehmen repräsentativen Datenverarbeitungsaufgaben und deren Abhängigkeiten untereinander analysiert. Auf 117 Buchseiten werden dabei insgesamt 343 unterschiedliche Aufgaben mit 1446 internen Beziehungen identifiziert und knapp beschrieben[44].

Die damit verdeutlichte außerordentliche Vielschichtigkeit der Vorgänge zur Informationsproduktion in Industrieunternehmen wird in Dienstleistungsunternehmen und da speziell in reinen Informationsbetrieben noch in erheblich größeren Maßen ausgeprägt sein. Um für diesen überaus komplexen und vielschichtigen Produktionsbereich eine aussagekräftige formale Beschreibung zu gewinnen, ist es für diesen ersten Ansatz zweckmäßig, sich auf die Erzeugung einzelner Informationsprodukt-Arten und deren modellmäßiger Erfassung zu beschränken.

---

42 Vgl. Wild (1970a), S. 56.
43 Vgl. Grochla (1974).
44 Vgl. Grochla (1974), S. 191 ff.

3.3 MODELLDARSTELLUNG DER DETERMINIERTEN INFORMATI-ONSPRODUKTION[45]

In Anlehnung an die beschriebene prinzipielle Vorgehensweise zur Entwicklung von Produktionsmodellen auf der Basis betriebswirtschaftlicher Input-Output-Analysen, sind im folgenden die zwei Hauptbestandteile des Modells entsprechend den Merkmalen Determinierter Informationsproduktionen anzupassen: Zum einen ist die Struktur derjenigen Bereiche[46] eines Unternehmens zu beschreiben, in denen die Vorgänge zur Informationsproduktion stattfinden. Hierfür sind Art und Anzahl der den gesamten informationellen Produktionsbereich konstituierenden betrieblichen Teileinheiten sowie deren strukturelle Verflechtungen formal abzubilden. Anschließend sind die durch sogenannte Transformationsfunktionen[47] formalisierten Input-Output-Beziehungen der einzelnen betrieblichen Teilbereiche für den Fall der Determinierten Informationsproduktion zu bestimmen.

3.3.1 DIE BETRIEBLICHE STRUKTUR ZUR INFORMATIONS-PRODUKTION

Der gesamte betriebliche Bereich der Informationsproduktion wird in einzelne organisatorische Teileinheiten zerlegt. Diese Aufgliederung hat dabei so zu erfolgen, daß jeweils für abgegrenzte Teileinheiten eindeutige Input-Output-Relationen bestehen und sich damit die diese Beziehungen abbildenden Transformationsfunktionen angeben lassen. Diese Anforderung läßt sich insbesondere dann erfüllen, wenn

---

45 Die folgende Darstellung legt den allgemeinen betriebswirtschaftlichen Input-Output-Ansatz zugrunde. Dieser ist ausführlich beschrieben in Kloock (1969b); Kloock (1984), S. 253 ff; Küpper (1977), S. 492 ff; Küpper (1980), S. 58 ff; Schulz (1987), S. 74 ff; Schweitzer/Küpper (1974), S. 46 ff und S. 138 ff.
46 Bei reinen Informationsbetrieben handelt es sich um das ganze Unternehmen.
47 Vgl. zu den Transformationsfunktionen z.B. Kloock (1975), Sp. 1958; Küpper (1977), S. 503 ff.

o   in Stellen, in denen mehrere Potentialfaktorarten zum Einsatz kommen, diese ein "als Einheit aufzufassendes Aggregatsystem"[48] bilden. Speziell für den Fall der Informationsproduktion bedeutet dies, daß in Stellen, in denen mehrere menschliche oder menschliche und maschinelle TIV gemeinsam eingesetzt werden, von internen Kommunikations- und Koordinationsproblemen abstrahiert wird.

o   in jeder Stelle gleichzeitig nur eine Produktart erzeugt werden kann. Diese Prämisse stellt eine einfachere Form der formalen Darstellung sicher und kann leicht - durch Hinzufügen weiterer Stellen - aufgehoben werden[49].

Die derart gebildeten Teileinheiten werden entsprechend ihrer Funktion im gesamten Unternehmensprozeß in Beschaffungsstellen, Produktionsstellen und Absatzstellen unterschieden, wobei für den Fall der Informationsproduktion auf die explizite Berücksichtigung der Absatzstellen verzichtet werden kann. Hier soll lediglich die Erzeugung einer einzelnen Produktart formal abgebildet werden, und zwar unabhängig davon, ob es sich um unternehmensintern genutzte oder absatzbestimmte Informationsprodukte handelt[50].

Die Funktion der **Beschaffungsstellen** für die Informationsproduktion liegt darin, daß durch sie die Zufuhr der originären Produktionsfaktoren in den Produktionsprozeß modellhaft erfaßt wird. Es handelt sich also hierbei nicht notwendigerweise um in der Realität zu findende Einrichtungen, in denen tatsächliche Beschaffungsprozesse, wie beispielsweise Auswahl und Einstellung von Arbeitskräften, durchgeführt werden, sondern oft lediglich um fiktive, nur zur Modellierung erforderliche Stellen[51].

---

48   Kloock (1984), S. 283.
49   Vgl. z.B. Kloock (1969b), S. 95 ff; Küpper berücksichtigt den Fall, daß eine Produktionsstelle verschiedene Güterarten herstellt, indem er nicht Produktionsstellen, sondern einzelne Teilprozesse als kleinste Einheiten wählt; vgl. Küpper (1977), S. 492 f.
50   Vgl. hierzu auch Kloock (1984), S. 254; Schweitzer/Küpper (1974), S. 144.
51   Vgl. Schweitzer/Küpper (1974), S. 56; Kloock (1975), Sp. 1954. Dadurch, daß die originären Produktionsfaktoren als Ausbringung von Beschaffungsstellen aufgefaßt werden, können alle in einer Produktion enthaltenen Güter als Output betrieblicher Teileinheiten interpretiert werden, was eine wesentliche Bedingung für die Übertragung des makroökonomischen Input-Output-Modells darstellt, vgl. Küpper (1980), S. 59.

Diese Beschaffungsstellen werden im Modell mit $B_1, \dots, B_m$ bezeichnet. Durch sie werden also die zur Produktion von Informationen benötigten Input-Informationen, die maschinellen und menschlichen TIV sowie die sonstigen Sachmittel zur Verfügung gestellt. Speziell zu beachten ist:

o   Für jede originär eingesetzte Informationsprodukt-Art ist eine eigene Beschaffungsstelle zu konstruieren. Durch diese Beschaffungsstellen werden sowohl Informationen aus unternehmensinternen als auch aus externen Informationsquellen abgebildet. Nicht berücksichtigt werden hierdurch hingegen die TIV-immanenten Informationen des Menschen.

o   Diese TIV-immanenten Informationen beeinflussen die Fähigkeiten des menschlichen TIV zur Informationsproduktion. Sie werden im Produktionsmodell dadurch berücksichtigt, daß mehrere Klassen menschlicher TIV unterschieden werden. Diese Klassen, die durch unterschiedliche Beschaffungsstellen für menschliche TIV im Modell Eingang finden, werden nach dem Kriterium der Voraussetzungen und Fähigkeiten des Menschen zur Informationsproduktion gebildet, welche wiederum dominant von dem TIV-immanenten Informationsbestand sowie den Interpretationstechniken eines Individuums abhängen[52]. Alle von einer Beschaffungsstelle bereitgestellten menschlichen TIV sollen dann in bezug auf ihre Fähigkeiten zur Informationsproduktion, ihre Faktorqualität, als homogen angesehen werden.

Die eigentlichen Kombinationsprozesse zur Informationsproduktion vollziehen sich in den **Produktionsstellen**. Diese erhalten die zur Produktion erforderlichen Einsatzfaktoren entweder von den Beschaffungsstellen (originäre Produktionsfaktoren) oder von anderen Produktionsstellen (derivative Produktionsfaktoren). Im Gegensatz zu den Beschaffungsstellen, fließen damit zwischen den Produktionsstellen verschiedene Güterströme, und zwar Informationsströme. Konkret können derartige Produktionsstellen, je nach gewünschtem Differenzierungsgrad, entweder von einzelnen TIV oder auch von unterschiedlichen Kombinationen zwischen menschlichen und maschinellen TIV gebildet werden. Die so beschriebenen Produktionsstellen eines Unternehmens werden mit $P_1, \dots, P_n$ bezeichnet.

---

52   Vgl. S. 97 f; da der TIV-immanente Informationsbestand nicht direkt bestimmt und gemessen werden kann, ist zur praktischen Einteilung von Beschaffungsstellen auf damit hoch positiv korrelierte Kriterien, wie beispielsweise Ausbildung oder Berufserfahrung, zurückzugreifen.

Die von einer Produktionsstelle P_i erzeugte Menge eines Gutes, bei dem es sich entweder um einen derivativen Produktionsfaktor, der an andere Produktionsstellen abgegeben wird, oder um das gewünschte Endprodukt handeln kann, wird mit r_i bezeichnet. Diese Menge setzt sich zusammen aus den Gütermengen r_{ij}, die von P_i an andere Produktionsstellen P_j geliefert werden, sowie aus der eventuell anfallenden Endproduktmenge x_i. Es gilt folglich die Beziehung

$$r_i = \sum_{j=1}^{n} r_{ij} + x_i$$

Diese Gleichung gilt analog für die Beschaffungsstellen des Unternehmens, deren Output gerade der gesamte Unternehmensinput an originären Produktionsfaktoren bildet. Die jeweiligen Mengen der eingesetzten Faktoren sollen entsprechend der Überlegungen auf S. 113 ff wie folgt gemessen werden:

Informationen:	durch die Anzahl der eingesetzten Informationsprodukte;
menschliche und maschinelle TIV:	durch die jeweilige Einsatzzeit (z.B. Maschinenstunden, Manntage, etc.);
Sonstige Sachmittel:	durch abstrakte "Quantitäten".

Mit den hier eingeführten Bezeichnungen kann nun die gesamte Struktur der Informationsproduktion eines Unternehmens, die aus m Beschaffungsstellen und n Produktionsstellen besteht, durch das folgende Gleichungssystem erfaßt werden ($k = m + n$):

$$
\begin{aligned}
r_1 &= r_{11} + r_{12} + r_{13} + \dots + r_{1k} + x_1 \\
r_2 &= r_{21} + r_{22} + r_{23} + \dots + r_{2k} + x_2 \\
(*) \quad &\qquad \cdots \\
r_k &= r_{k1} + r_{k2} + r_{k3} + \dots + r_{kk} + x_k
\end{aligned}
$$

Liegen zwischen einzelnen Produktions- oder Beschaffungsstellen keine Güterbeziehungen vor, so ist das entsprechende Element r_{ij} gleich Null. Innerhalb einer so formal abgebildeten Struktur der Informationsproduktion eines Unternehmens werden nun einzelne Informationsprodukt-Arten erzeugt. Um ein vollständiges Modell der Produktion einer Produktart zu erhalten, ist folglich zuerst zu spezifizieren, welche Beschaffungs- und Produktionsstellen mit welchen strukturellen Beziehungen an der Produktion beteiligt sind. Anschließend sind die Relationen zwischen den Input- und den Outputmengen der einzelnen, an der Produktion beteiligten Stellen durch Formulierung von Transformationsfunktionen zu identifizieren. Durch Transformationsfunktionen werden also die gesetzmäßigen Beziehungen zwischen Faktoreinsatz und Output jeweils für die Partialprozesse in den einzelnen Produktionsstellen erfaßt, nicht jedoch für den gesamten Produktionsvorgang.

3.3.2 DIE TRANSFORMATIONSFUNKTIONEN DER INFORMATIONS-PRODUKTION

Bei der Informationsproduktion werden Informationsprodukte, menschliche und maschinelle TIV sowie sonstige Sachmittel als Produktionsfaktoren eingesetzt. Von Informationsprodukten abgesehen, werden für die restlichen Faktoren in der Literatur Transformationsfunktionen angegeben, welche - gegebenenfalls mit entsprechenden Modifikationen - auch für die Informationsproduktion zugrundegelegt werden[53]:

Transformationsfunktionen für maschinelle TIV

Maschinelle TIV können allgemein zu den materiellen Potentialfaktoren gerechnet werden. Für diese Potentialfaktorart wird angenommen, daß die Einsatzzeit r_{ij} eines von der Stelle P_i zur Verfügung gestellten TIV in der Produktionsstelle P_j

---

53 Vgl. z.B. Kloock (1975), Sp. 1958; Küpper (1977), S. 503 ff; Schweitzer/Küpper (1974), S. 140 ff.

abhängig ist von der Intensität d_j des Faktoreinsatzes[54], der Ausbringunsmenge r_j, von weiteren nicht näher spezifizierten Einflußgrößen e_j sowie von einem Ausschußkoeffizienten c_j. Die funktionale Beziehung zwischen diesen Faktoren wird üblicherweise durch die folgende Transformationsfunktion abgebildet[55]:

$$r_{ij} = f_{ij}(d_j, e_j, r_j)^* c_j^* r_j.$$

Zusätzlich zu berücksichtigen ist, daß zwischen maschinellen TIV und menschlichen TIV Substitutionsmöglichkeiten bestehen. Der Einsatz maschineller TIV ist folglich auch von den eingesetzten menschlichen TIV abhängig. Wird dieser Einsatz menschlicher TIV durch die Variablen $r_{sj}, \dots, r_{lj}$ abgebildet, ergibt sich schließlich als Transformationsfunktion für maschinelle TIV:

$$r_{ij} = f_{ij}(d_j, e_j, r_j, r_{sj}/r_j, \dots, r_{lj}/r_j)^* c_j^* r_j.$$

<u>Transformationsfunktionen für menschliche TIV</u>

Mit den gleichen Bezeichnungen wie oben, wird als Transformationsfunktion für den Einsatz an Arbeitskräften allgemein die Funktion

$$r_{ij} = f_{ij}(d_j, \text{ß}_j, e_j, r_j)^* c_j^* r_j$$

angegeben, wobei durch ß_j zusätzlich der Technisierungsgrad der in P_j eingesetzten Aggregate erfaßt wird[56]. Durch diesen kann der Schwierigkeitsgrad einer Tätigkeit und damit insbesondere auch die erforderliche Qualifikation der Arbeitskräfte berücksichtigt werden. Ferner sind für den Einsatz menschlicher TIV in analoger Weise Substitutionsmöglichkeiten mit maschinellen TIV zu berücksichtigen. Stellen etwa $r_{mj}, \dots, r_{qj}$ die Einsatzmengen der maschinellen TIV dar, dann ergibt sich speziell als Transformationsfunktion für menschliche TIV:

---

54 Diese ist allgemein definiert als die Zahl der pro Zeiteinheit vollzogenen Arbeitseinheiten, bei einem Motor beispielsweise die Umdrehungen pro Minute; vgl. z.B. Schweitzer/Küpper (1974), S. 88.

55 Die prinzipielle Form $f(r_j)^* r_j$ ist aus rechentechnischen Gründen erforderlich.

56 Durch diese Transformationsfunktionen für menschliche und maschinelle TIV wird implizit der Vorschlag Corstens (1988, S. 161) aufgegriffen, die Informationsproduktion auf der Grundlage von Verbrauchsfunktionen zu modellieren.

$$r_{ij} = f_{ij}(d_j, \beta_j, e_j, r_j, r_{mj}/r_j, \dots, r_{qj}/r_j)^* c_j^* r_j.$$

Transformationsfunktionen für sonstige Sachmittel

Für die sonstigen Sachmittel wird unabhängig davon, ob es sich um maschinelle Potentialgüter, wie Schreibmaschinen oder Kopiergeräte, oder um Hilfs- und Betriebsmittel, wie Papier oder Energie, handelt, die folgende Transformationsfunktion vorgeschlagen[57]:

$$r_{ij} = f_{ij}(d_j, e_j, r_j)^* c_j^* r_j.$$

Bei den bisher aufgeführten Transformationsfunktionen handelt es sich jeweils um die allgemeinste Darstellungsform. Für praktische Zwecke ist es jedoch meist ausreichend, sogenannte einvariable Transformationsfunktionen[58] zu unterstellen. Hier wird davon ausgegangen, daß die Einsatzmenge r_{ij} allein von dem Output r_j der Produktionsstelle P_j abhängt. Bei Vernachlässigung aller anderen Einflußfaktoren gilt für diese Transformationsfunktionen stets die Struktur

$$r_{ij} = f_{ij}(r_j)^* r_j{}^{[59]}.$$

Im Gegensatz zu den bisher behandelten Produktionsfaktoren, sind in der Literatur keine Transformationsfunktionen für den Einsatz an Informationsprodukten zu finden. Hierzu wird der folgende Vorschlag unterbreitet:

Transformationsfunktionen für Informationsprodukte

Bei dem Einsatz an Informationsprodukten ist zu unterscheiden, ob als Produktionsverfahren Kopierprozesse und damit die Reproduktion schon vorhandener

---

57 Dabei wird hier generell ein limitationaler Einsatz der sonstigen Sachmittel unterstellt.

58 Vgl. z.B. Küpper (1977), S. 505 ff.

59 Einen vielverwendeten Spezialfall einvariabliger Transformationsfunktionen stellen die Leontief-Funktionen dar, bei denen von proportionalen Input-Output-Relationen ausgegangen wird: $r_{ij} = a_{ij}^* r_j$ mit a_{ij} = konstant, vgl. z.B. Schweitzer/Küpper (1974), S. 51 ff.

Originärinformationen vorliegen oder ob neue Informationsprodukte entsprechend der Determinierten Informationsproduktion erzeugt werden.

Im ersten Fall wird stets eine einzige Originärinformation benötigt, die dann in beliebig großer Zahl reproduziert werden kann. Der output-unabhängige und nichtlinear-limitationale Einsatz von Informationsprodukten kann in diesem Fall durch folgende elementare Transformationsfunktion beschrieben werden:

$$r_{ij} = 1 = f_{ij}(r_j){*}r_j \text{ , wobei } f_{ij}(r_j) = 1/r_j.$$

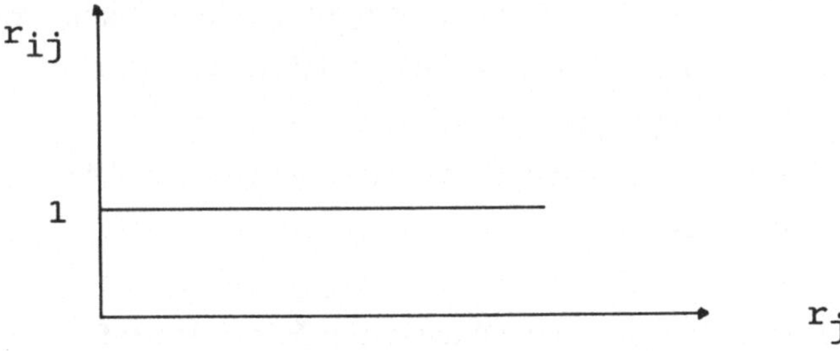

Werden Originärinformationen nicht mittels Kopierverfahren erzeugt, so ist der Einsatz von Input-Informationen linear-limitational abhängig von der zu erzeugenden Outputmenge. Als Transformationsfunktion ergibt sich dann allgemein

$$r_{ij} = f_{ij}(r_j){*}r_j \text{ mit } f_{ij} = a_{ij} = \text{konstant.}$$

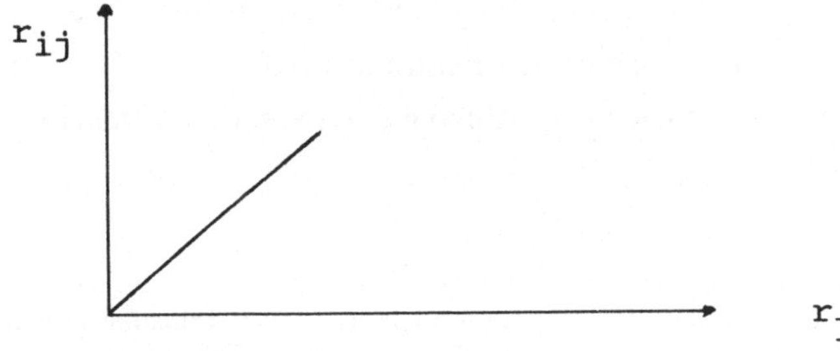

Diese letzte Gleichung begründet sich dadurch, daß es sich in diesem Fall bei den unterschiedlich zu produzierenden Outputmengen lediglich um artmäßig gleiche, homogene Informationsprodukte handelt[60]. Bei den ganz konkreten einzelnen Informationsinhalten handelt es sich aber um jeweils unterschiedliche informationelle Ausprägungen zu den abstrakten, die betreffende Informationsart spezifizierenden Anforderungen. Um diese unterschiedlichen Informationsausprägungen zu produzieren, sind auch, jeweils in Abhängigkeit vom gerade herzustellenden Einzel-Informationsprodukt, stets differierende Einzelausprägungen der erforderlichen Input-Informationsarten in den Produktionsprozessen zu verwenden. Aufgrund dieser besonderen Situation der Informationsproduktion bleiben aber die mengenmäßigen Faktoreinsatzverhältnisse der Informations-Inputs bei Variation der Produktmenge stets konstant. Produziert zum Beispiel die Auskunftei Schimmelpfeng 100 artmäßig gleiche Informationsprodukte "Kreditbericht", so sind von der hierzu etwa als Produktionsfaktor benötigten Informationsart "Gesellschafter" ebenfalls 100 unterschiedliche Ausprägungen einzusetzen. Pro zu beurteilendem Unternehmen ist aufgrund der Spezifikationsinformationen jeweils eine Angabe über dessen Gesellschafter erforderlich.

Wie auch in diesem Beispiel, kann bei der hier analysierten Form der Informationsproduktion in vielen Fällen davon ausgegangen werden, daß für den Linearitätskoeffizienten a_{ij} die Identität $a_{ij} = 1$ gilt. Diese Vereinfachung resultiert aus der Quantifizierungskonzeption, jeweils bestimmte, aus verschiedenen informationellen Bestandteilen gebildete Informationspakete als Informationseinheiten zu behandeln. Demzufolge werden für die Herstellung bestimmter Informationsprodukte in der Regel zwar mehrere unterschiedliche Informationsarten als Einsatzfaktoren benötigt, von jeder jedoch oft nur eine einzige derart definierte Produkteinheit[61].

Durch diese Angaben ist die generelle Form der Transformationsfunktionen für alle bei der Informationsproduktion eingesetzten Faktoren beschrieben. Die konkrete Gestalt dieser Funktionen kann jeweils in Abhängigkeit von den durchzufüh-

---

60 Vgl. hierzu Grundprämisse 2, S. 157 f.
61 Diese einfache Relation gilt jedoch nicht allgemein. So werden etwa bei Informationsproduktionen im Rahmen statistischer Auswertungen üblicherweise eine größere Zahl an Ausprägungen bestimmter Informationsarten benötigt.

renden Produktionen für einzelne Unternehmen, beispielsweise durch empirische Untersuchungen oder Prognosen, ermittelt werden[62].

3.3.3 DAS MODELL DER INFORMATIONSPRODUKTION

Mit den beschriebenen Transformationsfunktionen und der jeweiligen Produktionsstruktur in Unternehmen kann nun das Modell der determinierten Produktion von Informationen vollständig formuliert werden:

Entsprechend den jeweiligen Transformationsfunktionen f_{ij} gilt für die eingesetzten Mengen an Produktionsfaktoren allgemein die Beziehung

$$r_{ij} = f_{ij}{}^*r_j \, .$$

Durch Einsetzen dieser Gleichung in das die Produktionsstruktur abbildende Gleichungssystem (*) ergibt sich als neues System

$$
\begin{aligned}
r_1 &= f_{11}{}^*r_1 + f_{12}{}^*r_2 + \ldots + f_{1k}{}^*r_k + x_1 \\
r_2 &= f_{21}{}^*r_1 + f_{22}{}^*r_2 + \ldots + f_{2k}{}^*r_k + x_2 \\
&\quad\;\; \ldots \\
&\quad\;\; \ldots \\
r_k &= f_{k1}{}^*r_1 + f_{k2}{}^*r_2 + \ldots + f_{kk}{}^*r_k + x_k
\end{aligned}
$$

beziehungsweise in Matrixschreibweise $\quad \vec{r} = F {}^* \vec{r} + \vec{x}.$

---

62   Vgl. Kloock (1969b), S. 47 ff.

Für den Fall, daß mit der Einheitsmatrix E die Inverse $(E - F)^{-1}$ existiert und positiv ist[63], kann obige Matrixgleichung wie folgt umgestellt werden:

$$\vec{r} = F * \vec{r} + \vec{x}$$
$$\Leftrightarrow \quad \vec{r} - F * \vec{r} = \vec{x}$$
$$\Leftrightarrow \quad (E-F) * \vec{r} = \vec{x}$$
$$\Leftrightarrow \quad \vec{r} = (E-F)^{-1} * \vec{x}$$

Ordnet man in diesem Gleichungssystem die betrieblichen Teileinheiten so, daß die Mengen $r_1, \ldots, r_m$ den Output der m Beschaffungsstellen beschreiben, dann werden durch die ersten m Gleichungen des obigen Gleichungssystems die quantitativen Beziehungen zwischen den originären Produktionsfaktoren (= Output der Beschaffungsstellen) und dem zu erzeugenden Endprodukt abgebildet:

$$\vec{r}_m = (E-F)_m^{-1} * \vec{x}.$$

3.3.4 BEISPIELHAFTE ANWENDUNGEN DES PRODUKTIONS-MODELLS

Bevor das so konstruierte Modell der Determinierten Informationsproduktion weiter diskutiert wird, soll es an drei einfachen Beispielen noch einmal verdeutlicht werden. Bei diesen Beispielen handelt es sich um sehr elementare und gut strukturierte Informationsproduktionsprozesse, an denen die prinzipielle Anwendungsmöglichkeit des Input-Output-Ansatzes hinreichend gut demonstriert werden kann. Insbesondere wurde dabei auf einfache Berechnungen Wert gelegt, damit nicht aufgrund umfangreicher und komplizierter mathematischer Formalismen die eigentlich interessierende Fragestellung, wie mit diesem Modellansatz prinzipiell

---

63 Die Existenz der Inversen $(E-F)^{-1}$ ist abhängig von der Struktur der Produktionsprozesse. Bei Strukturen ohne zyklische Verflechtungen kann diese Inverse mittels eines Algorithmus berechnet werden, der die dann zu erreichende Dreiecksform der Matrix F ausnutzt, vgl. z.B. Kistner/Luhmer (1977), S. 771 ff. Für komplexere Strukturen können insbesondere verschiedene Rechenregeln für Blockmatrizen verwendet werden, die ausführlich z.B. in Schweitzer/Küpper (1974), S. 264 ff beschrieben sind. Vgl. zu den Berechnungsproblemen auch Kloock (1969b), S. 72 ff; Küpper (1980), S. 71 ff; Schulz (1987), S. 58 ff.

Informationsproduktionsprozesse formal abgebildet werden können, in den Hintergrund tritt. Eine weitere ausführliche Anwendung dieses Produktionsmodells enthält schließlich das letzte Kapitel dieser Arbeit, in dem spezielle Informationsproduktionsvorgänge in Versicherungsunternehmen formal analysiert werden.

3.3.4.1 BEARBEITUNG EINES KLEINKREDITANTRAGES

Als erstes Beispiel soll eine Informationsproduktion, die die Bearbeitung eines Kleinkreditantrages beinhaltet[64], mit dem Input-Output-Modell formal dargestellt werden:

Diese einstufige Informationsproduktion wird durch den Eingang eines Kleinkreditantrages ausgelöst, in dem alle Informationen über den Kreditnehmer und dessen Wünsche enthalten sind. Aufgrund dieser Input-Informationen sowie unter Verwendung bestimmter bankbetrieblicher Kriterien entscheidet ein Sachbearbeiter dann anhand vorhandener bankinterner Entscheidungsregeln über den Antrag. Das Ergebnis dieses informationellen Produktionsvorgangs besteht in einer Antragsentscheidung, die konkret dadurch spezifiziert ist, daß sie entweder die Ablehnung oder die Bewilligung des Kleinkreditantrages beinhaltet.

Aufgrund dieser Darstellung können die folgenden Beschaffungs- und Produktionsstellen gebildet werden:

<u>Beschaffungsstellen:</u>

B_1 : Sachbearbeiter als menschlicher TIV
B_2 : Sonstige Sachmittel in Form von Büromaterial
B_3 : Antragsinformationen
B_4 : Bankkriterien

---

64 Vgl. Gerhardt (1987), S.102 ff.

Die beiden als originäre Produktionsfaktoren eingesetzten Informationsprodukt-Arten "Antragsinformation" und "Bankkriterien" sind noch zu spezifizieren. Das Informationspaket "Antragsinformation" hat die folgenden Einzelinformationen über den Kunden zu enthalten:

- Persönliche Daten (Name, Alter, Geschlecht)
- Höhe des Kleinkredits
- Laufzeit des Kleinkredits
- Rückzahlungsmodalitäten
- Wirtschaftliche Verhältnisse des Kunden
- Sicherheitsleistungen

Unter "Bankkriterien" werden die folgenden Einzelinformationen gebündelt:

- Kreditsumme
- Laufzeit
- Zweck
- Sicherung

Produktionsstelle:

P_5 : Arbeitsplatz des Sachbearbeiters

Unter Verwendung dieser einzelnen Stellen ergibt sich für diese Informationsproduktion die folgende Struktur:

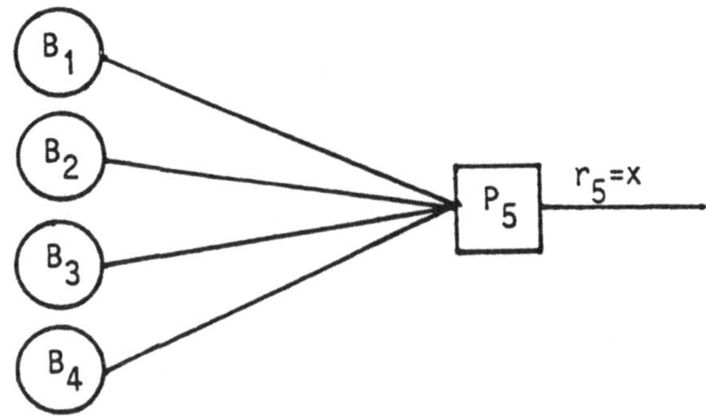

Für diese Struktur werden als Transformationsfunktionen unterstellt:

Der Einsatz des Sachbearbeiters wird über dessen Arbeitszeit erfaßt. Es wird davon ausgegangen, daß ein Sachbearbeiter im Durchschnitt ca. 30 Minuten (=0.5 Std.) zur Bearbeitung eines Kleinkreditantrages benötigt:

$$r_{15} = 0.5 * r_5 \, .$$

Sachmittel werden in Form von Büromaterial verwendet, etwa:

$$r_{25} = 3 * r_5 \, .$$

Für den Einsatz von "Antragsinformationen" wird eine lineare Transformationsfunktion unterstellt. Pro zu bearbeitendem Kreditantrag ist schließlich ein Informationspaket "Antragsinformationen" erforderlich:

$$r_{35} = 1 * r_5 \, .$$

Die Bankkriterien werden output-unabhängig eingesetzt, was durch eine konstante Relation abgebildet wird:

$$r_{45} = 1 = (1/r_5) * r_5 \, .$$

Mit diesen Transformationsfunktionen ergibt sich als Matrix F:

$$
\begin{array}{ccccc}
0 & 0 & 0 & 0 & 0.5 \\
0 & 0 & 0 & 0 & 3 \\
0 & 0 & 0 & 0 & 1 \\
0 & 0 & 0 & 0 & 1/r_5 \\
0 & 0 & 0 & 0 & 0
\end{array}
$$

Die Berechnung von $(E-F)^{-1} * x$ führt zu dem formalen Produktionsmodell für die Bearbeitung eines Kleinkreditantrages:

$$
\begin{aligned}
r_1 &= 0.5 * x \\
r_2 &= 3 * x \\
r_3 &= x \\
r_4 &= 1 \, .
\end{aligned}
$$

Dieses sehr elementare Modell besagt anschaulich, daß zur Bearbeitung von x Kleinkreditanträgen im Rahmen der unterstellten Produktionsstruktur insgesamt 0.5*x Stunden Arbeitszeit eines Sachbearbeiters, 3 nicht näher zu bestimmende Quantitäten an Büromaterial, x unterschiedliche Kreditanträge sowie - unabhängig von der Anzahl der bearbeiteten Kreditanträge - die internen Bankkriterien erforderlich sind. Ferner impliziert die Art der Gleichungen, daß generell limitationale Produktionsverhältnisse vorliegen. Der Faktoreinsatz r_4 erfolgt allerdings in nicht-linear-limitationaler Form.

3.3.4.2   OPTIMALE BESTELLMENGEN

Dieses zweite Beispiel basiert auf Ergebnissen einer empirischen Untersuchung, die 1974/75 im Rahmen des Forschungsprojektes "Entscheidungsprozeßanalyse" im DFG-Schwerpunktprogramm "Empirische Entscheidungstheorie" erarbeitet wurden[65]. Untersucht wurden hierbei in einer Reihe von Unternehmen der verschiedensten Wirtschaftsbranchen real ablaufende Informationsproduktionsprozesse.

Hiervon dargestellt und formal in einem Produktionsmodell abgebildet werden soll die Informationsproduktion mit dem Ziel der Ermittlung einer unter Kostenaspekten optimalen Bestellmenge[66]. In einem großen Unternehmen der Verbrauchsgüterindustrie laufen zur Behandlung dieser Problematik die Informationsproduktionsvorgänge wie folgt ab:

Die gesamte Informationsproduktion wird von einem Materialdisponenten (menschlicher TIV) mittels Einsatzes einer EDV-Anlage (maschineller TIV) auf insgesamt drei Produktionsstufen durchgeführt:

Die erste Produktionsstufe dient zur Ermittlung der Lagerkosten des zu lagernden Produktes. Hierzu werden vom Materialdisponenten Informationen über den Kal-

---

65   Vgl. Müller/Peters/Dreyer (1976).
66   Zur umfassend entwickelten Bestellmengentheorie vgl. z.B. Müller-Merbach (1973), S. 508 ff; Naddor (1971).

kulationszinssatz, den durchschnittlichen Lagerbestand sowie über Raumkosten, Frachtkosten und Handlingkosten entsprechend fest vorgegebener IV-Regeln kombiniert.

Auf der zweiten Produktionsstufe wird von einer EDV-Anlage mittels eines dynamischen Optimierungsmodells eine rechnerisch optimale Bestellmenge ermittelt. Die von der verwendeten Software benötigten Input-Informationen (Lagerkosten, Produktpreise, Bestellkosten, Planungszeitraum, Lagerbestand zu Beginn des Planungszeitraums, Bedarf je Planungszeitraum) werden vom Materialdisponenten codiert und in das EDV-System eingegeben.

Das Ziel der letzten Produktionsstufe besteht in der konkreten Festlegung der zu realisierenden Bestellmenge durch Modifikation der rechnerisch optimalen Bestellmenge. Die vom Materialdisponenten vorgenommene Korrektur erfolgt mittels eines Risikofaktors, der aus Wahrscheinlichkeiten über Umsatzschätzfehler und über kurzfristige Veränderungen durch Aktionen ermittelt wird.

Zur Abbildung dieser Informationsproduktion in einem Modell sind zunächst die Beschaffungs- und Produktionsstellen zu definieren. Bei den Beschaffungsstellen wird vereinfachend davon ausgegangen, daß es sich bei allen, bis auf die in den beiden ersten Produktionsstufen erzeugten Informationseinsätzen um originäre Produktionsfaktoren handelt[67]. Demzufolge werden im Modell die folgenden Beschaffungsstellen berücksichtigt:

B_1 : Materialdisponent als menschlicher TIV

B_2 : EDV-Anlage als maschineller TIV

B_3 : Sonstige Sachmittel

B_4 : Kalkulationszinssatz

B_5 : Durchschnittlicher Lagerbestand

B_6 : Raum- und Fracht- und Handlingkosten

B_7 : Produktpreise

B_8 : Bestellkosten

B_9 : Planungszeitraum

---

67 In Wirklichkeit werden diese Informationen ebenfalls in anderen Stellen des betrachteten Unternehmens erzeugt.

B_{10} : Lagerbestand zu Beginn

B_{11} : Bedarf je Planungswoche

B_{12} : Wahrscheinlichkeiten über Umsatzschätzfehler und kurzfristige Veränderungen aufgrund von Aktionen

P_{13} : Erste Produktionsstufe: Lagerkosten

P_{14} : Zweite Produktionsstufe: rechnerisch optimale Bestellmenge

P_{15} : Dritte Produktionsstufe: realisierte Bestellmenge

Der dargestellte Produktionsvorgang kann mit diesen Definitionen durch folgende Produktionsstruktur abgebildet werden:

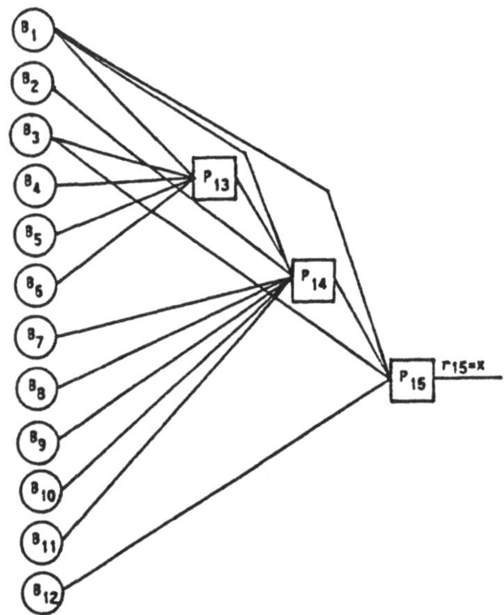

Für diese Produktionsstruktur werden Transformationsfunktionen unterstellt, die allerdings nicht mehr empirisch ermittelt wurden:

Menschliche und maschinelle TIV werden über deren Einsatzzeit (in Std.), sonstige Sachmittel über verbrauchte Stückzahlen erfaßt:

$$r_{1,13} = 0.3 * r_{13}; \quad r_{1,14} = 0.1 * r_{14}; \quad r_{1,15} = 0.7 * r_{15};$$
$$r_{2,14} = 0.001 * r_{14};$$
$$r_{3,13} = 5 * r_{13}; \quad r_{3,15} = 10 * r_{15}.$$

Von den eingesetzten Informationsarten wird für jeden Produktionsgang jeweils eine Ausprägung benötigt:

$$r_{4,13} = r_{5,13} = r_{6,13} = 1 * r_{13};$$
$$r_{7,14} = r_{8,14} = \ldots = r_{11,14} = 1 * r_{14};$$
$$r_{12,15} = 1 * r_{15};$$
$$r_{13,14} = 1 * r_{14}; \quad r_{14,15} = 1 * r_{15}.$$

Die Matrix F bildet sich aus diesen einzelnen Transformationsfunktionen wie folgt:

```
0  0  0  0  0  0  0  0  0  0  0  0   0.3   0.1   0.7
0  0  0  0  0  0  0  0  0  0  0  0   0     0.001 0
0  0  0  0  0  0  0  0  0  0  0  0   5     0     10
0  0  0  0  0  0  0  0  0  0  0  0   1     0     0
0  0  0  0  0  0  0  0  0  0  0  0   1     0     0
0  0  0  0  0  0  0  0  0  0  0  0   1     0     0
0  0  0  0  0  0  0  0  0  0  0  0   0     1     0
0  0  0  0  0  0  0  0  0  0  0  0   0     1     0
0  0  0  0  0  0  0  0  0  0  0  0   0     1     0
0  0  0  0  0  0  0  0  0  0  0  0   0     1     0
0  0  0  0  0  0  0  0  0  0  0  0   0     1     0
0  0  0  0  0  0  0  0  0  0  0  0   0     0     1
0  0  0  0  0  0  0  0  0  0  0  0   0     1     0
0  0  0  0  0  0  0  0  0  0  0  0   0     0     1
0  0  0  0  0  0  0  0  0  0  0  0   0     0     0
```

Die Berechnung von $(E-F)^{-1} * x$ ergibt das folgende Produktionsmodell für die Erzeugung der zu realisierenden optimalen Bestellmenge, welches analog zum Beispiel des Kleinkreditantrages zu interpretieren ist:

$$r_1 = 1.1 * x$$
$$r_2 = 0.001 * x$$
$$r_3 = 15 * x$$
$$r_4 = r_5 = \ldots = r_{12} = 1 * x$$

3.3.4.3   MARKTSTUDIE

Als letztes Beispiel wird ein Modell für die Erstellung einer Marktstudie durch ein Marktforschungsinstitut behandelt. Die Produktion einer solchen Marktstudie kann in Anlehnung an die Darstellung bei Bessler[68] wie folgt beschrieben werden:

Als erstes sind die erforderlichen Input-Informationen für die Studie zu beschaffen. Hierzu werden etwa 500 Peronen beispielsweise bezüglich eines bestimmten Nachfrageverhaltens befragt. Für die Produktion einer Marktstudie sind somit 500 Ausprägungen der Informationsprodukt-Art "Nachfrageverhalten" erforderlich. In der ersten Produktionsstelle (Nr. 5) werden die Input-Informationen zum Zwecke der EDV-Auswertung technisch aufbereitet (z.B. codiert). In der nächsten Produktionsstelle (Nr. 6) erfolgt unter Einsatz eines Computers die Auswertung der aufbereiteten Informationen mittels entsprechender Auswertungssoftware. Als Ergebnis dieses Teilprozesses werden bestimmte aggregierte Größen wie Häufigkeitstabellen erzeugt. Diese Zusammenstellungen werden in der Produktionsstelle Nr. 7 inhaltlich aufbereitet (z.B. Erläuterungen, Begriffs- und Verfahrenserklärungen) und in der Produktionsstelle Nr. 8 werden zur Unterstützung entsprechende Graphiken angefertigt. Die Teilprodukte der beiden letzten Stellen werden in der Produktionsstelle Nr. 9 zum Endprodukt, der kompletten Marktstudie, zusammengefügt.

Der so beschriebene Produktionsprozeß kann nun mit seinen Verflechtungen durch die folgende Produktionsstruktur formalisiert werden. Vereinfachend wird davon ausgegangen, daß jeweils nur eine Beschaffungsstelle für die einzelnen originären Produktionsfaktoren berücksichtigt wird:

B_1 : Menschliche TIV
B_2 : Maschinelle TIV
B_3 : Informationsprodukt "Nachfrageverhalten"
B_4 : Sachmittel

---

68   Vgl. Bessler (1985), S. 174 ff.

Produktionsstruktur:

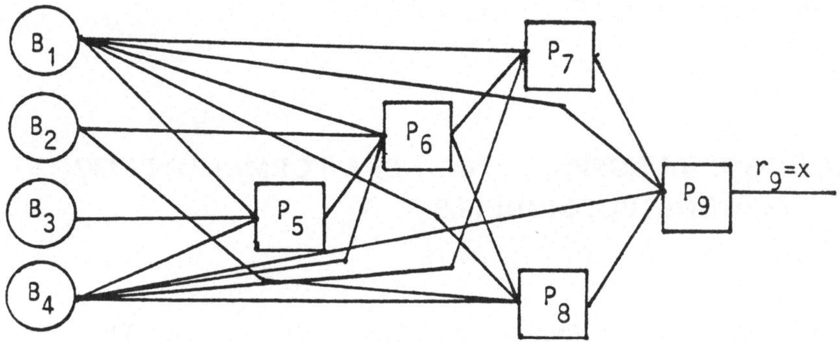

Für die Transformationsfunktionen, die in der folgenden Matrix F zusammengefaßt sind, werden linear-limitationale Verhältnisse unterstellt:

$$
\begin{array}{ccccccccc}
0 & 0 & 0 & 0 & .1 & .2 & 200 & 20 & 50 \\
0 & 0 & 0 & 0 & 0 & .3 & 0 & .8 & 0 \\
0 & 0 & 0 & 0 & 500 & 0 & 0 & 0 & 0 \\
0 & 0 & 0 & 0 & 20 & 20 & 70 & 40 & 80 \\
0 & 0 & 0 & 0 & 0 & 500 & 0 & 0 & 0 \\
0 & 0 & 0 & 0 & 0 & 0 & 1 & 1 & 0 \\
0 & 0 & 0 & 0 & 0 & 0 & 0 & 0 & 1 \\
0 & 0 & 0 & 0 & 0 & 0 & 0 & 0 & 0 \\
\end{array}
$$

Exemplarisch werden die beiden ersten Zeilen der Matrix erläutert:

Menschliche TIV zur Codierung einer
Input-Information (Fragebogen):   0.1 Std.
Menschliche TIV zur EDV-Auswertung: 0.2 Std.
Menschliche TIV zur inhaltlichen Aufbereitung: 200 Std.
Menschliche TIV zur graphischen Aufbereitung: 20 Std.
Menschliche TIV zur Zusammenführung: 50 Std.
Maschinelle TIV zur Computerauswertung: 0.3 Std.
Maschinelle TIV zur Graphikerstellung: 0.5 Std.

Durch Berechnung der Inversen von (E-F) und des Produktes $(E-F)^{-1}*x$ können wieder die funktionalen Beziehungen zwischen dem Einsatz an originären Produktionsfaktoren und Endprodukt bestimmt werden.

3.4 ANWENDUNGSPOTENTIAL DES INFORMATIONELLEN INPUT-OUTPUT-MODELLS

Mit dem vorgeschlagenen Input-Output-Ansatz zur formalen Darstellung des großen Bereichs Determinierter Informationsproduktionen sind eine Reihe sowohl für die theorieorientierte betriebswirtschaftliche Forschung als auch für den konkreten Einsatz in der Unternehmenspraxis interessanter Nutzungsmöglichkeiten verbunden. Bevor diese im einzelnen aufgezeigt werden, ist jedoch auf eine generelle Voraussetzung insbesondere für die Verwendung des Modellansatzes in der betrieblichen Praxis hinzuweisen.

Für eine Nutzung des Input-Output-Ansatzes ist es erforderlich, die Strukturen des gesamten unternehmensinternen Bereichs der Informationsproduktion in einer möglichst exakten und detaillierten Form zu ermitteln. Um diese Forderung, die auch einen der zentralen Untersuchungsgegenstände der EDV- oder informationsorientierten Betriebswirtschaftslehre darstellt[69], zu erfüllen, sind insbesondere

o   als erstes alle in einem Unternehmen zu produzierenden Informationsarten exakt festzulegen. Hierzu sind auf einem den unternehmensindividuellen Zielsetzungen entsprechenden Abstraktionsniveau unterschiedliche Informationsprodukt-Arten zu bilden. Diesen sind jeweils alle relevanten Einzelinformationen, verstanden als konkrete Ausprägungen der abstrakten Produktarten, zuzuordnen;

o   des weiteren die in einem Unternehmen angesiedelten einzelnen Produktions- und Beschaffungsstellen unter Berücksichtigung der Modellprämissen zu be-

---

69   Vgl. z.B. Müller-Merbach (1985), S. 126 ff.

stimmen und gegeneinander abzugrenzen. Zusätzlich sind alle möglichen Informationsbeziehungen zwischen den einzelnen Stellen aufzudecken;

o   als letztes die verschiedenen Zusammenhänge zwischen einzelnen Informationsprodukt-Arten und allen an deren Erzeugung jeweils beteiligten Produktionsstellen zu identifizieren.

Können diese generellen Strukturierungsbedingungen erfüllt werden, dann bildet das allgemeine Input-Output-Modell ein produktionstheoretisches Fundament zur Behandlung verschiedenster Problembereiche. Im folgenden wird das breite Spektrum solcher Anwendungsmöglichkeiten kurz skizziert. Es werden dabei erste Zusammenhänge zu weiteren ökonomischen Fragestellungen hergeleitet und prinzipiell mögliche weitere Forschungsperspektiven aufgezeigt. Um jedoch nicht ausschließlich auf der Ebene des reinen "Aufzeigens von Möglichkeiten" zu verbleiben, wird anschließend einer der notwendigerweise sehr allgemein beschriebenen Anwendungsbereiche ausgewählt und in den beiden letzten Kapiteln weiter fortgeführt. Bei den erwähnten Anwendungsbereichen handelt es sich um:

Erweiterung der vorhandenen betriebswirtschaftlichen Produktionstheorie

Durch das Produktionsmodell für Determinierte Informationsproduktionen kann speziell bezüglich der beiden folgenden Aspekte eine Weiterentwicklung der Produktionstheorie gelingen:

Zum einen wird für den gesamten, immer mehr an Bedeutung gewinnenden Bereich der informationsproduzierenden Dienstleistungsunternehmen ein Theorieansatz vorgestellt, der sich zur theoretischen Erfassung eines großen Teiles der in diesen Unternehmen ablaufenden Produktionsprozesse eignet. Hierzu sind in einem zweiten Konkretisierungsschritt die beiden Hauptelemente des Produktionsmodells, die Produktionsstruktur und die Transformationsfunktionen, jeweils entweder für einzelne Unternehmensarten oder sogar konkret für spezielle Unternehmen, zu bestimmen. Durch diese Fortschritte können insgesamt die von Altenburger explizit nachgewiesenen restriktiven Gültigkeitsgrenzen der bisherigen betriebswirtschaftlichen Produktionstheorie in nicht unerheblicher Weise erweitert werden.

Zum anderen stellt das Input-Output-Modell ein Theoriefundament dar, das die produktionstheoretische Analyse aller determinierter Informationsproduktionsprozesse in Unternehmen beliebiger Wirtschaftszweige erlaubt. Aufgrund der nunmehr gemeinsamen produktionstheoretischen Basis sowohl für materielle als auch für Informationsproduktionen können zudem integrierte Input-Output-Modelle entwickelt werden, in denen materielle und informationelle Beschaffungs- und Produktionsstellen zu berücksichtigen sind. Eine Entwicklung solcher integrierter Produktionsmodelle würde zu einem weiteren bedeutenden Theoriefortschritt der Betriebswirtschaftslehre führen, und zwar konkret bezüglich

o   der Adaption von Veränderungsprozessen auf dem Sektor der realen Informationsverarbeitung in den theoretischen Erkenntnisbestand der Betriebswirtschaftslehre. Durch eine explizite Integration von Information und Informationstechnik in produktionstheoretische Modelle würde sich die Neuentwicklung einer EDV-orientierten Betriebswirtschaftslehre erübrigen, die aus allgemeiner ökonomischer Sicht speziell wegen ihrer einseitigen EDV-technischen Ausrichtung bereits kritisch beurteilt wurde;

o   der Überwindung der äußerst engen Informationsprämissen der bestehenden materiellen Produktionstheorie. Durch Berücksichtigung von Informationsinputs und Informationsproduktionsprozessen können sowohl der Einfluß informationeller Aktivitäten der Unternehmensführung auf die materielle Produktion als auch Interdependenzen zwischen Forschung und Entwicklungs-Vorgängen und materiellen Produktionsprozessen theoretisch fundiert analysiert werden.

Interdependenzen zwischen produktions- und organisationstheoretischen Fragestellungen

Der auf die Bedingungen der Informationsproduktion übertragene Input-Output-Ansatz erlaubt es wegen der im Modell explizit berücksichtigten Produktionsstruktur, die Abhängigkeiten zwischen produktionstheoretischen und organisationstheoretischen Fragestellungen auch für Determinierte Informationsproduktionen zu untersuchen[70].

So können beispielsweise Probleme der Aufbauorganisation informationsproduzierender Unternehmen produktionstheoretisch fundiert analysiert werden. Hierzu sind etwa die einzelnen betrieblichen Produktionsstellen auf unterschiedliche Arten zu bilden. Anschließend kann der Einfluß solcher unterschiedlicher Ablaufstrukturen auf die Input-Output-Relationen und damit auf die Effizienz der Informationsproduktion mittels des Input-Output-Modells untersucht werden. Auch bezüglich des Ablaufs der Prozesse der Determinierten Informationsproduktion können alternative Gestaltungsformen in bezug auf ihre produktionstheoretischen Auswirkungen diskutiert werden. Unterschiedliche Ablaufstrukturen können im Input-Output-Modell explizit durch Variation der Verflechtungen und Beziehungen zwischen den einzelnen Produktionsstellen abgebildet werden.

<u>Anwendungen auf Planungs- und Kostenrechnungsprobleme</u>

Einen weiteren Anwendungsbereich des dargestellten Modells bilden Planungs- und Kostenrechnungsprobleme der Informationsproduktion. An konkreten Planungsproblemen wären hier etwa die Bedarfsplanung von Faktoreinsatzmengen oder die innerbetriebliche Koordination von Informationsangebot und -nachfrage zu behandeln.

Fragen der Bedarfsplanung können mittels des Input-Output-Modells behandelt werden, da dieses eine strukturelle Ähnlichkeit zu den gebräuchlichen Verfahren der Materialbedarfsplanung - Gozintho-Graphen und Stücklistenauflösung - aufweist[71]. Folglich ist damit prinzipiell die Möglichkeit eröffnet, mittels solcher Planungsmodelle auch den Bedarf an Einsatzfaktoren für die Informationsproduktion zu ermitteln.

---

70 Für materielle Produktionsprozesse wurden diese Interdependenzen ausführlich von Küpper (1980) untersucht.

71 Zum Zusammenhang zwischen produktionstheoretischen Modellen und der Materialbedarfsplanung vgl. z.B. Haupt (1987), S. 18 ff; Kern (1980), S. 204 ff; Schneeweiß (1987), S. 47 ff.

Das Input-Output-Modell eignet sich ferner als Instrument, um die mangelnde Koordination von Informationsangebot und -nachfrage in Unternehmen zu verbessern, was einer der zentralen Problembereiche des betrieblichen Controlling darstellt[72]. Dies kann durch die zur konkreten Spezifikation des allgemeinen Input-Output-Modells erforderliche Strukturierung der innerbetrieblichen Informationsströme gelingen. Im Rahmen dieser Strukturierung sind die in jeder Produktionsstelle benötigten und auch die dort jeweils erzeugten Informationsprodukte anzugeben, wodurch letztlich sowohl Informationsangebot als auch Informationsnachfrage jeder einzelnen Produktionsstelle aufgedeckt werden. Das informationelle Produktionsmodell kann damit auch zu der in der wissenschaftlichen Diskussion geforderten theoretischen Fundierung des Controlling[73] beitragen.

Letztlich ist auch zur Behandlung des Problems der Kostenrechnung der Informationsproduktion durch das Input-Output-Modell ein geeigneter produktionstheoretischer Ansatz vorhanden. Dadurch, daß in diesem Modell die einzelnen Produktionsstellen und ihre Verflechtungen explizit berücksichtigt werden und daß jeweils nur die Erzeugung einer einzelnen Informationsprodukt-Art formal abgebildet wird, erscheint insbesondere die Entwicklung aussagekräftiger Kostenträger- und Kostenstellenrechnungen möglich. Durch die dazu erforderliche Herleitung entsprechender Kostenmodelle[74] können möglicherweise neue Ansätze gewonnen werden, um die betriebswirtschaftlich unbefriedigende pauschale Zurechnung des großen Blocks der Informationskosten zu den Gemeinkosten eines Unternehmens[75] zu überwinden.

Von den hier jeweils nur kurz angeführten vielfältigen Verwendungsmöglichkeiten des allgemeinen Input-Output-Ansatzes der Determinierten Informationsproduktion wird im folgenden ein Bereich vertieft analysiert. Den Gegenstand der beiden letzten Kapitel bildet die Übertragung des allgemeinen informationstheoretischen Ansatzes auf spezielle Prozesse in Versicherungsunternehmen. Diese Anwendung

---

72 Zu diesem Problembereich vgl. z.B. Berthel (1975), S. 27 ff; Horvath (1986), S. 353 ff; Müller (1974), S. 683 ff.
73 Vgl. z.B. Küpper (1987), S. 86.
74 Das hierzu notwendige prinzipielle Vorgehen ist etwa beschrieben bei Kloock (1984), S. 283 ff oder Wild (1970b), S. 218 ff.
75 Vgl. z.B. Müller-Ettrich/Schelle (1980), S. 1160 ff.

wird zum einen aus dem Grund ausgewählt, da damit eine weitere Konkretisierung des allgemeinen Theorieansatzes auf der produktionstheoretischen Ebene vorgenommen werden kann. Derartige grundlegende Konkretisierungsschritte sind auch zur Realisierung aller anderen Anwendungsmöglichkeiten zwingende Voraussetzung.

Zum anderen kann mit diesem Teil auch ein Vorschlag zur Behebung eines der zentralen Mängel der bestehenden Versicherungstheorie unterbreitet werden: Die Anwendung des allgemeinen Input-Output-Ansatzes der Informationsproduktion auf Versicherungen führt zu einer neuen, betriebswirtschaftlich fundierten und realistischen Produktionstheorie der Versicherung.

4. ZUSAMMENFASSUNG

Einen der zentralen Bestandteile einer umfassenden Theorie der Informationsproduktion bildet die formale, modellhafte Abbildung von Informationsproduktionsprozessen. Zur Entwicklung eines derartigen Produktionsmodells für Informationen werden als erstes bereits bestehende Modellansätze diskutiert. Während den Formalisierungsversuchen aus den Bereichen der Forschung und Entwicklung, der Organisationstheorie sowie dem verhaltenswissenschaftlichen IV-Ansatz nur geringe allgemeine Aussagekraft und Bedeutung zugesprochen wird, erscheint ein spezielles, von Wild entwickeltes Input-Output-Modell aus der hier zugrundegelegten Untersuchungsperspektive von gewisser Relevanz. Eine ausführliche kritische Analyse des Ansatzes zeigt jedoch, daß auch dieses Modell der Informationsproduktion einige gravierende Mängel aufweist, wobei der bedeutsamste in der fehlenden Operationalisierung und Konkretisierung wesentlicher Modellelemente besteht.

Trotz der nicht unerheblichen Kritikpunkte erfolgt, in Analogie zur formalen Vorgehensweise von Wild, eine Übertragung und Modifizierung des allgemeinen betriebswirtschaftlichen Input-Output-Modells auf die spezifischen Bedingungen der Informationsproduktion. Wesentliche Grundprämissen des so hergeleiteten Produktionsmodells für Informationen bildet dabei die Restriktion auf Determinierte

Informationsproduktionen sowie auf die formale Abbildung der Produktionsvorgänge zur Erzeugung einzelner Informationsprodukt-Arten, nicht des gesamten informationsproduzierenden Betriebsgeschehens. Ferner wird generell das Abstraktionsniveau von Informationsprodukt-Arten sowie die Prämisse der Interpretationshomogenität unterstellt. Unter diesen vereinfachenden Annahmen wird zum einen die betriebliche Struktur von Informationsproduktionen formal erfaßt, zum anderen werden Transformationsfunktionen für die beteiligten Produktionsfaktoren angegeben. Mittels des Instrumentariums der Matrizenrechnung werden dann quantitative Beziehungen zwischen dem Faktoreinsatz und den erzeugten Informationsprodukten theoretisch abgeleitet.

Die prinzipielle Funktionsweise dieses informationellen Produktionsmodells wird an einfachen Beispielen, wie der Bearbeitung eines Kleinkreditantrages oder der Ermittlung optimaler Bestellmengen, exemplarisch verdeutlicht. Zudem wird aufgezeigt, welches weitere Anwendungspotential das Produktionsmodell für Informationen bietet. In diesem Zusammenhang werden kurz behandelt

o   die Erweiterung der vorhandenen betriebswirtschaftlichen Produktionstheorie;
o   die Analyse von Interdependenzen zwischen produktions- und organisationstheoretischen Fragestellungen;
o   die Anwendung auf Planungs- und Kostenrechnungsprobleme.

KAPITEL 5

THEORIE DER VERSICHERUNGSPRODUKTION ALS INFORMATIONSPRODUKTION

Das folgende Kapitel enthält eine erste Anwendung und Konkretisierung der allgemeinen Theorie der Informationsproduktion. Beschrieben und untersucht werden Prozesse der Informationsproduktion in Versicherungsunternehmen, wozu insbesondere auch die Prozesse zur Erzeugung der eigentlichen Leistung der Versicherung, der am Markt angebotenen Versicherungsprodukte, gezählt werden. Wie bei der allgemeinen Analyse der Informationsproduktion werden hierzu die in Versicherungsunternehmen eingesetzten Produktionsfaktoren, die dort erzeugten Informationsprodukte und schließlich die erforderlichen Kombinationsprozesse behandelt.

Nicht Gegenstand dieses Kapitels ist eine modellhafte Abbildung der Produktion von Versicherungsinformationen. Die hierzu erforderliche Entwicklung von Input-Output-Modellen soll vielmehr im letzten Kapitel auf einer weiteren Konkretisierungsebene erfolgen. Dort wird das allgemeine Input-Output-Modell der Determinierten Informationsproduktion nicht generell auf Versicherungen, sondern vielmehr speziell auf eine einzelne Versicherungsgesellschaft angewendet. Diese Vorgehensweise entspricht der in der allgemeinen Betriebswirtschaftslehre üblichen, allgemeine Produktionsmodelle am Beispiel einzelner Unternehmen zu konkretisieren[1].

Die hier zu entwickelnde Theorieanalyse setzt voraus, daß es sich bei Produktionsprozessen und Produkten der Versicherungsunternehmen generell um Informationsproduktionen bzw. -produkte handelt. Da eine derartige Interpretation die zentrale Hypothese des "Informationskonzeptes der Versicherung" darstellt, wird

---

1 Vgl. z.B. Dellmann (1980), S.97; Pressmar (1971), S. 229 ff.

dieser konzeptionelle Erklärungsansatz als versicherungstheoretischer Bezugsrahmen der weiteren Analyse zugrundegelegt.

In Versicherungstheorie und -praxis ist allerdings mit dem von Farny entwickelten "Versicherungsschutzkonzept" ein anderer Ansatz zur theoretischen Erklärung der Versicherungsproduktion weit verbreitet und generell akzeptiert. Am Anfang der eigentlichen informationstheoretischen Analyse hat folglich eine Auseinandersetzung mit dem Versicherungsschutzkonzept zu stehen. Hierbei ist insbesondere zu klären, aus welchen Gründen das in der versicherungsspezifischen Literatur bisher nur wenig beachtete Informationskonzept in dieser ökonomischen Analyse dem Versicherungsschutzkonzept vorgezogen wird[2].

1.   DAS VERSICHERUNGSSCHUTZKONZEPT[3]

Die ursprünglich in der juristischen[4] und momentan auch in der ökonomischen Literatur[5] wieder diskutierte Frage nach der eigentlichen wirtschaftlichen Leistung von Versicherungsunternehmen beantwortet Farny mit seinem zentralen Konzept des Versicherungsschutzes. Zu verstehen ist hierunter "das abstrakte Schutzversprechen, die ständige Bereitschaft, beim Eintritt des Versicherungsfalles eine Geldleistung zu zahlen"[6]. Zur Konkretisierung wird das **Produkt** Versicherungsschutz in die Komponenten Risikogeschäft und Dienstleistungsgeschäft aufgeteilt. Das Risikogeschäft beinhaltet den Transfer von Schadens-Wahrscheinlichkeitsverteilungen vom Versicherten auf den Versicherer und dort ablaufende Risikoausgleichsmechanismen. Umrahmt und operationalisiert wird das Risikogeschäft durch das Dienstleistungsgeschäft, welches "vor allem Beschaffung und Bereitstellung von Produktionsfaktorkapazitäten, Absatz- und Serviceleistungen, Bearbei-

---

2 Zur allgemeinen Diskussion dieser beiden Versicherungskonzeptionen vgl. Bachmann (1988), S. 10 ff; Mordi (1984), S. 81 ff; Müller (1981a), S. 155 ff; Schwake (1987), S. 47 ff; Ulrich (1987), S. 34 ff.

3 Vgl. allgemein Farny (1965, 1969a, 1979, 1981, 1988).

4 Vgl. die Zusammenstellung und kritische Diskussion bei Wälder (1971).

5 Vgl. zwei aktuelle Veröffentlichungen mit dem Titel "Was ist Versicherung?": Albrecht/Brinkmann/Zweifel (1987); Müller (1988a), S. 309 ff; siehe auch Kromschröder/Lehmann (1986), S. 171 ff.

6 Farny (1965), S. 8.

tung von Versicherungsverträgen und Versicherungsfällen und allgemein Verwaltungsleistungen"[7] zusammenfaßt.

In Analogie zu diesen beiden Produktkompenten werden die **Produktionsprozesse** ebenfalls in Risiko- und Dienstleistungsgeschäft unterteilt. Die Produktionsprozesse des Risikogeschäftes setzen die Existenz eines ausgleichsfähigen Risikokollektivs voraus und beinhalten stochastische Kombinationsvorgänge, durch die verschiedene Nominalgüter nach dem Gesetz der großen Zahlen in Schadenzahlungen umgewandelt werden. Die Produktionsprozesse des Dienstleistungsgeschäftes bestehen aus den bereits beschriebenen umfangreichen innerbetrieblichen Vorgängen. Angewendet werden dabei vor allem Verfahren der Beschaffung, Verarbeitung und Speicherung von Informationen.

Als originäre **Produktionsfaktoren**[8] werden im Risikogeschäft überwiegend Schadenvergütungen, Sicherheitsmittel und Rückversicherung, im Dienstleistungsgeschäft dagegen hauptsächlich Arbeits- und Dienstleistungen, Betriebsmittel und Kapitalnutzungen eingesetzt.

Das kurz beschriebene Versicherungsschutzkonzept würde sich prinzipiell ebenfalls als Theoriebasis für diese Analyse eignen. Von Farny selbst wird bereits auf die Bedeutung von Informationsvorgängen für die Versicherungsproduktion hingewiesen. So erklärt er etwa die meisten Kombinationsprozesse des Dienstleistungsgeschäftes als Verfahren der "menschlichen" oder automatisierten Datenverarbeitung[9] oder bezeichnet Informationen als "Ausdrucksmittel" für das immaterielle Gut Versicherungsschutz[10].

In neueren, das Versicherungsschutzkonzept zugrundelegenden Veröffentlichungen wird sogar direkt die "Versicherungsschutzproduktion als Informationsverarbeitungsprozeß"[11] charakterisiert oder die These vertreten, daß "es sich bei den

---

7   Farny (1979), Sp. 2139.
8   Vgl. z.B. Farny (1979), Sp. 2140; Farny (1988), S. 553 ff ff; auf die Berücksichtigung der derivativen Produktionsfaktoren Innenorganisation, Außenorganisation und Vertragsabschlüsse von Farny (1969a, S. 52 ff) kann hier verzichtet werden.
9   Vgl. z.B. Farny (1979), Sp. 2141 f.
10   Vgl. Farny (1969a), S. 55.
11   Ulrich (1987), S. 34.

Produktionsprozessen im Versicherungsunternehmen ausschließlich um einen Informationsverarbeitungsprozeß handelt"[12].

Trotz dieser generellen Eignung des Versicherungsschutzkonzeptes als Theorierahmen für eine informationstheoretische Analyse wird dieser Erklärungsansatz hier nicht verwendet, da er auf einer höchst problematischen Grundvorstellung über die generelle Funktionsweise von Versicherungen beruht. Müller[13] hat in einer detaillierten kritischen Analyse der Produktionstheorie von Farny systematisch aufgezeigt, daß diese eine enge konzeptionelle Korrespondenz zur historischen Interpretation von Versicherungen als Gefahrengemeinschaften aufweist. Die Versicherungsschutztheorie besteht demzufolge aus einer "in zeitgemäße, versachlichte betriebswirtschaftliche und risikotheoretische Formulierungen transformierte"[14] Erklärung der Versicherung als Gefahrengemeinschaft.

Die traditionelle, auf mittelalterliche Versicherungsgilden zurückzuführende Gefahrengemeinschaftsidee[15] beschreibt Versicherungen als gemeinnützige Selbsthilfeeinrichtungen, die durch freiwilligen Zusammenschluß bestimmter, durch gleiche Risiken gefährdeter Personen entstehen. Innerhalb dieser Solidargemeinschaften werden Schadenbelastungen einzelner Mitglieder nach Gerechtigkeits- und Gegenseitigkeitsprinzipien auf die gesamte Gemeinschaft verteilt und damit ausgeglichen. Bei diesem gemeinschaftlichen Risikoausgleich handelt es sich um den eigentlichen Versicherungsprozeß. Dem Versicherer kommt hier lediglich die Funktion eines treuhänderischen Verwalters zu, der zur Abwicklung der organisatorischen und administrativen Vorgänge in der Gemeinschaft benötigt wird.

Diese vereinfachend dargestellte Versicherungskonzeption ist aus zwei fundamentalen Gründen kritisch zu beurteilen:

1. Das historische Erklärungsmodell von Versicherungen als Gefahrengemeinschaften hat heute seinen Realitätsbezug nahezu vollständig verloren[16]. Versicherer sind nicht mehr Verwalter von Gefahrengemeinschaften, sondern vielmehr auf wettbewerblich organisierten Versicherungsmärkten nach ökonomischen Prinzi-

---

12 Kirchner (1984), S. 49; vgl. auch Graser (1985), S.49.
13 Vgl. Müller (1987b).
14 Müller (1987b), S. 22.
15 Vgl. das idealtypische Gefahrengemeinschaftsmodell in Müller (1988b), S. 130 ff.
16 Vgl. die ausführliche Diskussion bei Müller (1988b), S. 134 ff.

pien entscheidende und handelnde Wirtschaftsunternehmen. Ebenso verhalten und verstehen sich Versicherte nicht mehr als Mitglieder einer sozialen Gemeinschaftseinrichtung. Sie sind als normale Marktteilnehmer zu charakterisieren, die nach individuellen Zielvorstellungen Versicherungsentscheidungen treffen. Diese Veränderungen in der Versicherungsrealität können durch die beschriebene Gefahrengemeinschaftskonzeption nicht erfaßt werden. Müller spricht folglich plakativ von einem "Gefahrengemeinschaftsmythos" in Versicherungstheorie und -praxis[17].

2. Die Konzeption der Gefahrengemeinschaft ist nur sehr schwer mit allgemeinen theoretischen Erkenntnissen der Betriebswirtschaftslehre in Einklang zu bringen. Als Konsequenz wurde für die Versicherungsproduktionstheorie sowie für die gesamte Versicherungstheorie eine große Zahl an Besonderheiten und Eigengesetzlichkeiten postuliert[18], die letztlich zu einem Sonderstatus der Versicherungstheorie im Rahmen der allgemeinen Betriebswirtschaftslehre geführt haben[19]. Die isolierte Position der Versicherungstheorie erschwert es dann auch, neuere Erkenntnisse der ökonomischen Theorie auf Versicherungen anzuwenden und zu übertragen.

Aufgrund dieser beiden weitreichenden Kritikpunkte wird die Gefahrengemeinschaftskonzeption - und damit auch deren Transformation in ökonomische Begriffskategorien durch das Versicherungsschutzkonzept - für die hier beabsichtigte informationstheoretische Analyse nicht verwendet. Zur Entwicklung einer die Versicherungsrealität adäquat abbildenden und betriebswirtschaftlich fundierten Theorie der Versicherungsproduktion wird auf den alternativen Erklärungsansatz des Informationskonzeptes der Versicherung zurückgegriffen. Soweit es für die hier verfolgte Zielsetzung erforderlich ist[20], werden dessen grundlegende Thesen im folgenden Abschnitt beschrieben.

---

17 Vgl. Müller (1988b), S. 130.
18 Vgl. die ausführliche kritische Diskussion derartiger Besonderheiten der Versicherungstheorie bei Nickel-Waninger (1987), S. 175 ff.
19 Vgl. Müller (1987b), S. 1.
20 Ausführlich vgl. z.B. Bachmann (1988), S. 109 ff; Müller (1981b), S. 63 ff; Müller (1988b), S. 138 ff.

2. DAS INFORMATIONSKONZEPT DER VERSICHERUNG

Prinzipielles Anliegen des Informationskonzeptes der Versicherung ist die Entwicklung einer Versicherungstheorie, die eine gemeinsame Theoriebasis mit der allgemeinen Betriebswirtschaftslehre aufweist. Durch diese, von der bisherigen Theoriebildung fundamental abweichende Vorgehensweise wird insbesondere angestrebt, die vielfältigen, in der Betriebswirtschaftslehre schon entwickelten Theorieerkenntnisse und Modelle auch zur Analyse der Funktionsweise von Versicherungen heranzuziehen. Das angestrebte einheitliche Theoriefundament erhält Müller durch Verknüpfung zweier grundlegender Erkenntnisse der Versicherungstheorie und der allgemeinen Betriebswirtschaftslehre[21]:

Im gesamten Versicherungsbereich unbestritten ist die generelle Funktion von Versicherungen für die Versicherungsnehmer. Diese schließen Versicherungen ab, da sie bestimmte Risikosituationen, denen sie sich ausgesetzt sehen, verbessern wollen. Versicherungen dienen damit generell der Reduktion von Risiken der Versicherungsnehmer.

Zur Frage der Risikoreduktion allgemein bietet jedoch auch die Betriebswirtschaftslehre, und zwar speziell die Entscheidungstheorie, einen breit akzeptierten Erklärungsansatz:

Hier wird Risiko generell als Merkmal von Entscheidungen betrachtet. Ein Entscheidungsträger sieht sich dabei einem Entscheidungsrisiko ausgesetzt, wenn er nicht alle zur Lösung seines Entscheidungsproblems erforderlichen Informationen besitzt. Dieses Entscheidungsrisiko ist dabei um so größer, je geringer der Informationsstand des Entscheiders ist[22]. Reduzieren kann der Entscheider sein Risiko folglich dadurch, daß er sich zusätzliche, für sein Problem relevante Informationen beschafft. Die zu beschaffenden Informationen können sich dabei auf alle Elemente einer Entscheidungssituation, also auf mögliche Handlungsalternativen, Umweltzustände und deren Eintrittswahrscheinlichkeiten sowie auf resultierende Ergebnisse beziehen[23].

---

21 Vgl. Müller (1988b), S. 140.
22 Vgl. Mag (1977), S.19.
23 Vgl. Laux (1982), S. 281; Mag (1977), S. 25 ff.

Setzt man diese beiden zentralen Aussagen - "Versicherungen bewirken Risikoreduktion" sowie "Risikoreduktion erfolgt stets durch Informationsbeschaffung" - zueinander in Beziehung, so liegt es bei entscheidungsorientierter Betrachtung nahe, den Abschluß einer Versicherung als eine Informationsbeschaffungsmaßnahme eines Entscheiders zu interpretieren: "Durch den Abschluß eines geeigneten Versicherungsvertrages kann ein Entscheider seine Informationslage verbessern und dadurch sein Entscheidungsrisiko reduzieren"[24].

Als Konsequenz für die Leistung des Versicherers ergibt sich aus dieser Konzeption, daß es sich dabei um ganz bestimmte Informationen handelt, und zwar um solche, die einen bestimmten Zustand eines versicherten Objekts während der Laufzeit des Vertrages prognostizieren und garantieren. Die abgegebene Zustandsgarantie ist dabei so zu verstehen, daß sich der Versicherer rechtlich verbindend verpflichtet, im Falle einer Zustandsveränderung durch Eintritt eines Schadensfalles, den Versicherten durch entsprechende Geldzahlungen in die Lage zu versetzen, den garantierten Zustand wiederherzustellen. Versicherungsinformationen beziehen sich damit nicht auf die Wahrscheinlichkeitsverteilung der Umweltzustände, sondern vielmehr auf die aus den Handlungsalternativen resultierenden Konsequenzen, die Ergebnisse. Diese sind aufgrund der Zustandsgarantie vom Eintritt bestimmter (versicherter) Umweltzustände unabhängig und können vom Versicherungsnehmer bei seinen Entscheidungen vernachlässigt werden[25].

Diese entscheidungstheoretisch orientierte Versicherungskonzeption stellt die zu Beginn geforderte Voraussetzung sicher, die Versicherungsproduktion generell als Informationsproduktion zu charakterisieren. Die hier beabsichtigte informationstheoretische Analyse wird ferner dadurch gerechtfertigt, daß die Charakterisierung von Versicherungen als Unternehmen, die ausschließlich Informationen erzeugen, verarbeiten und abgeben, auch von Versicherungspraktikern[26] und von versicherungsfremden Betriebswirtschaftlern[27] vorgenommen wird.

---

24 Müller (1988b), S. 140.
25 Neben der risikoreduzierenden Wirkung liegt damit zusätzlich eine komplexitätsreduzierende Wirkung vor, vgl. Nickel-Waninger (1987), S. 172.
26 Vgl. z.B. Deker (1984), S. 62; Tröbliger (1985), S. 2 ff.
27 Vgl. z.B. Wild (1971), S. 316.

3. INFORMATIONSTHEORETISCHE ANALYSE DER VERSICHERUNGSPRODUKTION

3.1 PRODUKTIONSFAKTOREN DER VERSICHERUNGS-INFORMATIONSPRODUKTION

3.1.1 BESCHREIBUNG UND ALLGEMEINE EIGENSCHAFTEN

Bei den Produktionsprozessen in Versicherungen handelt es sich - abgesehen von allen auf der Nominalgüterebene angesiedelten Finanzierungsvorgängen - ausschließlich um verschiedenartige, im folgenden noch weiter zu systematisierende Kombinationsprozesse zur Produktion von Informationen. In diesen Produktionsvorgängen werden folglich genau die Produktionsfaktoren eingesetzt und kombiniert, die generell zur Herstellung und Verarbeitung von Informationen benötigt werden.

Produktionsfaktoren der spezielle Informationen produzierenden Versicherungsunternehmen sind demnach

o menschliche und maschinelle Träger der Informationsverarbeitung,
o Informationsprodukte,
o sonstige Sachmittel.

Die wichtigsten produktionstheoretischen Eigenschaften und Merkmale dieser Faktoren zur Informationsproduktion wurden bereits hergeleitet und analysiert. Da sie auch für den Produktionsfaktoreinsatz in Versicherungsunternehmen Gültigkeit besitzen, werden sie an dieser Stelle nochmals thesenförmig zusammengefaßt:

o Aufgrund ihrer Funktionsgleichheit im Produktionsprozeß werden menschliche und maschinelle TIV als gleichrangige Produktionsfaktoren eingestuft. Hierdurch wird die insbesondere auch in der Versicherungspraxis beobachtbare zunehmende ökonomische Bedeutung der EDV als maschineller TIV in adäquater Form berücksichtigt.

o Menschliche und maschinelle TIV verfügen über eine Reihe unterschiedlicher Merkmale und Beschränkungen, die die Produktionsprozesse in verschiedenster Form beeinflussen. Hierzu zählen divergierende Eigenschaften bezüglich der Verarbeitungskapazitäten und -geschwindigkeiten, der Speicherorganisation, der Informationsaufnahme und -abgabe, der prinzipiellen Arbeitsweise sowie des Einflusses TIV-subjektiver Charakteristika.

o Determinierte Informationsproduktionen können verstärkt mittels Einsatzes maschineller TIV bewältigt werden; Indeterminierte Informationsproduktionen sind nur unter wesentlicher Beteiligung menschlicher TIV erfolgreich durchführbar.

o Informationen sind immaterielle Wirtschaftsgüter, die auf materiellen Trägermedien repräsentiert, quasi-beliebig kopierbar sind und sich unabhängig von Outputmengen verbrauchen.

o Informationen selbst kommt bei der Informationsproduktion die Rolle von Werkstoffen oder Rohstoffen zu, an denen Form- und Substanzveränderungen vorgenommen werden.

o Inputinformationen können sowohl aus unternehmensinternen als auch aus -externen Quellen beschafft werden.

o "Sonstige Sachmittel" subsumieren eine für die produktionstheoretische Analyse nur wenig bedeutsame Residualmenge heterogener Einsatzfaktoren wie Papier, Magnetbänder, Energie, Raum etc.

o Bei den Faktoren der Informationsproduktion handelt es sich im wesentlichen um Potentialfaktoren. Lediglich einige Sachmittel stellen Verbrauchsfaktoren dar.

o Quantitativ erfaßt werden können die einzelnen Einsatzfaktoren auf der Ebene von Produktarten, und zwar durch betriebswirtschaftlich gebräuchliche Maßgrößen.

Zusätzlich zu diesen allgemeinen informationsproduktionstheoretischen Merkmalen der Einsatzfaktoren sind auch einige spezielle Bedingungen des Faktoreinsatzes in Versichungsunternehmen von Interesse.

3.1.2 VERSICHERUNGSSPEZIFISCHE BEDINGUNGEN DES FAKTOREINSATZES

Über die aufgeführten Merkmale der Produktionsfaktoren hinaus, erscheint es als erforderlich, an versicherungsspezifischen Faktoreinsatz-Bedingungen insbesondere die Entwicklung der eingesetzten Träger der Informationsverarbeitung zu behandeln.

Während eine Analyse des versicherungsspezifischen Faktoreinsatzes von Sachmitteln wegen deren untergeordneter Relevanz nicht gerechtfertigt erscheint, würde eine systematische Charakterisierung aller in Versicherungen als Produktionsfaktoren eingesetzten Inputinformationen den Rahmen dieser Arbeit erheblich sprengen. Als Beispiel kann hier jedoch eine Klassifizierung des Informationsinputs für die Produktionsaufgabe der Schadenbearbeitung angeführt werden. Die zur Abwicklung dieser Produktionsprozesse erforderlichen Informationsarten können eingeteilt werden[28] in:

Fachinformationen:	Gesetze, Rechtsverordnungen, Rechtsprechung, versicherungstechnische Grundlagen, Versicherungsbedingungen;
Vorgangsinformationen:	Schadensanzeige des VN, Sachverständigengutachten, Rechnungen, Versicherungsvertrag, Schadenkorrespondenz;
Führungsinformationen:	Geschäftsprinzipien, Schadenregulierungsrichtlinien, Weisungen von Vorgesetzten;

---

28 Vgl. zu diesem Beispiel Bachmann (1988), S. 171.

Allg. Informationen: z.B. technische, wirtschaftliche und soziale Umweltkonstellationen.

Eine besondere versicherungsspezifische Situation ergibt sich jedoch bezüglich des Einsatzes von Trägern der Informationsverarbeitung, und zwar speziell maschineller TIV[29]. Aufgrund der Vielzahl an zu den Determinierten Informationsproduktionen zählenden statistischen und sonstigen versicherungstechnischen Massenproduktionsvorgängen wurden maschinelle TIV in Form von EDV-Anlagen schon sehr früh als Produktionsfaktoren in Versicherungen eingesetzt[30]. Dieser Einsatz maschineller TIV für die Versicherungs-Informationsproduktion hat sich dann in enormer Weise ausgebreitet, was insbesondere an der Entwicklung installierter EDV-Systeme in Versicherungen (Abb. 22) und auch am deutlichen Anstieg des EDV-Kostensatzes von durchschnittlich 1,49% der gesamten Beitragseinnahmen 1978 bis auf 1,97% Ende 1985 zu sehen ist[31].

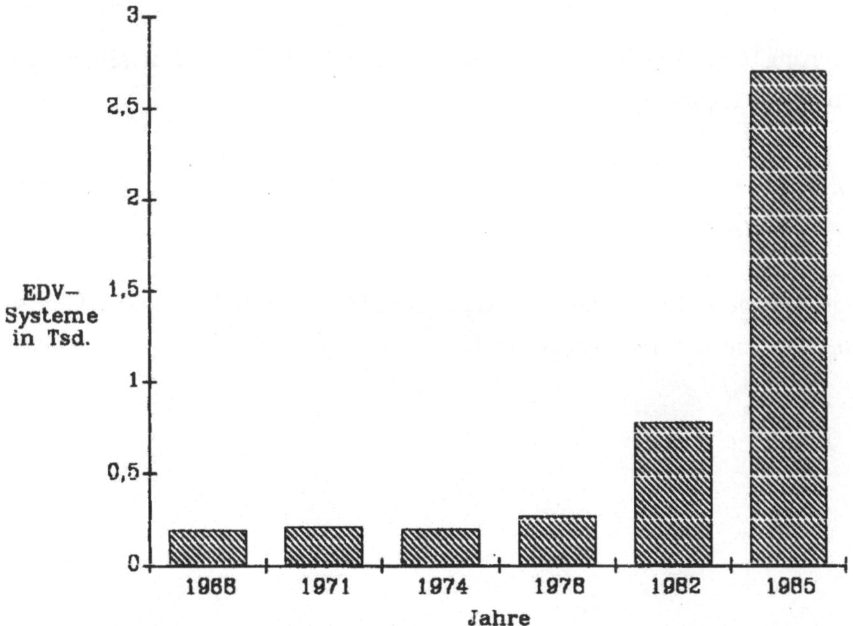

Abb. 22: In Versicherungen installierte EDV-Systeme[32]

---

29   Zum aktuellen Stand und zur Entwicklung der Informations- und Kommunikationstechnologien vgl. z.B. Ulrich (1987), S. 48 ff.
30   Zur Entwicklungsgeschichte der EDV in Versicherungen vgl. Tröbliger (1985), S. 2 ff.
31   Vgl. Langsch (1987), S. 193.
32   Vgl. Langsch (1987), S. 189.

Der stetig wachsende Einsatz des Produktionsfaktors EDV sowie eine zu erwartende weitere Intensivierung in der Zukunft haben bereits tiefgreifende Veränderungen in den Produktionsprozessen und -bedingungen der Versicherungen ausgelöst. Während die nur relativ gering schwankende Zahl der in der Versicherungswirtschaft eingesetzten menschlichen TIV hiervon nicht betroffen scheint (vgl. Abb. 23), sind aufgrund dieses starken EDV-Einsatzes eine Reihe organisatorischer und sozialer Konsequenzen bezüglich der Versicherungs-Informationsproduktion festzustellen. Die wichtigsten hiervon sind:

o   Veränderungen der gesamten Organisationsstruktur von Versicherungsunternehmen durch Zentralisierung oder Dezentralisierung von Informationsproduktionen[33];

o   Veränderung vieler Arbeitsabläufe, beipielsweise durch Integration von Produktionsvorgängen[34];

o   Veränderung von Arbeitsbedingungen, etwa aufgrund des Entstehens von Bildschirmarbeitsplätzen[35];

o   Ansteigen der Anforderungen an die Qualifikation der Mitarbeiter und Konsequenzen für deren Aus- und Weiterbildung[36];

o   Veränderung der Mitarbeiterstruktur, beispielsweise durch wachsenden Bedarf an qualifiziertem EDV-Personal[37].

---

33   Zu dieser Diskussion vgl. z.B. Mlynski (1988), S. 280 ff; Ulrich (1987), S. 57 ff und S. 146 ff.

34   Vgl. z.B. Deker (1984), S. 62 ff; Inderfurth (1988), S. 272 ff; Tröbliger (1985), S. 29 ff.

35   Während 1979 14% der Innendienstmitarbeiter in Versicherungen am Bildschirm arbeiteten, waren es 1984 bereits ca. 45%, vgl. o.V. (1987), S. 296.

36   Vgl. z.B. o.V. (1987), S. 295; Willich (1987), S. 546 ff.

37   Vgl. z.B. Bauer (1987), S. 1188 ff; Becker (1980a), S. 18.

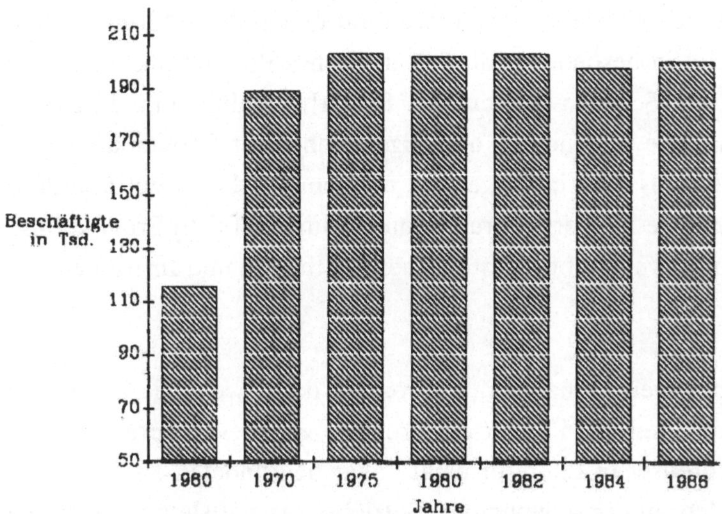

Abb. 23: Beschäftigte in der Versicherungswirtschaft[38]

3.1.3 VERGLEICH MIT DEM PRODUKTIONSFAKTORSYSTEM DES VERSICHERUNGSSCHUTZKONZEPTS

Aufgrund der Interpretation der Versicherungsproduktion als Informationsproduktion hat sich ergeben, daß bei der Produktion von Versicherungen nur solche Produktionsfaktoren Verwendung finden, die generell zur Herstellung beliebiger Informationsprodukte benötigt werden. Insbesondere wird damit nicht die Existenz eines typischen, nur zur Versicherungsproduktion erforderlichen Systems an Produktionsfaktoren postuliert. Durch eine derartige Vorgehensweise ist jedoch die traditionelle versicherungstheoretische Diskussion geprägt. Hier wird als ein zentraler Bestandteil des Versicherungsschutzkonzeptes ein besonderes Produktionsfaktorsystem für Versicherungen behauptet, im wesentlichen bestehend aus den Faktoren[39]

Arbeits- und Dienstleistungen, Betriebsmittel, Schadenvergütung, Sicherheitsmittel, Rückversicherung, Kapitalnutzung.

---

38 Vgl. GDV (1987), S. 4.
39 Vgl. S. 189.

Bei einem Vergleich dieser Produktionsfaktoren mit denen des informationstheoretischen Ansatzes fällt insbesondere auf, daß in Farnys Produktionsfaktorsystem monetäre Faktoren wie Schadenvergütungen, Sicherheitsmittel und Kapitalnutzungen integriert sind. Die Behandlung derartiger monetärer Größen als Produktionsfaktoren resultiert aus dem im folgenden noch ausführlicher zu diskutierenden Prinzip, alle Vorgänge im Versicherungsunternehmen zu dem Produktionsbereich zu zählen und mit produktionstheoretischen Methoden und Instrumenten zu analysieren.

Das Vorgehen, beispielsweise Finanzierungsprozesse dann, wenn sie in Versicherungsunternehmen ablaufen, als Produktionsprozesse zu interpretieren[40], wird in der versicherungstheoretischen Literatur nicht näher begründet[41]. Es steht ferner im Widerspruch zu dem in der allgemeinen Betriebswirtschaftslehre verbreiteten Grundprinzip, zwischen der Nominalgüterebene und der Realgütersphäre in Unternehmen zu unterscheiden. Die in diesen unterschiedlichen Unternehmensbereichen ablaufenden Vorgänge werden dann mit jeweils eigenständigen ökonomischen Methoden beschrieben und analysiert, und zwar Nominalgütervorgänge mittels finanzierungstheoretischer und Realgüterprozesse mittels produktionstheoretischer Verfahren und Modellen.

Diese Betrachtungsweise, die sich für die allgemeine betriebswirtschaftliche Theorieentwicklung als zweckmäßig herausgestellt hat, soll bei der theoretischen Untersuchung der Versicherungsproduktion als Informationsproduktion beibehalten werden. Für Versicherungsunternehmen als Informationsproduzenten impliziert sie die getrennte Behandlung von Vorgängen auf der Informationsebene und der Finanzebene. Allein der Informationsbereich bildet dann das Objekt der Theorieanalyse der Versicherungsproduktion. In einzelnen Fällen werden erste Konsequenzen aufgezeigt, die sich aus der Informationsproduktion für den Finanzbereich ergeben[42].

Die so begründete Beschränkung auf die Informationsebene der Versicherungsunternehmen hat die Nicht-Berücksichtigung von monetären Größen als Faktoren

---

40   Besonders deutlich etwa bei Albrecht (1987), S. 316 ff.

41   Abgesehen von dem immer wieder zu findenden Standardargument, es sei eine "Besonderheit der Versicherung", vgl. z.B. Albrecht (1987), S. 316; Farny (1969a), S. 47 f.

42   Zu den Interdependenzen zwischen Informationsproduktion und Finanzierungsvorgängen in Versicherungen vgl. Müller (1988b), S. 143 ff.

zur Versicherungs-Informationsproduktion zur Folge. Diese direkte Konsequenz steht im übrigen im Einklang mit der in der allgemeinen Betriebswirtschaftslehre überwiegend vertretenen These, Geld als Nominalgut prinzipiell nicht zu den Produktionsfaktoren eines Unternehmens zu zählen[43].

Nachdem damit begründet wurde, zu was die angeführten monetären Größen nicht gerechnet werden, verbleibt es an dieser Stelle noch zu zeigen, wie diese Faktoren im informationstheoretischen Ansatz zu interpretieren sind. Während es sich bei den Sicherheitsmitteln als Reserven an Nominalgütern und bei der Nutzung von Kapitalvorräten, beispielsweise zur Finanzierung betrieblich notwendiger Realgüter, um klassische Finanzierungsvorgänge handelt, die in irgendeiner Form in allen Unternehmen zur Erhaltung des finanziellen Gleichgewichts durchgeführt werden und damit nicht eigentümlich für Versicherungen sind[44], bilden die Schadenzahlungen einen versicherungsspezifischen Tatbestand, der in der Versicherungsrealität von zentraler Bedeutung ist[45]. Ihre Rolle bei der Informationsproduktion der Versicherer kann wie folgt beschrieben werden[46]:

Der Versicherer liefert durch sein Informationsprodukt die Garantie für einen genau abgegrenzten Zustand eines versicherten Objektes. Nun kann aber der reale Zustand dieses versicherten Risikos während der Vertragslaufzeit vom informationell garantierten Zustand aufgrund des Eintritts bestimmter Schadensfälle abweichen. Für solche Fälle beinhaltet das Informationsprodukt des Versicherers eine vertragliche Verpflichtung, die Wiederherstellung des garantierten Zustands zu veranlassen. In der heutigen Form der Versicherung geschieht dies in der Regel konkret durch die Zahlung adäquater Geldbeträge und nicht mehr wie früher durch Naturalersatz. Schadenzahlungen werden also immer dann fällig, wenn die reale Zustandsentwicklung von der prognostizierten abweicht, wenn sich die Prognoseinformation des Versicherers als unzutreffend erwiesen hat. Sie dienen damit zur Korrektur von Prognosefehlern des Versicherers und stellen für diesen Kosten dar, die aufgrund der Produktion von fehlerhaften Prognoseinformationen anfallen.

---

43 Vgl. z.B. Weber (1980), S. 1062 f.
44 Vgl. z.B. Bachmann (1988), S. 186; Müller (1987b), S. 17 f.
45 So entfallen ca. 70% aller in einem Versicherungsunternehmen anfallenden Kosten auf Schadenzahlungen, vgl. Farny (1986), S. VII.
46 Vgl. Müller (1981a), S. 168; Müller (1988b), S. 141 und auch Bachmann (1988), S. 182 ff.

Schadenzahlungen sind damit letztlich als sich auf der Finanzebene realisierende ökonomische Konsequenzen aufzufassen, die während der Vertragslaufzeit als Folge der Produktion von a posteriori inhaltlich unzutreffenden Zustandsinformationen für den Versicherer entstehen. Sie werden durch die Informationsprodukte des Versicherers verursacht[47] und können folglich weder zu den Produktionsprozessen oder den Produktionsfaktoren[48] selbst gerechnet werden, noch bilden sie einen Bestandteil der Versicherungsprodukte[49].

3.2 INFORMATIONSPRODUKTE IM VERSICHERUNGSUNTERNEHMEN

Von zentraler Bedeutung für die Entwicklung einer Versicherungsproduktionstheorie ist eine möglichst systematische Charakterisierung aller im Versicherungsunternehmen erzeugten Informationsprodukte. Als erstes tritt hier bei Versicherungsunternehmen - wie bei allen rein informationsproduzierenden Unternehmen auch - das Problem auf, eine Abgrenzung der am Markt angebotenen Hauptprodukte von den vielfältigen anderen, im Unternehmen produzierten Informationen vorzunehmen. Ihre besondere Relevanz erhält diese Fragestellung dadurch, daß bei Informationsbetrieben auch die für den Absatz bestimmten Hauptprodukte und damit alle nicht zu dem Nominalgüterbereich zählenden Leistungen auf der Informationsebene angesiedelt sind. Eine triviale Abgrenzung aufgrund prinzipiell unterschiedlicher Produktarten wie bei realgütererzeugenden Industriebetrieben, in denen die Hauptprodukte materielle Realgüter und alle anderen Leistungen[50] Informationsprodukte darstellen, ist bei reinen Informationsbetrieben nicht möglich.

---

47 Vgl. Müller (1984), S. 587.

48 Im Gegensatz dazu sind Informationen über in der Vergangenheit entstandene Schadenzahlungen, wie sie etwa in Schadenstatistiken enthalten sind, als Produktionsfaktoren für die Produktion von Preisinformationen anzusehen, vgl. Bachmann (1988), S.184.

49 Zu dieser Auffassung vgl. z.B. Farny (1975), S. 170 ff.

50 Vom Nominalgüterbereich abgesehen.

Zur Identifikation der eigentlichen, an Absatzmärkten angebotenen Hauptprodukte der Versicherung kann auf die grundlegenden Erkenntnisse des Informationskonzeptes zurückgegriffen werden.

3.2.1   DIE VERSICHERUNGS-HAUPTPRODUKTE

3.2.1.1   IDENTIFIKATION UND ABGRENZUNG VON ANDEREN INFORMATIONSPRODUKTEN

Das Informationskonzept erklärt Versicherungen als Informationsprodukte, die eine Zustandsgarantie für ein versichertes Objekt beinhalten und näher festlegen. Aufgrund dieser Zuordnung zu den Informationsprodukten bedürfen Versicherungsprodukte einer Repräsentation ihres Bedeutungsinhaltes auf einem materiellen Trägermedium, und zwar üblicherweise durch sprachliche Symbole. Diese notwendige Produktdarstellung erfolgt bei Versicherungsinformationen in den vertraglichen Vereinbarungen zwischen Versicherungsnehmer und Versicherungsunternehmen: in den Versicherungspolicen, den verschiedenen Versicherungsbedingungen sowie dem allgemeinen Versicherungsvertragsgesetz[51].

In diesen verschiedenen Vertragswerken wird stufenweise eine inhaltliche Konkretisierung der Versicherungsprodukte vorgenommen: Während das Versicherungsvertragsgesetz ganz allgemeine Informationen bezüglich der unterschiedlichen Rechtspflichten der Vertragspartner beinhaltet[52], sind in den Versicherungsbedingungen in standardisierter und typisierter Form, also insbesondere unter Abstraktion von konkreten individuellen Risikosituationen, Zustandsgarantien festgelegt und umschrieben, die bei einer größeren Zahl von Versicherungsabschlüssen Verwendung finden[53]. Der Bezug zur individuellen Risikolage eines einzelnen Versicherungsnehmers und damit die explizite Berücksichtigung der Heterogenität einzelner Risiken wird in der Versicherungspolice hergestellt. Die wesentlichen Merkmale der Versicherungsprodukte sind also abstrakt auf der Stufe der Allge-

---

51   Vgl. z.B. Nickel-Waninger (1987), S. 173.
52   Vgl. Bachmann (1988), S. 89 ff.
53   Vgl. z.B. Angerer (1975), S. 199.

meinen Versicherungsbedingungen (AVB) sowie der verschiedenen Zusatzbedingungen und Klauseln festgelegt und werden durch die Angaben in den Versicherungspolicen individualisiert.

Mittels dieser, die Versicherungsinformationen repräsentierenden Dokumente können die Versicherungsprodukte operationalisiert und auf real beobachtbare Objekte zurückgeführt werden. Für eine differenziertere Spezifikation der Produkte sind jedoch noch generell für Informationsprodukte relevante Abgrenzungsfragen zu behandeln: Als erstes sind Versicherungsinformationen von anderen Informationsprodukten, die beispielsweise von Wetterämtern oder Beratern angeboten werden, abzugrenzen. Zu einer solchen Unterscheidung verweist Müller[54] auf zwei charakteristische Merkmale von Versicherungsinformationen:

o   Versicherungsinformationen sind **prognostische** Informationen:

Der Prognosecharakter der Versicherungsinformationen kommt dadurch zum Ausdruck, daß der vereinbarte Zustand eines versicherten Objektes stets[55] für die Zukunft, und zwar präzise für die Vertragslaufzeit garantiert wird.

o   Versicherungsinformationen sind **rechtlich und wirtschaftlich verpflichtende** Informationen:

Versicherungsinformationen unterscheiden sich von anderen Prognoseinformationen, wie sie beispielsweise Wetterämter liefern, im wesentlichen durch ihren im Versicherungsvertrag dokumentierten Garantiecharakter. Die somit durch Versicherungsinformationen begründete Verpflichtung, für den Erhalt eines bestimmten Zustands Sorge zu tragen, besteht in zweierlei Hinsicht: Eine rechtliche Verpflichtung ergibt sich daraus, daß Versicherungsprodukte Gesetz und Rechtsprechung unterliegen, der Versicherungsnehmer somit einen begründeten Anspruch auf dem Rechtsweg einklagen kann. Die wirtschaftliche Dimension der durch den

---

54   Vgl. z.B. Müller (1981a), S. 166 ff.
55   Von Ausnahmen, wie beispielsweise der sogenannten Rückwärtsversicherung, kann abgesehen werden.

Verkauf von Versicherungen eingegangenen Verpflichtungen ist darin zu sehen, daß das Versicherungsunternehmen jederzeit finanziell in der Lage sein muß, erforderliche Geldzahlungen zu erbringen. Diese Anforderungen überwacht insbesondere das BAV, dessen zentrale gesetzliche Aufgabe "in der ausreichenden Wahrung der Belange der Versicherten und der Sicherung der dauernden Erfüllbarkeit der Versicherungsverträge"[56] besteht.

Diese beiden prinzipiellen Charakteristika stellen die Hauptunterschiede zwischen Versicherungsinformationen und anderen Informationsprodukten dar. Als zweites Abgrenzungsproblem verbleibt noch die Fragestellung der Differenzierung und Systematisierung der verschiedenen, den Versicherungskunden angebotenen Produkte selbst.

3.2.1.2 DIE VERSCHIEDENEN ARTEN VON VERSICHERUNGS-INFORMATIONEN

Zur Behandlung dieses Problembereichs findet das bereits entwickelte allgemeine Konzept der "Informationsprodukt-Art" Anwendung. Durch Informationsprodukt-Arten werden homogene Mengen gleichartiger Informationsprodukte auf einer übergeordneten Ebene zusammengefaßt. Festgelegt und abgegrenzt werden einzelne Produktarten durch Spezifikationsinformationen, in denen die zu erfüllenden Anforderungen, der Leistungsumfang der betreffenden Informationsprodukt-Art, dokumentiert ist. Einzelne Informationsprodukte einer bestimmten Art werden dann als konkrete Ausprägungen oder Werte zu den definierenden Produktspezifikationen interpretiert.

Für eine Anwendung dieser allgemeinen Konzeption auf die spezielle Situation der Versicherungsprodukte sind zur Abgrenzung einzelner Versicherungsarten folglich jeweils die Spezifikationsinformationen anzugeben.

---

56 Krause (1988), S. 354.

Zur Spezifikation der verschiedenen Produktarten kann bei Versicherungen auf bestimmte "Hauptmerkmale" zurückgegriffen werden, durch die sich die Grundstruktur jedes Versicherungsproduktes beschreiben läßt[57]. Bei diesen Hauptmerkmalen, die allgemein als Spezifikation der Informationsproduktart "Versicherung" interpretiert werden können, handelt es sich um

(1) Versicherte Gefahren

(2) Versicherte Objekte

(3) Versicherte Zustandsveränderungen

(4) Geforderte Verhaltensweisen

(5) Relation zwischen Schaden und Entschädigung

Zu 1): Dieses Merkmal umfaßt alle zugelassenen Ereignisse, die zu einer versicherten Zustandsveränderung führen können[58]. Der Begriff der versicherten Gefahr bezieht sich dabei im wesentlichen auf Ursachen, die eine Zustandsveränderung, einen Schaden, implizieren können (z.B. Feuer)[59].

Zu 2): Hierdurch wird das Objekt genau bestimmt, auf das sich die Zustandsgarantie des Versicherers bezieht. Es handelt sich dabei um den gegenständlichen Risikobereich, auf den die versicherte Gefahr einwirken muß (z.B. Hausrat)[60].

Zu 3): Dieses Merkmal grenzt das versicherte Risiko dahingehend weiter ab, daß nur für alle aufgeführten Schäden eine Deckung garantiert wird. Es sind also nicht alle möglichen, durch die Realisierung einer versicherten Gefahr am betreffenden Objekt entstehenden Schäden versichert, sondern nur die hier eingeschlossenen.

Zu 4): Hier werden die sich aus der Zustandsgarantie ergebenden Rechte und Pflichten der Vertragspartner festgelegt, soweit sie einen Einfluß auf das versicherte Risiko ausüben. Es erfolgt damit eine Eingrenzung des versicherten Risikos

---

57 Vgl. Nickel-Waninger (1987), S. 213 ff sowie die ersten Ansätze hierzu von Farny (1975), S. 171 ff und Priester (1965), S. 17 ff.
58 Vgl. Nickel-Waninger (1987), S. 214.
59 Vgl. Bürgi (1985), S. 81.
60 Vgl. Jabornegg (1979), S. 75.

in subjektiver Hinsicht[61]. Nicht erfaßt werden AGB-Bestimmungen, da diese allgemeine Regelungen bzgl. der Vertragsmodalitäten beinhalten.

Zu 5): Das letzte Merkmal konkretisiert für Schadensfälle "in welchem Umfang der Versicherer zur Wiederherstellung einer eingetretenen Zustandsveränderung beizutragen hat"[62]. Dies ist erforderlich, da die Schadenzahlungen des Versicherers nicht notwendig mit dem eingetretenen Schaden identisch sind.

Die kurz erläuterten Hauptmerkmale besitzen schließlich drei unterschiedliche Dimensionen: In der "nominellen" Dimension werden einzelne inhaltliche Ausprägungen der Hauptmerkmale angegeben und damit die Zustandsgarantie konkretisiert. Eine "zeitliche" und eine "räumliche" Dimension legen die Gültigkeitsdauer und den örtlichen Geltungsbereich der Zustandsgarantie fest. Unter Verwendung dieser verschiedenen Dimensionen können die Hauptmerkmale von Versicherungsprodukten in Matrixform strukturiert dargestellt werden (vgl. Abb. 24).

Dimension Merkmal	Nominell	Zeitlich	Räumlich
Gefahren			
Objekte			
Zustandsver- änderungen			
Geforderte Ver- haltensweisen			
'Relationen'			

Abb. 24: Versicherungsprodukte definierende Hauptmerkmale

Nach der kurzen Beschreibung der Hauptmerkmale der Versicherungs-Informationsprodukte kann begründet werden, inwiefern diese die Informationsprodukt-Art definierenden Spezifikationen in obigem Sinne darstellen: Bei dieser Produktspe-

---

61   Vgl. Schlappa (1987), S. 13 ff
62   Nickel-Waninger (1987), S. 214.

zifikation handelt es sich um ein allgemeines variables Konzept, das die zur Festlegung und Definition einzelner Informationsprodukte erforderlichen Anforderungsmerkmale erfassen und damit den Funktions- und Leistungsumfang der Produkte beschreiben soll[63]. Genau diese Funktion erfüllen die fünf Hauptmerkmale für Versicherungsprodukte. Sie beschreiben den Leistungsumfang von Versicherungen durch konkrete Aufführung und Abgrenzung aller Bereiche und Bedingungen, für die und unter denen die Zustandsgarantie Gültigkeit besitzt. Dem Käufer einer Zustandsgarantie wird es damit ermöglicht, die konkreten Risikosituationen, auf die sich die Prognoseinformationen beziehen, sowie seine potentiellen Ansprüche gegenüber dem Versicherer festzustellen. Der durch den Verkauf einer Versicherung abgegebene Umfang an Leistungen des Versicherers wird damit in den fünf Hauptmerkmalen exakt spezifiziert.

Entsprechend der allgemeinen Konzeption der Informationsprodukt-Art besteht ein einzelnes, bestimmtes Versicherungsprodukt aus konkreten Ausprägungen zu den beschriebenen Versicherungsmerkmalen. Einzelne Arten von Versicherungsinformationen lassen sich dann in Abhängigkeit von den jeweiligen konkreten Ausprägungen der Merkmale abgrenzen:

Nimmt man die Ausprägungen des Merkmals "Versichertes Objekt" als Abgrenzungskriterium, so erhält man als erste Klassifizierung der verschiedenen Versicherungsprodukte die drei Hauptversicherungszweige[64]. Je nachdem, ob es sich bei den Merkmalsausprägungen um Personen, Sachobjekte oder Nominalgüter handelt, werden die jeweiligen Einzelprodukte zur Personenversicherung, zur Sachversicherung oder zur Versicherung nominalgüterbezogener Risiken gezählt[65]. Kombiniert man diese Merkmalsausprägungen mit Ausprägungen weiterer Merkmale, so können die Hauptversicherungszweige - wenn auch nicht immer in systematischer Form - weiter aufgeteilt werden. Eine Zusammenstellung der auf diese Weise ableitbaren Versicherungszweige zeigt Abb. 25.

---

63 Vgl. S. 69 ff.
64 Die verschiedenen Versicherungsproduktarten werden üblicherweise als Versicherungszweige bezeichnet, vgl. z.B. Müller-Lutz (1984), S. 426.
65 Zu dieser Einteilung in Hauptversicherungszweige vgl. Farny (1983), S. 9 f.

(1) Personenversicherung (Versicherung personenbezogener
    Risiken)

    - Lebensversicherung mit zahlreichen Unterformen
    - Krankenversicherung
    - Unfallversicherung
    - Berufsunfähigkeitsversicherung

(2) Sachversicherung (Versicherung realgüterbezogener
    Risiken)

    - Feuerversicherung
    - Einbruchdiebstahlversicherung
    - Leitungswasserversicherung
    - Sturmversicherung
    - Glasversicherung
    - Technische Versicherungszweige (Maschinen-,
      Montage-, Bauleistungsversicherung)
    - Hausratversicherung
    - Wohngebäudeversicherung
    - Transportversicherung
    - Hagelversicherung
    - Tierversicherung

(3) Versicherung nominalgüterbezogener Risiken

    - Haftpflichtversicherung
    - Rechtsschutzversicherung
    - Betriebsunterbrechungsversicherung (nach Feuer-,
      Maschinen- und sonstigen Schäden)
    - Kreditversicherung (Warenkredit-, Kautions-,
      Vertrauensschadenversicherung)

(4) Kombinierte Versicherungszweige aus Elementen
    von (1) bis (3)

    - Kraftverkehrsversicherung (Kraftverkehrshaft-
      pflicht-, -kasko-, -unfallversicherung)
    - Luftfahrtversicherung (Luftfahrthaftpflicht-,
      -kasko-, -unfallversicherung)

Abb. 25: Die wichtigsten Versicherungszweige[66]

---

66 Vgl. Farny (1983), S.9 und auch Müller-Lutz (1984), S. 426 ff.

3.2.1.3   DIE OUTPUTMESSUNG IN DER VERSICHERUNGS-WIRTSCHAFT

Nach dieser Abgrenzung der verschiedenen Versicherungsarten kann als weitere Anwendung der Konzeption der Informationsprodukt-Art eine Antwort auf die Frage nach der Outputmessung in der Versicherungswirtschaft gegeben werden. Wie bereits hergeleitet, kann eine Menge erzeugter Informationsprodukte auf der Abstraktionsebene einzelner Produktarten durch einen einfachen Abzählprozeß bestimmt werden.

Die Übertragung dieser Vorgehensweise auf Versicherungen impliziert als erstes, daß der Versicherungsoutput auf der Ebene einzelner Produktarten, also beispielsweise der in Abb. 25 zusammengestellten Versicherungszweige, quantifiziert werden kann. Bei einem einzelnen Informationsprodukt einer bestimmten Versicherungsart handelt es sich dann um genau das Informationspaket, das alle konkreten informationellen Ausprägungen zur jeweiligen Produktspezifikation durch die fünf Hauptmerkmale beinhaltet. Die einzelnen Bestandteile eines solchen Informationspaketes sind in den verschiedenen, einem Versicherungsverhältnis zugrunde liegenden vertraglichen Vereinbarungen konkret sprachlich repräsentiert. Da jedes der auf diese Weise konstituierten Versicherungs-Informationspakete genau einen Versicherungsvertrag als Bestandteil enthält, kann der Versicherungsoutput folglich durch die Anzahl der Versicherungsverträge operational gemessen werden.

Dieses sich aus der informationstheoretischen Betrachtungsperspektive ergebende Outputmaß wird auch in der traditionellen versicherungstheoretischen Literatur diskutiert[67]. Kritik an diesem Maß wird dort wegen der fehlenden Homogenität der zu erfassenden Produkte geäußert. Es werde davon abstrahiert, daß verschiedene Versicherungsverträge einer einzelnen Versicherungsart durchaus Deckungsumfang in unterschiedlichster Höhe garantieren können.

Diese Eigenschaft resultiert aus voneinander differierenden versicherten Risiken und Bedingungen und damit allgemein aus unterschiedlichen Merkmalsausprä-

---

67   Vgl. z.B. Ackermann (1983), S. 87 ff; Denny (1980), S. 150 ff; Doherty (1981), S. 390 ff; Mordi (1987), S. 247 ff; Pusch (1976), S. 62 ff.

gungen. Die bei diesem Outputmaß für Versicherungen kritisierte allgemeine Unschärfe, Informationsprodukte mit unterschiedlichen Ausprägungen zur gleichen Produktspezifikation als homogene Produkte zu behandeln, ist jedoch eine Folge der in produktionstheoretischen Analysen stets unterstellten Betrachtungsebene von Produktarten. Sie stellt ein generelles Spezifikum der Informationsprodukte dar, das bei materiellen Sachgütern in dieser Form nicht zu beobachten ist.

Für produktionstheoretische Zwecke, wie z.B. das Aufstellen quantitativer Produktionsbeziehungen, ist dieser Aspekt nur von untergeordneter Bedeutung. Hier übt der konkrete Inhalt von Merkmalsausprägungen in der Regel nur einen vernachlässigbaren Einfluß auf die Produktionsprozesse und -relationen aus. So ist beispielsweise die Produktion eines Kreditberichts der Auskunftei Schimmelpfeng unabhängig davon, ob etwa der konkrete Firmenumsatz 600.000 DM oder 700.000 DM beträgt[68]. Ebenso ändern sich Produktionsprozesse zur Herstellung einer Hausratversicherung nicht, wenn z.B. anstelle einer Versicherungssumme von 50.000 DM eine von 60.000 DM vereinbart wird.

Die aufgeführte Kritik an der Verwendung der Größe "Vertragszahl" als Maß für den Versicherungsoutput ist also auf ein generelles Spezifikum von Informationsprodukten zurückzuführen und für produktionstheoretische Untersuchungszwecke wenig relevant[69]. Die Anzahl der Versicherungsverträge kann damit für die Zielsetzungen dieser Arbeit als hinreichend gut geeignetes Outputmaß Verwendung finden. Nicht unterstellt werden soll damit, daß sich die "Vertragszahl" **generell** als Outputmaß eignet. Für andere Zielsetzungen, wie beispielsweise die Gestaltung des Finanzbereichs von Versicherungen oder als Basis für die Entlohnung des Versicherungs-Außendienstes, erscheint die Verwendung anderer Kenngrößen durchaus als zweckmäßiger[70].

---

68   Zu diesem Beispiel vgl. S. 70 f.

69   Im Gegensatz dazu Schickinger (1970), S. 1615, der allerdings auf der Basis des Versicherungsschutzkonzeptes argumentiert.

70   Solche werden in der in Fußnote 67 angegebenen Literatur diskutiert.

3.2.2 WEITERE INFORMATIONSPRODUKTE DER VERSICHERER

Von Versicherungsunternehmen werden neben diesen Hauptprodukten eine ganze Reihe weiterer Informationsprodukte erzeugt. Entsprechend ihrem Verwendungs- oder Nutzungsbereich können diese in informationelle Nebenprodukte, die sich an externe Informationsempfänger richten, und in innerbetrieblich genutzte, versicherungsinterne Informationsprodukte eingeteilt werden.

<u>Informationelle Nebenprodukte</u>

Zu den für externe Adressaten erzeugten Informationsprodukten der Versicherer, die teilweise auch als "Versicherungs-Nebenleistungen"[71] bezeichnet werden, gehören insbesondere

o   informationelle Dienstleistungen, wie beispielsweise die Durchführung von EDV-Arbeiten;
o   diverse Werbe- und Beratungsinformationen, wie z.B. Rentenberechnungen für potentielle Lebensversicherungskunden;
o   Informationen über Schadenursachen oder Schadenverhütungsmaßnahmen;
o   Informationsprodukte, die aufgrund gesetzlicher Rechnungslegungsvorschriften zu erzeugen sind: Jahresabschlüsse und Geschäftsberichte.

Weder zu den informationellen Nebenprodukten, noch zu sonstigen "Versicherungs-Nebenleistungen" können aus informationstheoretischer Sicht die Kapitalanlagen der Versicherer gezählt werden. Bei diesen, in der traditionellen Literatur teilweise sogar als Kuppelprodukte[72] bezeichneten Leistungen handelt es sich vielmehr um interne Finanzierungsvorgänge, die auf die spezifischen Finanzströme der Versicherer zurückzuführen sind[73].

---

71   Vgl. z.B. Lahno (1980), S. 145 ff; viele dieser Nebenleistungen werden von der Versicherungswirtschaft gerne als "besondere Serviceleistungen" deklariert; kritisch hierzu etwa Surminski (1986), S. 2 ff.
72   Vgl. insbesondere Albrecht (1987), S. 316 ff; Brachmann (1986), S. 203.
73   Vgl. Bachmann (1988), S. 157.

Versicherungsinterne Informationsprodukte

Zu den ausschließlich für unternehmensinterne Zwecke verwendeten Informationsprodukten zählen zum einen alle Planungs-, Entscheidungs-, Anordnungs- und Kontrollinformationen. Derartige Informationen werden von der Unternehmensleitung für die Führung und Steuerung von Versicherungsunternehmen benötigt.

Zum anderen ist zu diesen Informationsprodukten auch die große Gruppe von Informationen zu rechnen, die bei der Antrags-, Vertrags- und Schadensbearbeitung produziert werden. Die informationellen Ergebnisse der hier durchgeführten Aktivitäten werden im informationstheoretischen Ansatz zum überwiegenden Teil nicht als Bestandteile der Versicherungs-Hauptprodukte angesehen[74]. Ihre genaue Funktion im Rahmen der gesamten betrieblichen Prozesse in Versicherungen wird im folgenden noch hergeleitet.

Bezüglich der Systematisierung der vielfältigen, in Versicherungsunternehmen erzeugten Informationsprodukte kann zusammenfassend festgestellt werden, daß sich diese in die drei großen Kategorien der Versicherungs-Hauptprodukte, der informationellen Nebenprodukte und der versicherungsinternen Informationsprodukte einteilen lassen.

Im nächsten Abschnitt werden die Produktcharakteristika von Versicherungsinformationen untersucht. Die Analyse beschränkt sich dabei auf die Kategorie der Versicherungs-Hauptprodukte und wird aufgeteilt in Klassifikationen, die sich aus allgemeinen produktionstheoretischen Erkenntnissen ableiten lassen und in Produkteigenschaften, die aus der Interpretation von Versicherungen als Informationen resultieren.

---

74 Anders im Versicherungsschutzkonzept, vgl. z.B. Farny (1979), Sp. 2139 f; Ulrich (1987), S. 34 ff.

3.2.3   PRODUKTCHARAKTERISTIKA VON VERSICHERUNGEN

3.2.3.1   PRODUKTIONSTHEORETISCHE KLASSIFIKATIONEN

In Anlehnung an die Betrachtungsperspektive der materiellen Produktionstheorie können informationsproduzierende Unternehmen allgemein nach der Anzahl der erstellten Produktarten sowie nach der speziellen Nachfragesituation weiter differenziert werden.

Entsprechend der Anzahl der erstellten Produktarten ist zwischen Einprodukt- oder Mehrproduktunternehmen zu unterscheiden. Speziell in der Versicherungs- branche ist dabei typischerweise vom Fall des Mehrproduktunternehmens auszu- gehen[75]. Dieser aus betriebswirtschaftlicher Perspektive erfolgenden Einschätzung steht auch nicht das juristische Spartentrennungsgebot entgegen, welches momen- tan[76] noch verlangt, daß die Versicherungszweige der Lebens-, Kranken-, Kredit- und Kautions- sowie Rechtsschutzversicherung in rechtlich voneinander getrenn- ten Unternehmen zu betreiben sind[77]. Als organisatorische Konsequenz aus dieser juristischen Restriktion haben sich jedoch auf dem Versicherungsmarkt Gruppen und Konzerne gebildet, die aus betriebswirtschaftlicher Sicht als einheitliche Un- ternehmen, als "Wirtschaftseinheiten", aufzufassen sind und ein aus verschiedenen Versicherungsarten bestehendes Produktprogramm anbieten[78]. Aufgrund dieser Gegebenheiten erscheint die produktionstheoretisch orientierte Charakterisierung von Versicherungen als typische Mehrproduktunternehmen gerechtfertigt.

Weniger einheitlich kann für Versicherungen die Klassifizierung nach dem Merk- mal der speziellen Nachfragesituation erfolgen. Bei Versicherungsprodukten sind beide möglichen Varianten anzutreffen, also sowohl Kundenproduktionen als auch Marktproduktionen.

---

75 Vgl. auch Brachmann (1986), S. 202.
76 Aufgrund aktueller Deregulierungsbestrebungen sind hier Veränderungen möglich, vgl. z.B. Farny (1987), S. 1001 ff; Krause (1988), S. 348 ff und S. 405 ff.
77 Zum Spartentrennungsgebot vgl. z.B. Farny (1973), S. 14 ff; Rohde-Liebenau (1973), S. 509 ff.
78 Vgl. z.B. Farny (1983), S. 35 ff ; dieser bezeichnet Konzerne als "verhinderte Allbranchenversi- cherer" (S. 36).

Produktion für einen anonymen Markt kennzeichnet typischerweise die Situation im sogenannten Breiten- oder Konsumentengeschäft. Hier werden allen Kunden die gleichen, in einheitlichen, standardisierten AVB repräsentierten Versicherungsprodukte verkauft. Spezielle Sonderwünsche der Kunden werden nur in dem Maße berücksichtigt, daß diese aus schon vorhandenen Produktvariationen ein Produkt auswählen können[79]. Zu derartigen Marktproduktionen zählen beispielsweise Hausrat-, Lebens-, Haftplicht- oder Kraftfahrtversicherung.

Auf der anderen Seite bieten Versicherungsunternehmen insbesondere im gewerblichen und industriellen Bereich Produkte an, bei denen spezifische Bedürfnisse des Kunden in die Produktion der Versicherungen direkt mit einfließen können. Das Spektrum der Mitgestaltungsmöglichkeiten reicht dabei

o von dem Fall, daß ein Versicherungsprodukt aus einzelnen, schon produzierten Bestandteilen nach individuellen Wünschen des Kunden zusammengesetzt wird[80],

o über die Möglichkeit, in Besonderen Versicherungsbedingungen zusätzliche individuelle Produktabmachungen zu treffen, bis hin

o zu der Alternative, daß ganz individuelle Versicherungsprodukte jeweils für einen einzelnen Kunden zwischen den Vertragspartnern ausgehandelt und in sogenannten "Geschriebenen Bedingungen" dokumentiert werden[81].

---

79 Beispielsweise in der Kfz-Haftpflicht die Alternativen "unbegrenzte Deckung" oder "bis max. 2 Mio. DM Deckung" bei Personenschäden.

80 Von Nickel-Waninger (1987, S. 217) als Baukastenprodukt bezeichnet, das etwa in der Betriebs- bzw. Produkt-Haftpflichtversicherung vorliegt.

81 Beispielsweise in der Transportversicherung üblich.

3.2.3.2   PRODUKTEIGENSCHAFTEN VON VERSICHERUNGS-INFORMATIONEN

Da Versicherungen eine spezielle Art von Informationsprodukten bilden, charakterisieren die generell für alle Informationsprodukte hergeleiteten produktspezifischen Merkmale auch die Versicherungsprodukte. Hierzu zählen[82]:

o   Versicherungsprodukte sind immaterielle Wirtschaftsgüter, deren informationeller Bedeutungsinhalt auf materiellen Trägermedien konkret repräsentiert ist. Aufgrund dieser materiellen Produktkomponente erscheint es nicht gerechtfertigt, Versicherungen pauschal als unsichtbare, nicht gegenständliche und nicht greifbare Produkte zu bezeichnen[83].

o   Aufgrund des Erfordernisses eines materiellen Produktträgers können Versicherungen gespeichert oder gelagert werden. Als Konsequenz hieraus folgt, daß die wesentliche Begründung für die in der Versicherungsliteratur vertretene These, bei Versicherungen erfolge der Absatz vor der Produktion[84], entfällt. Die Frage nach der zeitlichen Beziehung zwischen Produktion und Absatz von Versicherungen ist vielmehr in differenzierter Form zu beantworten: Werden Versicherungen, wie im Massengeschäft üblich, für einen anonymen Markt produziert, so wurden sie schon vor ihrem Verkauf fertiggestellt[85]. Im Falle von Kundenproduktionen, wie sie typischerweise im industriellen Geschäft vorliegen, sind Versicherungen bereits abgesetzt, bevor sie dann unter Berücksichtigung individueller Kundenwünsche endgültig hergestellt werden.

o   Versicherungsprodukte können leicht kopiert und damit reproduziert werden. Diese Produkteigenschaft ist als ein wesentlicher Grund für die den Versicherern oft vorgeworfene mangelnde Innovationsfreude bezüglich der Produktentwicklung anzusehen. Aufgrund des für Versicherungsprodukte gesetzlich geregelten Genehmigungsverfahrens der Aufsichtsbehörde[86] können

---

82   Vgl. S. 104 ff und auch die Zusammenstellung bei Nickel-Waninger (1987), S. 175.
83   Zu dieser Einschätzung vgl. z.B. Delisle (1981), S. 66 f; Puschmann (1986), S. 7 und kritisch dazu Nickel-Waninger (1987), S. 177 f.
84   Vgl. z.B. Farny (1965), S. 17.
85   Vgl. Nickel-Waninger (1987), S. 187 f.
86   Vgl. z.B. Angerer (1975), S. 200; Farny (1971), S. 164 f; Grossfeld (1976), S. 641.

Konkurrenzunternehmen leicht Kenntnis von neu gestalteten Versicherungsprodukten erlangen und diese dann wegen der Möglichkeit der leichten Kopierbarkeit schnell und nur mit geringem ökonomischem Aufwand reproduzieren und wirtschaftlich verwerten. Weitere Konsequenzen, die aus dieser Produkteigenschaft generell für Informationsprodukte abgeleitet wurden[87], ergeben sich speziell für Versicherungsprodukte nicht, da diese ihre Wirtschaftskraft erst durch die Garantiezusage des Versicherers erhalten, die nur bei Vertragsabschluß rechtlich verbindend ist. Einfache vorvertragliche Kopien von Versicherungsinformationen sind damit für den Nachfrager lediglich zum Zwecke der Produktprüfung bzw. der unverbindlichen Kundeninformation von Nutzen.

o Versicherungsprodukte unterliegen nur im Falle von Relevanzverlusten einem Verbrauch. Derartige Relevanzverluste können zwar während der durch die Vertragslaufzeit festgelegten Nutzungsdauer der Versicherungsprodukte prinzipiell auftreten, da Veränderungen der Risikosituation oder anderer, durch Versicherungsinformationen abgebildeter Aspekte der Realität denkbar sind. Sie werden jedoch üblicherweise dadurch aufgefangen, daß beiden Versicherungspartnern Möglichkeiten zur Anpassung der Versicherungsbedingungen eingeräumt werden. Die Gefahr eines Verbrauchs der Zustandsgarantie des Versicherers während der Vertragslaufzeit ist damit praktisch nicht vorhanden.

o Versicherungsprodukte sind wie alle Informationsprodukte interpretationsbedürftig. Zur konkreten Nutzung der Produkte ist ihr Bedeutungsinhalt vom Versicherungsnehmer durch Interpretation der darstellenden Sprachsymbole zu ermitteln. Das Merkmal der Interpretationsbedürftigkeit ist eines der zentralen Charakteristika von Versicherungsprodukten, das insbesondere bei deren Entwicklung und Gestaltung zu beachten ist. Vereinzelt wird eine mangelnde Berücksichtigung dieser Eigenschaft auch für das negative Image der Versicherungswirtschaft in der Öffentlichkeit mitverantwortlich gemacht[88].

---

87 Ausführlich beschrieben bei Nickel-Waninger (1987), S. 85 ff.
88 Vgl. Müller/Nickel (1984), S. 744 ff.

Die hier zusammengestellten Eigenschaften von Versicherungsprodukten führen zu einer ganzen Reihe weiterer informationsspezifischer Auswirkungen und Besonderheiten sowohl in den Bereichen der Produktion als auch des Absatzes von Versicherungen. Während die Implikationen auf die Kombinationsvorgänge zur Erzeugung der Produkte im folgenden ausführlich behandelt werden, sei für den Absatz und das Marketing von Versicherungen auf die grundlegende Arbeit von Nickel-Waninger[89] verwiesen.

3.3 INFORMATIONSPRODUKTIONSPROZESSE IN VERSICHERUNGSUNTERNEHMEN

Bei einer Analyse der in der Versicherungsliteratur getroffenen Aussagen bezüglich der Produktionsvorgänge in Versicherungsunternehmen findet man für ein betriebswirtschaftliches Verständnis eigentlich merkwürdig anmutende Auffassungen:

Zum einen werden vorwiegend von Versicherungspraktikern[90] die Verkaufstätigkeiten des Versicherungs-Außendienstes und damit der Absatz der Versicherungsprodukte als Produktion bezeichnet. Zum anderen werden vielfach fast alle Versicherungsvorgänge ohne jede weitergehende Differenzierung als Produktionsprozesse zur Erzeugung des Hauptproduktes Versicherung aufgefaßt. So führt beispielsweise Tröbliger bei seiner Beschreibung der Abläufe zur Produktion von Versicherungsschutz in detaillierter Form auf[91]:

Antragsbearbeitung und Vertragsausfertigung, Bestandsverwaltung, Schadensbearbeitung, Vermögensanlage und -verwaltung, Vertrieb, Revision und weitere nicht versicherungspezifische Tätigkeiten wie Werbung, Rechnungswesen und allgemein Verwaltung.

---

89 Vgl. Nickel-Waninger (1987).

90 Vgl. z.B. o.V. (1962), S. 197, wo unter anderem als treffendes Beispiel die Bezeichnung des Zusammenschlusses nationaler Außendienstverbände in der französischen Fassung als "Bureau International des **Producteurs** d'Assurance et de Reassurance" angeführt wird.

91 Vgl. Tröbliger (1985), S. 4 ff, siehe auch Müller-Lutz (1984), S. 69 ff; diese vielfach vorzufindende weite Auslegung des Produktionsbegriffes geht auf Farny (1965, S. 57) zurück.

Diese betriebswirtschaftlich nur wenig überzeugende Betrachtung der Produktionsvorgänge in Versicherungsunternehmen wird dadurch teilweise verständlich, daß bei Versicherungen, im Gegensatz etwa zu Sachgüter produzierenden Unternehmen, ein eigenständiger, isolierter Produktionsbereich nicht ohne weiteres identifizierbar und abgrenzbar ist. Hier bestehen vielmehr alle Betriebsvorgänge aus vielfältig verknüpften und komplexen Prozessen zur Produktion von Informationen.

Gerade diese besondere Schwierigkeit macht aber eine systematische Analyse aller Produktionsvorgänge in Versicherungsunternehmen erforderlich. Hierzu werden, als erster wichtiger Schritt, auf der Basis der allgemeinen informationsproduktionstheoretischen Erkenntnisse die Produktionsprozesse identifiziert, die die Versicherungs-Hauptprodukte als Ergebnis haben. Hierauf und auf der gewählten Produktkonzeption aufbauend, werden dann die Funktionen aller anderen Informationsproduktionsprozesse abgeleitet. Diesem primär systematisierenden Teil schließt sich eine Übertragung der allgemeinen informationsproduktionstheoretischen Erkenntnisse auf die Versicherungsproduktion an.

3.3.1 PROZESSE ZUR ERZEUGUNG VON VERSICHERUNGS-HAUPTPRODUKTEN[92]

Für die Identifikation und Analyse der Produktionsprozesse, die zur Erzeugung der Versicherungsprodukte führen, ist zu beachten, daß generell zwei unterschiedliche Grundformen der Informationsproduktion zu trennen sind, nämlich die Produktion von Originärinformationen und die Produktion von Kopien schon vorhandener Originärinformationen.

---

92 Im folgenden vereinfachend auch als Versicherungsprodukte bezeichnet.

3.3.1.1   DIE EINZELPRODUKTION ORIGINÄRER VERSICHERUNGSINFORMATIONEN

Als Produktion von Originärinformationen wird ganz allgemein die erstmalige Erzeugung vollkommen neuer, innovativer Informationsprodukte bezeichnet. In der spezifischen Versicherungssituation zählen zu dieser Grundform der Informationsproduktion im wesentlichen die Entwicklung Allgemeiner Versicherungsbedingungen (AVB) für neue Versicherungsarten, da in diesen Bedingungswerken die Versicherungsprodukte beschrieben und festgelegt sind. Produktionsprozesse zur Erzeugung weiterer originärer Versicherungsinformationen sind darüber hinaus erforderlich, um entweder bestimmte neue Produktvariationen, dokumentiert in Besonderen Versicherungsbedingungen, Zusatzvereinbarungen und Klauseln, oder kundenindividuelle Einzelprodukte, repräsentiert in sogenannten "Geschriebenen Bedingungen", herzustellen.

Bezüglich des allgemeinen Typs der Prozesse zur Produktion dieser verschiedenen originären Versicherungs-Informationsprodukte ist festzustellen, daß diese in der Regel zu den Indeterminierten Informationsproduktionen zu rechnen sind[93]. Die Begründung hierfür liegt darin, daß für derartige Produktionsprozesse kein vollständiges Produktionsverfahren existiert, das originäre Versicherungsbedingungen auf eindeutige Art und Weise als Ergebnis exakt feststehender und gleichbleibender Kombinationsvorgänge erzeugt. Die informationelle Produktion neuer Versicherungsbedingungen ist nicht durch invariante, determinierte Produktionsabläufe gekennzeichnet, die bei beliebiger Wiederholung stets neue Versicherungsbedingungen liefern.

Die Produktionsprozesse sind jedoch nicht vollkommen indeterminiert, da für das zweite definierende Merkmal gilt, daß die erforderlichen Informationen zur Spezifikation des zu erzeugenden Produktes in Form der fünf Hauptmerkmale bereits vorhanden sind. Für die Herstellung beliebiger originärer Versicherungsprodukte sind stets Ausprägungen zu diesen Versicherungs-Merkmalen zu erzeugen.

---

93   Genauer stellen sie betriebswirtschaftlich F + E-Aktivitäten dar, vgl. Schütze (1970), S. 134 ff.

Indeterminiert sind bei der originären Versicherungsproduktion die Produktionsverfahren zur Entwicklung neuer Versicherungsbedingungen. Für diese können folglich auch keine allgemeingültigen Hypothesen und Erkenntnisse abgeleitet werden. Sie können lediglich generell als Informationsverarbeitungsverfahren bezeichnet werden, die überwiegend von menschlichen TIV durchgeführt werden. Bei den im Rahmen dieser Informationsverarbeitungsvorgänge ablaufenden internen kognitiven Prozessen der eingesetzten menschlichen TIV handelt es sich primär um Verfahren der Routine- und der komplexen Assoziation.

Die so identifizierten indeterminierten Prozesse zur Produktion originärer Versicherungsinformationen in Form neuer Versicherungsbedingungen können prinzipiell von jedem Versicherungsunternehmen selbst durchgeführt werden. Tatsächlich ist jedoch zwischen der Entwicklung von Produktinnovationen und Produktvariationen zu unterscheiden[94]:

Produktinnovationen, also die Herstellung vollkommen neuer Versicherungsprodukte, werden in der Regel von gemeinsamen Versicherungsinstitutionen durchgeführt, und zwar meist von den jeweiligen Fachverbänden[95]. Eine Ausnahme bildet lediglich die originäre Erzeugung individueller Produkte für einzelne, meist aus dem industriellen Bereich stammende Kunden. Diese Produktionsprozesse machen jedoch nur einen kleinen Anteil an der gesamten Versicherungsproduktion aus[96].

Die Gründe für diese versicherungsspezifische Besonderheit sind zum einen darin zu sehen, daß für einzelne Unternehmen kaum ökonomische Anreize bestehen, neue Versicherungsbedingungen zu entwickeln. Einem sehr hohen Entwicklungsaufwand und Risiko für neue Produkte stehen kaum adäquate Wettbewerbsvorteile gegenüber, da eine sofortige Produktnachahmung aus den bereits genannten Gründen nicht verhindert werden kann. Es besteht im Gegenteil sogar die Gefahr, daß der Entwicklungsaufwand für ein neues Produkt aufgrund der schnellen Reaktionsmöglichkeiten der Konkurrenz nicht durch entsprechende, aus einem Innova-

---

94   Vgl. Müller (1987b), S. 36 ff.

95   Vgl. z.B. Schütze (1970), S. 136; in Kimball/Pfennigstorf (1968, S. 70 ff) werden Verfahren zur Entwicklung neuer AVB an zwei realen Fällen exemplarisch beschrieben.

96   Auf solche "Sonderanfertigungen" entfallen weniger als 2 % der gesamten Prämieneinnahmen, vgl. Nickel-Waninger (1987), S. 217.

tionsvorsprung resultierende Erträge ausgeglichen werden kann[97]. Zum anderen liegt die geringe Innovationsbereitschaft der Versicherer auch darin begründet, daß es diesen an fachlich hoch qualifizierten Mitarbeitern zur Realisierung der komplexen indeterminierten Informationsproduktionen mangelt[98].

Von Versicherungsunternehmen selbst werden dagegen überwiegend indeterminierte Produktionen von Originärinformationen zum Zwecke der Produktvariation durchgeführt. In diesen Produktionsprozessen werden die zentral entwickelten und allgemein verwendeten Standardprodukte durch spezifische Zusatzvereinbarungen und Klauseln verändert. Im Vergleich zur innovativen Produktion originärer AVB sind diese Produktionsvorgänge jedoch sowohl weniger komplex als auch mit geringerem finanziellem Aufwand und Risiko verbunden.

3.3.1.2   DIE MASSENPRODUKTION VON VERSICHERUNGS-INFORMATIONEN

Produktionsprozesse mit dem Ziel der einzelnen Erzeugung originärer Versicherungsbedingungen werden somit zum überwiegenden Teil **nicht** in den Versicherungsunternehmen selbst durchgeführt. Die dort tatsächlich ablaufenden Prozesse zur Produktion von Versicherungsinformationen in großen Mengen können unter der Prämisse, daß Originärinformationen in Form von AVB für eine Versicherungsart bereits vorliegen, wie folgt beschrieben werden:

Zur Herstellung eines kompletten absatzbestimmten Informationspakets Versicherung für einen Kunden sind jeweils zwei bestimmte Produktbestandteile zu erzeugen, die AVB und die Versicherungspolice. Da AVB für eine bestimmte Versicherungsart bereits in originärer Form vorliegen, können diese mittels einfacher Kopierprozesse vervielfältigt werden. Derartige Reproduktionen können entweder unternehmensextern, z.B. in Druckereien, angefertigt werden und als originäre Produktionsfaktoren in die Gesamtproduktion einfließen. Sie können jedoch auch unternehmensintern in entsprechenden Betriebseinheiten erzeugt und damit zu

---

97   Vgl. Schütze (1970), S. 136.
98   Vgl. Müller (1987b), S. 38.

derivativen Produktionsfaktoren oder Zwischenprodukten bei dieser Informationsproduktion werden.

In dem so zu reproduzierenden Produktbestandteil "AVB" ist lediglich eine abstrakte Risikosituation beschrieben und festgelegt. Diese von einzelnen individuellen Risiken losgelöste generalisierte Form wird dadurch erreicht, daß neben konstanten Merkmalsausprägungen für alle Verträge bestimmte Ausprägungen zu den Hauptmerkmalen nur in variabler Form beschrieben sind. Hierbei handelt es sich beispielsweise um[99]

- Name und Anschrift des Versicherungsnehmers
- Beginn und Ablauf des Vertrages
- Konkrete versicherte Personen und Objekte
- Konkrete Selbstbehalte
- Bestimmte besondere Vertragsbedingungen.

Diese variablen Elemente der Produktbeschreibumg in den AVB erfahren im zweiten Produktbestandteil, der Versicherungspolice, dahingehend eine Konkretisierung, daß diesen Variablen jeweils bestimmte Werte zuzuordnen sind, die einzelne kundenspezifische Risikosituationen exakt definieren. Zur Erzeugung dieses individuellen Produktbestandteils sind bestimmte Informationen des jeweiligen Käufers erforderlich, welche dieser in seinem Versicherungsantrag zur Verfügung stellt. Unter Verwendung solcher im Versicherungsantrag enthaltenen Input-Informationen werden mittels bekannter und fest vorgegebener Informationsverarbeitungsverfahren die individualisierenden Produktbestandteile erzeugt. Bei den beschriebenen informationellen Produktionsprozessen, die im Rahmen der Antragsbearbeitung und Policierung durchgeführt werden, handelt es sich um vollkommen determinierte Produktionsprozesse, die in großer Zahl und teilweise vollautomatisch mittels EDV erledigt werden[100].

Die zentralen Erkenntnisse bezüglich der informationellen Produktionsprozesse zur Erzeugung der für den Absatz bestimmten Hauptprodukte der Versicherer lassen sich folgendermaßen thesenförmig zusammenfassen:

---

99   Vgl. z.B. Benes (1970), S. 25 ff.
100 Vgl. z.B. Horbelt/Wiebrig/Zieran (1985), S. 9 ff; Müller-Lutz (1972), S. 202 ff.

1. Bei der Versicherungsproduktion ist prinzipiell zwischen der einzelnen Originärproduktion von Versicherungsbedingungen und der Massenproduktion absatzbestimmter Versicherungsprodukte zu unterscheiden.

2. Die Originärproduktion von Versicherungsbedingungen in komplexen Produktionsprozessen ist als Indeterminierte Informationsproduktion zu typisieren, die sowohl mit einem hohen Entwicklungsaufwand als auch mit einem großen unternehmerischen Risiko verbunden ist.

3. Diese, den F+E-Prozessen der Industrie entsprechenden informationellen Produktionsvorgänge finden überwiegend nicht in Versicherungsunternehmen, sondern in zentralen Fachverbänden statt.

4. Innerhalb von Versicherungen werden informationelle Originärproduktionen zur Variation von Versicherungsbedingungen und hauptsächlich die Massenproduktion von Versicherungsinformationen für den Absatz durchgeführt.

5. Die Massenproduktionsprozesse setzen sich aus einfachen Kopierprozessen zur Reproduktion der kundenunabhängigen Informationen sowie aus der determinierten Originärproduktion kundenindividueller Produktbestandteile zusammen.

Diese fünf Thesen verdeutlichen, daß in Versicherungsunternehmen selbst eigentlich kaum ökonomisch bedeutsame Produktionsprozesse zur Herstellung der Hauptprodukte stattfinden. Die eigentliche Produktionsaufgabe der Versicherer besteht größtenteils in der technisch unkomplizierten Herstellung von Informationskopien sowie in der gut strukturierten und standardisierten determinierten Massen-Informationsproduktion. Sie stellt damit nur einen kleinen Bereich der gesamten unternehmerischen Aufgaben eines Versicherers dar.

Aus dieser informationstheoretischen Analyse folgt ferner, daß die angeführten Arbeitsabläufe in Versicherungen nur zu einem ganz geringen Teil zu den **eigentlichen Produktionsprozessen** zählen. Es sind dies lediglich die beschriebenen Vorgänge im Rahmen der Antragsbearbeitung und Policierung. Bei allen anderen Arbeitsabläufen handelt es sich zwar auch um Prozesse der Verarbeitung von Informationen. Sie dienen jedoch überwiegend zur Herstellung der informationellen

Nebenprodukte sowie der versicherungsinternen Informationsprodukte. Um diese Vorgänge deutlich von den Produktionsprozessen abzugrenzen, die die Hauptprodukte der Versicherer liefern, werden sie als **informationelle Betriebsprozesse** bezeichnet. Ihre genaue Funktion im gesamten Versicherungsablauf wird im folgenden analysiert.

3.3.2 BESCHREIBUNG UND FUNKTIONSANALYSE DER ARBEITS-ABLÄUFE IM VERSICHERUNGSUNTERNEHMEN

Die Funktion der informationellen Betriebsprozesse, die im Rahmen der Vermögensanlage und -verwaltung, des Vertriebs, der Revision und weiterer nichtversicherungsspezifischer Aktivitäten wie Werbung, Rechnungswesen, etc. durchgeführt werden, für den gesamten Versicherungsablauf ist offensichtlich. Bei allen diesen Arbeitsvorgängen handelt es sich um betriebliche Leistungen, denen bei Versicherungen die gleichen Aufgaben zukommen, wie sie üblicherweise in der allgemeinen Betriebswirtschaftslehre unterstellt werden. So ist beispielsweise die Funktion des Vertriebs primär in Verkauf und Absatz schon erzeugter Versicherungsprodukte zu sehen, Vermögensanlage und -verwaltungstätigkeiten sind zu den Finanzierungsaufgaben zu zählen, die durch die Erzeugung und den Verkauf von Versicherungen entstehen. Genauso werden schließlich Werbetätigkeiten oder Vorgänge im Rechnungswesen betriebswirtschaftlich nicht als Produktionsprozesse eingestuft und analysiert.

In allgemeine betriebswirtschaftliche Kategorien nicht so offensichtlich einzuordnen und deshalb detaillierter zu untersuchen sind die als Antragsbearbeitung und Vertragsausfertigung (Policierung), Bestandsverwaltung und Schadensbearbeitung bezeichneten Aktivitäten[101]. Diese informationellen Betriebsprozesse können wie folgt kurz beschrieben werden:

---

101 Die folgende Beschreibung dieser Vorgänge orientiert sich an der in Fußnote 91 angegebenen Literatur.

<u>Antragsbearbeitung und Vertragsausfertigung</u>

Im Rahmen der Antragsbearbeitung werden als erstes die im Versicherungsantrag enthaltenen Informationen des Versicherungsnehmers einer eingehenden Prüfung unterzogen, mit dem Ergebnis der Ablehnung oder der Annahme des Antrages. Im Falle der Antragsannahme werden die Versicherungsdokumente erstellt, die Tarifierung vorgenommen, die Informationen gespeichert und verschiedenen Statistiken zugeführt, die Buchhaltung eingeschaltet sowie letztlich auch die Rückversicherungssituation geprüft.

<u>Bestandsverwaltung</u>:

Die wesentlichen Aufgaben der wegen der Langfristigkeit von Versicherungsverträgen notwendigen Bestandsverwaltung sind:

o Erstellen von Beitragsrechnungen für Folgebeiträge;
o Überwachung und Verbuchung eingehender Beitragszahlungen;
o Auslösung von Mahnverfahren und sonstigen Sanktionen;
o Formelle und inhaltliche Änderungen bestehender Versicherungsverträge;
o Bearbeitung von Kundenanfragen;
o Erteilung sonstiger Auskünfte.

<u>Schadensbearbeitung</u>:

Im Falle eines Schadeneintritts bei einem Versicherungsnehmer überprüft der Versicherer anhand von in einer Schadensmeldung dokumentierten Informationen über den Schadenshergang und anhand der Vertragsunterlagen ob und in welchem Umfang er aufgrund seiner abgegebenen Zustandsgarantie zu Schadenzahlungen verpflichtet ist. Falls erforderlich wird dann die Zahlung eines Geldbetrages an den Versicherungsnehmer veranlaßt. Zum Abschluß werden alle aufgrund des Schadenfalles erzeugten Informationen in verschiedenen internen Informationsquellen, wie etwa Schadensstatistiken, Vertragsunterlagen oder Rechnungswesen, gespeichert.

Diese im einzelnen dargestellten informationellen Betriebsprozesse können in drei Klassen mit jeweils unterschiedlichen Funktionen im gesamten Unternehmensablauf eingeteilt werden[102]:

1.) Betriebsprozesse "administrativer Art";

2.) Betriebsprozesse zur Preisbestimmung für Versicherungsprodukte;

3.) Betriebsprozesse zum Ausgleich der asymmetrischen Informationsverteilung zwischen Versicherungsnehmer und Versicherungsunternehmen.

Zu 1): Versicherer haben, wie alle anderen Unternehmen auch, im Zusammenhang mit der Herstellung und dem Verkauf ihrer Produkte verschiedene informationelle Aktivitäten administrativer Art durchzuführen. Hierzu zählen das Erstellen und Versenden von Rechnungen, die Bearbeitung von Kundenanfragen und das Erteilen sonstiger Auskünfte sowie auch die Übermittlung und Speicherung relevanter Informationen über Kunden in interne Informationsquellen zum Zwecke einer späteren Verwendung.

Zu 2): Die Preisbestimmung für abgesetzte Versicherungen erfolgt im Rahmen der Antragsbearbeitung. Bei Annahme eines Versicherungsantrages werden die im Antrag gebündelten Informationen des Versicherungsnehmers zu einer geeigneten Klassifizierung des zu versichernden Risikos verarbeitet. Anschließend wird in Abhängigkeit von der ermittelten Risikoklassifikation die Tarifierung, also die Bestimmung des konkreten Preises für ein Versicherungsprodukt, vorgenommen.

Zu 3): Den weitaus größten Anteil an allen Betriebsprozessen nehmen Informationsprozesse zum Ausgleich einer asymmetrischen Informationsverteilung zwischen Versicherer und Versichertem ein[103]. Würde ein Versicherer derartige Aktivitäten nicht durchführen, müßte er darauf vertrauen, daß ihm die Versicherten alle relevanten Informationen mitteilen und daß die übermittelten Informationen inhaltlich vollständig zutreffend sind und auch alle für die weitere Verarbeitung erforderlichen Merkmale aufweisen (z.B. bezüglich der Vollständigkeit oder der syntaktischen Struktur). Das Versicherungsunternehmen befände sich somit in einer

---

102   Nicht mehr berücksichtigt werden die marginalen Teile der eigentlichen Produktionsprozesse.

103   Vgl. Müller (1987b), S. 40 f; allgemein zu dieser Problematik vgl. z.B. Arrow (1985), S. 37 ff; Hopf (1983), S. 27 ff; Rothschild/Stiglitz (1976), S. 629 ff.

zweifachen Risikosituation: Es müßte aufgrund inadäquater Kundeninformationen zum einen negative ökonomische Konsequenzen befürchten, beispielsweise wegen einer fehlerhaften Tarifierung oder wegen eines von Vertragsvereinbarungen abweichenden Verhaltens der Versicherten. Zum anderen wäre die Gefahr gegeben, daß interne Produktionsprozesse nicht in korrekter Form durchgeführt werden könntcn.

Um die unternehmerischen Risiken zu vermindern, die sich aufgrund dieser asymmetrischen Informationsverteilung ergeben könnten, führt der Versicherer verschiedene Prüf- und Kontrollprozesse an den Informationen der Versicherungsnehmer durch. Hierzu sind alle Prüfprozesse im Rahmen der Antragsbearbeitung, die Überwachung eingehender Beitragszahlungen sowie die informationellen Vorgänge bei der Schadensbearbeitung zu rechnen. Auf alle diese Vertragskontrollprozesse könnte ein Versicherer prinzipiell verzichten, wenn er sich darauf verlassen würde, daß seine Kunden allen vertraglichen Pflichten nachkämen und alle ihre Ansprüche, etwa im Schadensfall, gerechtfertigt wären.

Nach dieser Funktionsbestimmung der Hauptarbeitsabläufe können die Informationsproduktionsprozesse in Versicherungsunternehmen zusammenfassend systematisiert werden: Generell ist zu unterscheiden zwischen eigentlichen Produktionsprozessen zur Erzeugung der absatzbestimmten Informationsprodukte sowie verschiedenen informationellen Betriebsprozessen der Versicherer. Den eigentlichen Produktionsprozessen kommt nur eine untergeordnete Rolle im gesamten Betriebsgeschehen zu. Wesentlich bedeutsamer sind die informationellen Betriebsprozesse. Neben in allen Unternehmen ablaufenden Informationsprozessen zur Unternehmensführung, zu administrativen Zwecken und zur Preisbildung ist in Versicherungsunternehmen eine ganze Reihe an Informationsaktivitäten zum Ausgleich der asymmetrischen Informationsverteilung zwischen Versicherer und Versicherten vorzufinden.

3.3.3 GESETZ DER GROSSEN ZAHLEN UND AUSGLEICH IM KOLLEKTIV - WAHRSCHEINLICHKEITSTHEORETISCHE GESETZE ZUR PRODUKTION VON PREISINFORMATIONEN

Die Analyse der Informationsprozesse in Versicherungsunternehmen hat bisher die Identifikation und Beschreibung der real in Versicherungsunternehmen ablaufenden Produktionsprozesse zur Erzeugung der Versicherungsprodukte sowie die Einordnung aller weiteren informationellen Betriebsprozesse in den gesamten Unternehmenszusammenhang zum Ergebnis. Bei dieser Analyse wurden jedoch die zentralen Konzepte noch in keinerlei Form behandelt, die traditionell als "Grundprinzipien" oder "konstituierende Elemente" der Versicherungsproduktion beziehungsweise auch als "Produktionsgesetze der Versicherungstechnik" angesehen werden: das Gesetz der großen Zahlen und der "Ausgleich im Kollektiv"[104].

Da nicht behauptet werden soll, daß diese üblicherweise sofort mit dem Begriff der Versicherungsproduktion assoziierten Konzepte für den hier verwendeten Ansatz vollkommen bedeutungslos sind, ist deren Funktion im Versicherungsprozeß aus der in dieser Arbeit zugrundegelegten Sichtweise aufzuzeigen. Hierzu soll jedoch nicht auf traditionelle versicherungsspezifische Auslegungen zurückgegriffen werden, sondern allein auf Eigenschaften und Erkenntnisse, wie sie generell in der Wahrscheinlichkeitstheorie bekannt sind[105]:

Dort bezeichnen Gesetze der großen Zahlen allgemein Aussagen über das Konvergenzverhalten des arithmetischen Mittels einer Folge von Zufallsvariablen. So erfüllen beispielsweise die Zufallsvariablen $X_1, \dots , X_n$ das starke Gesetz der großen Zahlen, wenn für deren arithmetisches Mittel $S_n = 1/n*(X_1 + \dots + X_n)$ mit wachsendem n die Differenz zwischen S_n und dessen Erwartungswert $E(S_n)$ mit Wahrscheinlichkeit 1 gegen Null konvergiert:

$$p(S_n - E(S_n) ---> 0) = 1.$$

---

104 Vgl. z.B. Albrecht (1982), S. 501 ff; Farny (1969a), S. 54; Heilmann (1986), S. 879; Helten (1984), S. 29.

105 Dieser Theoriedisziplin sind Gesetze der großen Zahlen zuzuordnen, vgl. z.B. Bamberg/Baur (1985), S. 129 ff; Härtter (1974), S. 160 ff; Menges (1972), S. 163 ff.

Zentrales Anliegen der mathematischen Wahrscheinlichkeitstheorie ist es dann, Bedingungen zu suchen, unter denen Gesetze der großen Zahlen Gültigkeit besitzen[106]. Für die spezielle Versicherungssituation werden diese allgemeinen mathematischen Gesetzmäßigkeiten durch folgende Konkretisierungen der Zufallsvariablen nutzbar gemacht:

X_i : auf einen Versicherungsvertrag i entfallende Schadenzahlungen;

$X_1 + ... + X_n$: Gesamtschaden einer üblicherweise als Kollektiv bezeichneten Menge an n Einzelverträgen;

S_n : durchschnittlich auf einen Versicherungsvertrag entfallender Anteil am Gesamtschaden eines Kollektivs (= individueller Schadenbedarf).

In dieser versicherungsspezifischen Anwendung besagt das Gesetz der großen Zahlen dann anschaulich, daß bei einem genügend großen Kollektiv an Versicherungsverträgen die Abweichung des tatsächlichen zukünftigen individuellen Schadenbedarfs von dessen mathematischen Erwartungswert vernachlässigbar ist. Ist für ein bestimmtes Versicherungskollektiv ein solches Gesetz der großen Zahlen erfüllt, so spricht man vom "Ausgleich im Kollektiv"[107].

Welche Funktion kommt nun diesen kurz beschriebenen wahrscheinlichkeitstheoretischen Gesetzmäßigkeiten bei den Produktionsvorgängen in Versicherungsunternehmen zu?

Wie beschrieben, kann unter der Voraussetzung der Gültigkeit des Gesetzes der großen Zahlen als zuverlässiger Schätzwert für den zukünftigen individuellen Schadensbedarf dessen Erwartungswert verwendet werden, der aus in Versicherungsstatistiken enthaltenen Vergangenheitsbeobachtungen berechnet werden kann. Dabei gilt, daß eine derartige Schadensprognose um so exakter ausfällt, je

---

106 So beispielsweise bei unabhängigen und identisch verteilten Zufallsvariablen, vgl. z.B. Bamberg/Baur (1985), S. 129.
107 Vgl. z.B. Helten (1984), S. 29; Sterk (1979), S. 510.

besser die Anwendungsbedingungen des Gesetzes der großen Zahlen erfüllt sind, insbesondere auch je größer die Anzahl der Vergangenheitsbeobachtungen ist[108].

Der so prognostizierte Schadenbedarf dient weiter als Grundlage zur Kalkulation der Bruttoprämie für die Versicherungsverträge des zugrunde liegenden Kollektivs: Aufgrund des versicherungstechnischen Äquivalenzprinzips, nach dem generell "die Leistungen des Versicherungsnehmers = erwarteten Leistungen des Versicherers"[109] sind, wird der prognostizierte Schadenbedarf als Nettorisikoprämie angesetzt, die dann mit weiteren Zuschlägen versehen zur Bruttoprämie führt[110]. Die so kalkulierte Bruttoprämie stellt eine Preisuntergrenze des Versicherers dar und bildet folglich eine Informationsgrundlage für dessen preispolitische Entscheidungen[111].

Dem Gesetz der großen Zahlen, beziehungsweise dessen als "Ausgleich im Kollektiv" bezeichnete versicherungsspezifische Ausprägung, kommt somit lediglich bei der Generierung des Preises für die Produkte der Versicherer eine wichtige Funktion zu. Da es sich bei diesen Vorgängen ebenfalls um Prozesse der Informationsproduktion handelt, ist das Gesetz der großen Zahlen letztlich als eine wahrscheinlichkeitstheoretische Gesetzmäßigkeit anzusehen, die die Verwendung bestimmter Informationsverabeitungsregeln zur Prognose des individuellen Schadensbedarfs erlaubt. Dieses Gesetz rechtfertigt damit die Auswahl eines Verfahrens zur Produktion von Informationen, die für die Preisbildung des Versicherers benötigt werden.

Durch diese Interpretation erfährt somit die Bezeichnung des Gesetzes der großen Zahlen als Produktionsgesetz oder Grundprinzip der Versicherung eine beachtliche Einschränkung. Diese wird insbesondere dadurch verstärkt, daß in einigen bedeutenden Versicherungszweigen, wie beispielsweise der Transportversicherung oder der Versicherung industrieller Großrisiken, die Voraussetzungen für Schadensprognosen auf der Basis von Gesetzen der großen Zahlen so gut wie nicht gegeben sind. Um dennoch zu akzeptablen preispolitischen Entscheidungen zu kommen, muß in diesen Fällen der Versicherer sein aus unzuverlässigen Schätzun-

---

108   Vgl. Bachmann (1988), S. 203 ff.
109   Heilmann (1986), S. 879.
110   Vgl. Karten (1984), S. 240 ff.
111   Vgl z.B. Karten (1984), S. 237.

gen resultierendes Prognoserisiko durch Einsatz anderer Verfahren und Instrumente[112] reduzieren.

Das Gesetz der großen Zahlen ist damit zwar für die Produktion von Preisinformationen in Versicherungen von einiger Bedeutung, es stellt für diese Informationsproduktionsprozesse jedoch keinesfalls eine notwendige Voraussetzung dar. Es bildet weiterhin kein fundamentales Grundprinzip der Versicherungsproduktion, insbesondere dann nicht, wenn man hierunter nur die Prozesse zur Erzeugung der eigentlichen Versicherungsprodukte versteht. Für diese informationellen Produktionsvorgänge ist der wahrscheinlichkeitstheoretische Ausgleich im Kollektiv vollkommen irrelevant.

3.3.4 PRODUKTIONSTHEORETISCHE ANALYSE DER KOMBINATIONSPROZESSE ZUR INFORMATIONSPRODUKTION IN VERSICHERUNGSUNTERNEHMEN

In Anlehnung an die theoretische Analyse der Kombinationsprozesse beliebiger Informationsproduktionen sind für die Versicherungs-Informationsproduktion zum einen die unterschiedlichen Substitutionsbeziehungen zwischen den Produktionsfaktoren, die in den Prozessen der Informationsproduktion kombiniert werden, aufzudecken. Zum anderen sind die Kombinationsprozesse der Versicherungsproduktion nach den verschiedenen, für die Informationsproduktion als relevant erachteten produktionstheoretischen Merkmalen und Kriterien einzuordnen und zu klassifizieren.

---

112 Hierzu zählen alle risikopolitischen Instrumente wie Rückversicherung, Selbstbehalte etc., vgl. z.B. Karten (1972), S. 294 ff.

3.3.4.1 SUBSTITUTIONSBEZIEHUNGEN BEI DER VERSICHERUNGSINFORMATIONSPRODUKTION

Durch Angabe von Substitutionsbeziehungen wird die Art und Weise der Einsatzverhältnisse der an den Produktionsvorgängen beteiligten Faktoren konkretisiert. Prinzipiell können hierdurch substitutionale oder limitationale Produktionsprozesse unterschieden werden. Zur Analyse solcher Substitutionsrelationen der speziellen Informationsproduktionen in Versicherungen wird überprüft, inwieweit die Thesen, die in diesem Zusammenhang allgemein für die Informationsproduktion hergeleitet wurden, auch bei der Versicherungsproduktion Gültigkeit besitzen:

These 1:   Zwischen menschlichen und maschinellen TIV sind Substitutionsbeziehungen bei der Informationsproduktion möglich. Bei Determinierten Informationsproduktionen können diese bis hin zum vollständigen Ersatz einer Faktorart reichen (totale Substitution).

Die aufgrund der Funktionsgleichheit bei den Produktionsvorgängen theoretisch hergeleitete Möglichkeit der Substitution menschlicher TIV durch maschinelle kann besonders gut am Beispiel der Versicherungsproduktion empirisch belegt werden. Die "Ersetzung menschlicher Arbeitsleistungen durch sachliche Betriebsmittel", die schon 1969 als wichtigster Fall der Substitution von Produktionsfaktoren in Versicherungsunternehmen bezeichnet wurde[113], realisiert sich in der bereits dokumentierten stetigen Zunahme des EDV-Einsatzes in Versicherungsunternehmen. Auf derartige maschinelle TIV wurden vielfältige Vorgänge der Informationsproduktion übertragen, die vorher von menschlichen TIV durchgeführt wurden[114]. Nachgewiesen werden können diese realen Substitutionsvorgänge durch folgende exemplarisch ausgewählte Daten, die die sich aus der Substitution ergebenden Einsparungen an menschlichen TIV aufzeigen:

---

113   Vgl. Farny (1969b), S. 148.
114   Vgl. z.B. Schmidt (1980), S. 25.

o Die Entwicklung der für die Bearbeitung von 1 Million Sachversicherungsverträgen benötigte Zahl an (Innendienst)Mitarbeitern zeigt die folgende Abb. 26. Dabei ist zu beachten, daß in den 60er und 70er Jahren der verstärkte Einsatz von EDV erfolgte. Die sprunghafte Abwärtsentwicklung ab 1971 ist auf den Einfluß der aktenarmen Sachbearbeitung (ASB) zurückzuführen[115].

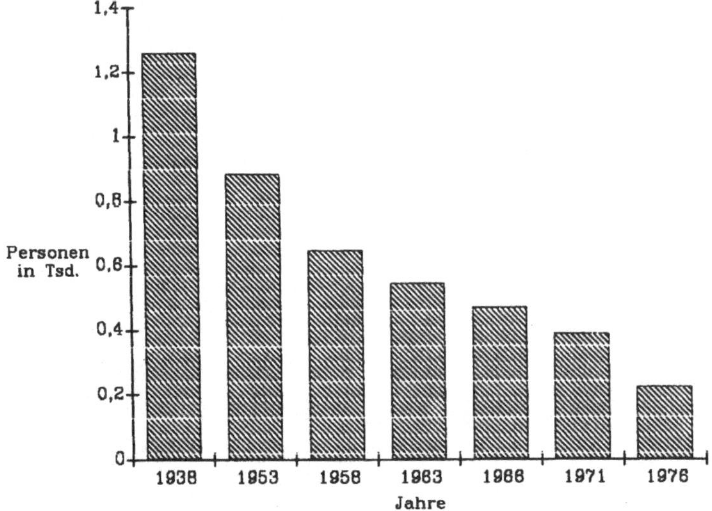

Abb. 26: Substitution menschlicher TIV in Versicherungen

o Aufgrund des Computer-Einsatzes wurden von der Allianz Lebensversicherung für die Verwaltung von 1 Million Versicherungsverträgen 1972 insgesamt 933 Mitarbeiter, 1982 nur noch 638 Mitarbeiter benötigt[116].

Zusätzlich zu diesen peripheren Substitutionsbeziehungen ist in der Versicherungswirtschaft für bestimmte Determinierte Informationsproduktionen auch vereinzelt die totale Substitution menschlicher TIV zu konstatieren. So werden bestimmte Informationsproduktionsvorgänge "völlig ohne Zutun eines Sachbearbeiters", also ausschließlich durch Einsatz maschineller TIV durchgeführt. Hierzu zählen z.B. "die Überwachung der Beitragszahlung und die Versendung von Erin-

---

115   Vgl. zu diesen Daten IBM Frankfurt (1981), S. 52; ähnliche Ergebnisse liefert eine empirische Untersuchung von Müller-Lutz (1972), S. 216 ff.
116   Vgl. Deker (1984), S. 66; siehe auch entsprechende Aufstellungen bei Graser (1985), S. 94.

nerungsschreiben oder die Mitteilung der angepaßten Versicherungsdaten bei dynamischen Versicherungen"[117].

| These 2: | Limitationale Einsatzverhältnisse bei der Informationsproduktion sind charakteristisch für die Produktionsfaktoren Informationen und "sonstige Sachmittel". Speziell beim Einsatz des Faktors Informationen kann nicht generell von linearer Limitationalität ausgegangen werden. |

Während die üblicherweise unterstellte Prämisse limitationaler Einsatzverhältnisse bei den "sonstigen Sachmitteln" wegen deren geringer ökonomischer Bedeutung auch bei der Versicherungsproduktion weder angezweifelt noch näher geprüft werden soll, kann an dieser Stelle gezeigt werden, daß ein limitational an den Output gebundener Einsatz von informationellen Faktoren auch für die Informationsproduktion in Versicherungen charakteristisch ist.

Da eine systematische Erfassung aller als Produktionsfaktoren eingesetzter Informationen in Versicherungsunternehmen nicht vorgenommen wurde, kann sich die folgende Analyse nur auf die Einsatzbedingungen der bereits beschriebenen informationellen Inputs für Prozesse der Versicherungsproduktion beziehen. Hierbei handelt es sich um

(1)   Versicherungsinformationen in Form einmal entwickelter, originärer Bedingungswerke;

(2)   "Antragsinformationen" der Versicherungsnehmer;

(3)   "Schadensanzeigen" der Versicherten in Schadensfällen.

Zu (1): Diese erste Informationsart wird in den Prozessen zur Erzeugung der eigentlichen Versicherungs-Informationsprodukte eingesetzt. Aufgrund ihres abstrakten Informationsinhalts wird diese Faktorart mittels einfacher Kopierprozesse zu einem Bestandteil des Informationsproduktes "Versicherung" umgewandelt. Für

---

117   Zitiert aus Deker (1984), S. 66.

diese Prozesse ist einerseits eine als Vorlage dienende originäre Input-Information erforderlich, die nicht durch andere Produktionsfaktoren substituiert werden kann. Andererseits können von einer einzigen solchen Originärinformation beliebig viele Kopien angefertigt und als Endproduktbestandteil verwendet werden. Der Faktoreinsatz dieser Informationsart ist also limitational an den Output gebunden, allerdings in nicht-linearer Form, da bei Variation der Produktmenge keine konstanten Faktoreinsatzverhältnisse vorliegen.

Zu (2) und (3): Gemeinsam können die Input-Informationsarten "Antragsinformationen" und "Schadensanzeigen" behandelt werden. Wie bereits gezeigt, werden diese als Einheiten betrachtete Informationspakete zwar in ganz unterschiedlichen Produktionsprozessen eingesetzt, die Art und Weise ihres Einsatzes ist jedoch in allen Prozessen identisch:

Diese Informationsarten sind jeweils linear-limitational an die in den jeweiligen Kombinationsprozessen erzeugten Informationsprodukte gebunden. So ist beispielsweise für die Produktion der kundenindividuellen Bestandteile der Versicherungsprodukte pro zu erzeugender Versicherungsinformation genau ein Input-Informationspaket "Antragsinformationen" erforderlich. Ebenso löst jeweils der Input einer "Schadensanzeige" die Informationsproduktionsprozesse aus, die als Produktionsergebnis eine Angabe über Schadenzahlungen des Versicherers liefern. Auch für die verschiedenen Prüf- und Kontrollprozesse ist stets eine zu prüfende Input-Information notwendig, etwa die in einem Versicherungsantrag gebündelten Angaben.

Bezüglich der Faktoreinsatzverhältnisse der Versicherungsproduktion kann zusammenfassend festgestellt werden, daß hier prinzipiell von den gleichen Relationen auszugehen ist, wie sie auch in vielen anderen produzierenden Unternehmen vorzufinden sind:

Für den Faktoreinsatz der Versicherungs-Informationsproduktion sind gemischt limitational-substitutionale Einsatzverhältnisse typisch. Limitational in den Produktionsprozessen eingesetzt werden dabei Input-Informationen und "sonstige Sachmittel", substitutionale Beziehungen bestehen zwischen menschlichen und maschinellen TIV.

3.3.4.2   PRODUKTIONSTHEORETISCHE MERKMALE DER VERSICHERUNGS-INFORMATIONSPRODUKTION

Für die produktionstheoretische Klassifizierung der betrieblichen Kombinationsprozesse zur Produktion von Informationen wurden im allgemeinen Theorieteil die Merkmale Wiederholungsgrad, Produktionsverbundenheit, Güterflußstruktur, Stufigkeit und Automatisierungsgrad als Klassifikationskriterien verwendet[118]. Mittels dieser Merkmale können auch die Kombinationsprozesse der Informationsproduktion in Versicherungsunternehmen charakterisiert und eingeordnet werden.

<u>Wiederholungsgrad:</u>

Durch dieses Kriterium werden generell Einzelproduktionen und Massenproduktionen unterschieden. Bei der Informationsproduktion in Versicherungsunternehmen sind beide Ausprägungen dieses Merkmals festzustellen, und zwar sowohl bei den für den Verkauf bestimmten Versicherungsprodukten als auch bei den vielen anderen intern erzeugten Informationsprodukten.

Bei den Versicherungs-Hauptprodukten ist die Einzelproduktion zwar nicht als Regelfall anzusehen; sie charakterisiert aber beispielsweise die Versicherung verschiedener Risiken im großindustriellen Bereich oder auch unterschiedlicher Einzelrisiken (z.B. in der Raumfahrt). Typisch für die meisten Versicherungsarten ist vielmehr der Fall der Massenproduktion artmäßig gleicher Versicherungsinformationen. Bei den weiteren im Versicherungsprozeß erzeugten Informationsprodukten handelt es sich etwa bei der Erzeugung von Führungs- und Steuerungsinformationen typischerweise um Einzelproduktionen; die vielfältigen Vorgänge im Rahmen der Antragsbearbeitung, der Bestandsverwaltung oder der Schadensbearbeitung werden üblicherweise als Massenproduktionsvorgänge eingeschätzt[119].

---

118   Vgl. S. 124 ff.
119   Vgl. z.B. Verband der Lebensversicherungs-Unternehmen (1978), S. 5 ff.

Produktionsverbundenheit:

Für die Informationsproduktion werden generell Verbundeffekte, also der gemeinsame Einsatz eines Produktionsfaktors zur Erzeugung verschiedener Produktarten, zum einen auf eine mögliche gemeinsame Nutzung bestimmter Informationen in unterschiedlichen Produktionsprozessen, zum anderen auf eine gleichzeitige Abwicklung verschiedener Informationsproduktionsprozesse auf einzelnen maschinellen TIV zurückgeführt. Diese beiden Möglichkeiten für verbundene Produktionen treffen für Versicherungen zu:

Ein Einsatz einzelner Informationen in Form von Kopien in unterschiedlichen Produktionsprozessen zeigt sich etwa am Beispiel der Informationsart "Versicherungsantrag". Diese Information stellt sowohl einen Produktionsfaktor für die Erzeugung der Versicherungsprodukte als auch zur Produktion entsprechender Preisinformationen dar. Auch können generell einzelne Kostenrechnungsinformationen einen gemeinsamen Faktor für die Erzeugung verschiedenster Führungs-Informationsprodukte der Unternehmensleitung bilden.

Während weiterhin Verbundeffekte bei der Versicherungs-Informationsproduktion aufgrund der gemeinsamen Durchführung einer großen Zahl verschiedener Prozesse der Informationsproduktion auf einzelnen Großrechenanlagen[120] resultieren, kann angesichts einiger neuerer Entwicklungen im Rahmen der Arbeitsabläufe auch verstärkt von einem gemeinsamen Einsatz menschlicher TIV für ganz unterschiedliche Produktionsaufgaben gesprochen werden: Im Rahmen der immer mehr in den Vordergrund rückenden Tendenz zur sogenannten "Integrierten Sachbearbeitung" wird angestrebt, daß für so unterschiedliche Informationsproduktionen wie Vertragsauskünfte, Angebotserstellungen, Antragsbearbeitungen, Vertragsänderungen, Schadensbearbeitung oder Buchungsvorgänge nur noch ein einzelner Sachbearbeiter als menschlicher TIV eingesetzt wird[121].

Aufgrund der gezeigten Faktoreinsatzbedingungen bei der Informationsproduktion in Versicherungen ist diese insgesamt als verbundene Produktion zu bezeichnen.

---

120 Vgl. die Zusammenstellung bei Betriebswirtschaftliches Institut der Versicherungswirtschaft (1983), S. 83 ff.

121 Vgl. z.B. Deker (1984), S. 62 ff; Inderfurth (1988), S. 272 ff; Tröbliger (1985), S. 29 ff.

Güterflußstruktur und Stufigkeit:

Anhand dieser beiden Merkmale können auf der Untersuchungsebene der Informationsproduktion in Versicherungen keine spezielleren Erkenntnisse abgeleitet werden als allgemein bei der Informationsproduktion: Bezüglich des Informationsflusses in den Produktionsprozessen kann prinzipiell zwischen glatten, konvergierenden und divergierenden Produktionen unterschieden werden. Die Produktionsprozesse in Versicherungen selbst sind in der Regel mehrstufig, d.h. eine Informationsproduktionsaufgabe wird üblicherweise in einzelne Teilprozesse zerlegt, die dann stufenweise bearbeitet werden. Exaktere Aussagen bezüglich dieser beiden Merkmale können nur durch eine Analyse ganz konkreter Produktionsvorgänge in einzelnen Versicherungsunternehmen hergeleitet werden.

Automatisierungsgrad:

Durch den Automatisierungsgrad wird bei der Informationsproduktion die Beteiligung maschineller TIV an den Produktionsprozessen erfaßt. Wie schon an mehreren Stellen ausgeführt, ist die Informationsproduktion in Versicherungsunternehmen insgesamt durch einen starken Einsatz maschineller TIV und damit prinzipiell durch einen hohen Automatisierungsgrad geprägt. Bei einer differenzierteren Betrachtung ergibt sich weiterhin, daß der Automatisierungsgrad mit dem Grad der Determiniertheit der jeweiligen Informationsproduktionsprozesse steigt: Bestimmte vollkommen Determinierte Informationsproduktionen, wie etwa die Mitteilung angepaßter Versicherungsdaten bei sogenannten "dynamischen Versicherungen", laufen in einzelnen Versicherungsunternehmen bereits vollautomatisch ab[122], in anderen mittels sehr starken EDV-Einsatzes[123]. Bei Indeterminierten Informationsproduktionen, beispielsweise im Rahmen von Planungs- und Entscheidungsvorgängen der Unternehmensleitung, ist dagegen ein weitaus geringerer EDV-Einsatz typisch[124].

---

122   Vgl. S. 234 f.
123   Vgl. Langsch (1984), S. 26.
124   Vgl. die Daten bei Bachmann (1988), S. 180 f; Langsch (1984), S. 26.

4. ZUSAMMENFASSUNG

Das **Informationskonzept der Versicherung** klassifiziert in seiner zentralen Hypothese Versicherungen als ausschließlich informationsproduzierende und absetzende Unternehmen, was wiederum die Anwendung der allgemeinen Theorie der Informationsproduktion auf die spezifischen Bedingungen der Versicherungsproduktion rechtfertigt. Unter Verwendung dieser Versicherungskonzeption können folglich die Produktionsfaktoren, die Produkte und die Kombinationsprozesse der Versicherungsproduktion als spezielle Informationsproduktionen theoretisch fundiert analysiert und dabei gleichzeitig eine erste Konkretisierung der entwickelten Informationsproduktionstheorie realisiert werden.

Die **Produktionsfaktoren der Versicherungsproduktion** bestehen aus menschlichen und maschinellen TIV, Informationen und sonstigen Sachmitteln. Es handelt sich dabei um genau die Einsatzfaktoren mit den prinzipiell gleichen produktionstheoretischen Merkmalen und Eigenschaften, wie sie bei der Erzeugung beliebiger Informationen benötigt werden. Besonders charakteristisch für die Versicherungsproduktion ist der starke Einsatz maschineller TIV sowie die damit verbundenen vielfältigen organisatorischen und sozialen Konsequenzen. Die Größen Schadenzahlungen, Sicherheitsmittel und Kapitalnutzungen werden hier, in Abweichung vom Versicherungsschutzkonzept, nicht als Produktionsfaktoren eingestuft. Sie sind vielmehr ihrer realen Funktion entsprechend zu der bei allgemein-betriebswirtschaftlicher Betrachtungsweise vom Produktionsbereich zu trennenden Finanzsphäre der Versicherung zu rechnen.

Bei den **Produkten der Versicherungsproduktion** handelt es sich um eine bestimmte Art von Informationsprodukten. Diese werden durch fünf Hauptmerkmale (Versicherte Gefahren, Versicherte Objekte, Versicherte Zustandsveränderungen, Geforderte Verhaltensweisen, Relation zwischen Schaden und Entschädigung) abstrakt spezifiziert und abgegrenzt. Sie beinhalten konkret eine prognostische sowie wirtschaftlich und rechtlich verbindliche Zustandsgarantie des Versicherers. Sprachlich repräsentiert werden die in Versicherungssparten und -zweige aufgeteilten Versicherungsprodukte in den zugrunde liegenden Vertragsvereinbarungen und speziell in den jeweiligen Allgemeinen Versicherungsbedingungen.

Wie alle anderen Informationen auch, sind Versicherungsprodukte generell als auf materiellen Trägern repräsentierte, immaterielle Wirtschaftsgüter zu charakterisieren, die gespeichert und gelagert werden können. Sie sind zudem interpretationsbedürftig sowie leicht kopier- und reproduzierbar. Ferner unterliegen sie während der Vertragslaufzeit nahezu keinerlei Relevanzverlusten.

Neben diesen für den Absatz bestimmten Versicherungs-Hauptprodukten werden in Versicherungsunternehmen eine große Zahl weiterer, ganz unterschiedlicher Informationsprodukte erzeugt. Diese werden entsprechend ihrem Verwendungsbereich in informationelle Nebenprodukte und versicherungsinterne Informationsprodukte klassifiziert. Nicht zu Nebenprodukten der Versicherer werden die verschiedentlich sogar als Kuppelprodukte bezeichneten Kapitalanlagen gerechnet. Zwar anders als im Versicherungsschutzkonzept, aber in Übereinstimmung mit der allgemeinen Betriebswirtschaftslehre werden diese als reine Finanzierungsvorgänge angesehen.

Die **Kombinationsprozesse der Versicherung** bestehen aus Informationsverarbeitungsvorgängen, die genauso vielfältig und unterschiedlich ausgeprägt sind wie die jeweils erzeugten Informationsprodukte. Generell wird zwischen den eigentlichen Produktionsprozessen und informationellen Betriebsprozessen unterschieden.

Bezüglich der Prozesse zur Erzeugung der Versicherungs-Hauptprodukte gilt, daß die originäre Einzelproduktion neuer Versicherungsprodukte, also die Neuentwicklung von AVB, durch Indeterminierte und üblicherweise nicht in Versicherungsunternehmen selbst, sondern vielmehr auf Verbands- oder Aufsichtsebene ablaufende Informationsproduktionen erfolgt. Innerhalb von Versicherungen finden im wesentlichen determinierte informationelle Massenproduktionen statt, die teils aus der einfachen Reproduktion kundenunabhängiger Produktbestandteile, teils aus der Originärproduktion kundenindividueller Produktinformationen bestehen.

Die informationellen Betriebsprozesse finden im Rahmen der Antragsbearbeitung, Bestandsverwaltung und Schadensbearbeitung der Versicherer statt. Diese Aktivitäten werden - in Abweichung von der traditionellen Versicherungstheorie - zum größten Teil als nicht relevant für die Erzeugung der Versicherungs-Hauptprodukte angesehen. Es handelt sich hierbei zwar auch um Prozesse der Informationsproduktion, jedoch mit jeweils ganz unterschiedlichen Zielsetzungen und Funktionen. Die wesentlichste besteht dabei im Ausgleich der asymmetrischen Informationsverteilung zwischen Versicherer und Versicherten.

Durch die informationstheoretische Analyse erfährt ferner die Interpretation des Gesetzes der großen Zahlen als eine Art unverzichtbares Produktionsgesetz der Versicherung eine erhebliche Einschränkung. Dieses wahrscheinlichkeitstheoretische Gesetz wird für die Herstellung der Versicherungsprodukte als vollkommen irrelevant angesehen. Ihm wird lediglich eine Funktion für die Herleitung der Preisinformationen für Versicherungsprodukte zugesprochen.

Die sich anschließende produktionstheoretische Charakterisierung und Klassifizierung der identifizierten und systematisierten Kombinationsprozesse der Versicherungsproduktion führt zu folgenden weiteren Ergebnissen:

o   Die informationellen Kombinationsprozesse erfordern einen gemischt limitational-substitutionalen Einsatz der Produktionsfaktoren. Substitutionsbeziehungen können zwischen menschlichen und maschinellen TIV aufgezeigt werden, für den Einsatz von sonstigen Sachmitteln und Input-Informationen sind limitationale Relationen typisch.

o   Die Versicherungs-Informationsproduktion weist sowohl eine hohe Verbundenheit als auch speziell bei Determinierten Informationsproduktionen einen hohen Automatisierungsgrad auf. Zudem handelt es sich in der Regel um mehrstufige Produktionsprozesse.

o   Bezüglich der beiden Charakterisierungsmerkmale des Wiederholungsgrades und der Güterflußstruktur sind alle denkbaren Ausprägungen auch möglich: In Versicherungen finden sowohl Einzel- als auch Massenproduktionsvorgänge mit glattem, konvergierendem oder divergierendem Informationsfluß statt.

KAPITEL 6

PRODUKTIONSTHEORETISCHE ANALYSE DER INTEGRIERTEN SACHBEARBEITUNG DER ALLIANZ LEBENSVERSICHERUNG[1]

Den Gegenstand dieses letzten Kapitels bildet eine weitere Konkretisierung und Anwendung der Theorie der Informations- und Versicherungsproduktion auf der Ebene einzelner informationsproduzierender Unternehmen. Hierzu werden real in einem Versicherungsunternehmen - der Allianz Lebensversicherungs-AG, Stuttgart - ablaufende Informationsverarbeitungsvorgänge aus der Perspektive des dargestellten Theorieansatzes beschrieben und analysiert. Ferner werden bestimmte einfache Prozesse der Informationsverarbeitung mittels des vorgestellten Input-Output-Modells für Determinierte Informationsproduktionen formal abgebildet sowie quantitative Beziehungen zwischen dem Faktoreinsatz und den Ergebnissen dieser informationellen Verarbeitungsvorgänge errechnet.

Durch diesen abschließenden Teil soll die konkrete praktische Anwendbarkeit und Relevanz der Theorie der Informationsproduktion, speziell des darin integrierten Input-Output-Ansatzes, exemplarisch verdeutlicht werden. Hierzu ist die isolierte, teilweise Verflechtungen zu anderen informationsproduzierenden Stellen vernachlässigende Analyse eines eingeschränkten Bereichs der Produktion in einem Informationsbetrieb ausreichend. Insbesondere ist es für diese Zielsetzung nicht notwendig, informationelle Produktionsprozesse zur Erzeugung absatzbestimmter Hauptprodukte zu analysieren.

Mit den folgenden Ausführungen wird also nicht das Ziel einer umfassenden und systematischen Behandlung und formalen Abbildung aller Informationsverarbei-

---

[1] Die im folgenden vorgenommene Darstellung des Systems der integrierten und automatisierten Fallbearbeitung basiert auf Gesprächen mit Mitarbeitern der Allianz Lebensversicherung sowie auf von diesen zur Verfügung gestellten unternehmensinternen Unterlagen.

tungsprozesse der Allianz sowie unter Berücksichtigung sämtlicher informationeller Beziehungen und Interdependenzen angestrebt. Eine derartige ausführliche empirische Untersuchung wäre zwar eine interessante und auch wichtige Weiterentwicklung der theoretischen Überlegungen; sie kann jedoch im Rahmen dieser primär theorieorientierten Arbeit nicht mehr geleistet werden.

1. ALLGEMEINE CHARAKTERISIERUNG DES REALEN UNTERSUCHUNGSOBJEKTS

1.1 DIE ALLIANZ LEBENSVERSICHERUNGS-AG UND DEREN EINZELVERSICHERUNGSABTEILUNGEN

Bei den im folgenden zu analysierenden und modellhaft abzubildenden realen Informationsproduktionen handelt es sich um einen ausschließlich mit Informationsverarbeitung befaßten Teilbereich der Allianz Lebensversicherungs-AG. Die Allianz selbst ist der mit Abstand größte und bedeutendste deutsche Lebensversicherer, der am gesamten nationalen Lebensversicherungsmarkt einen Anteil von über 10 % besitzt (vgl. Abb. 27).

Kennzahl	LV-Branche (115 VU[2])	Allianz	in %
Anzahl Verträge (in Mio.)	67,5	7,2	10,7
Versicherungssumme (in Mrd. DM)	1.294	149	11,5
Beitragseinnahmen (in Mrd. DM)	41,5	5,7	13,7

Abb. 27: Kennzahlen der Allianz, Ende 1987[3]

---

2 Ende 1986.

3 Zusammengestellt aus: GDV (1988), S. 22 ff; Verband der Lebensversicherungs-Unternehmen (1988).

Am Markt ist die Allianz mit ihrer Hauptverwaltung in Stuttgart sowie vier nach regionalen Kriterien gebildeten Niederlassungen präsent. In jeder dieser Niederlassungen sind zwischen 3 und 6 sogenannter Einzelversicherungsabteilungen (EVA) angesiedelt, in denen die Antrags-, Bestands- und Auszahlungsabteilungen organisatorisch zusammengefaßt sind. Alle diese EVAs, deren Einordnung in eine Niederlassung Abb. 28 exemplarisch zeigt, bewältigen autark sämtliche, mit dem jeweiligen regionalen Versicherungsbestand verbundene Geschäftsvorfälle, welche von der Risikoprüfung mit Policierung über die allgemeine Bestandsverwaltung bis hin zu Auszahlungen, beispielsweise bei Ablauf der Versicherung, reichen.

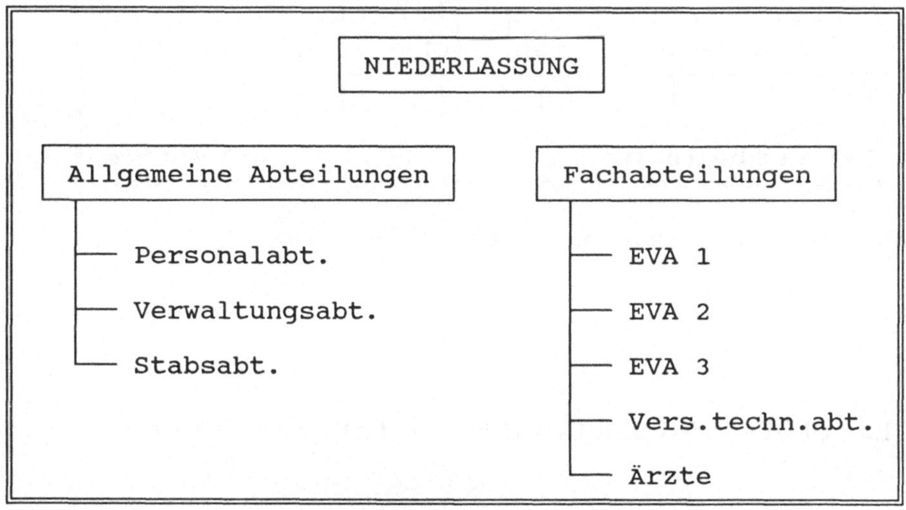

Abb. 28:   Organisation einer Allianz-Niederlassung

Durch diese Organisationsform ist bei der Allianz die Konzeption der **Integrierten Sachbearbeitung** realisiert. Die Integrationsbestrebungen erstrecken sich dabei bis auf die Ebene einzelner Gruppen einer EVA (vgl. Abb. 29), d.h. alle anfallenden Geschäftsvorfälle sollen von einer EVA-Gruppe autonom bearbeitet werden. Dieses Prinzip der "Allround-Gruppe" wird konkret dadurch realisiert, daß jeder Sachbearbeiter einer EVA-Gruppe die Bearbeitung aller einfachen sowie mittel-

mäßig komplizierten Geschäftsvorfälle - wie insbesondere auch die später ausführlich zu behandelnde AUFA-Sachbearbeitung - beherrscht. Zusätzlich gibt es in
jeder EVA-Gruppe 2 bis 3 sogenannte "Allround-Sachbearbeiter", die wiederum
alle anfallenden Tätigkeiten vollkommen eigenständig erledigen können.

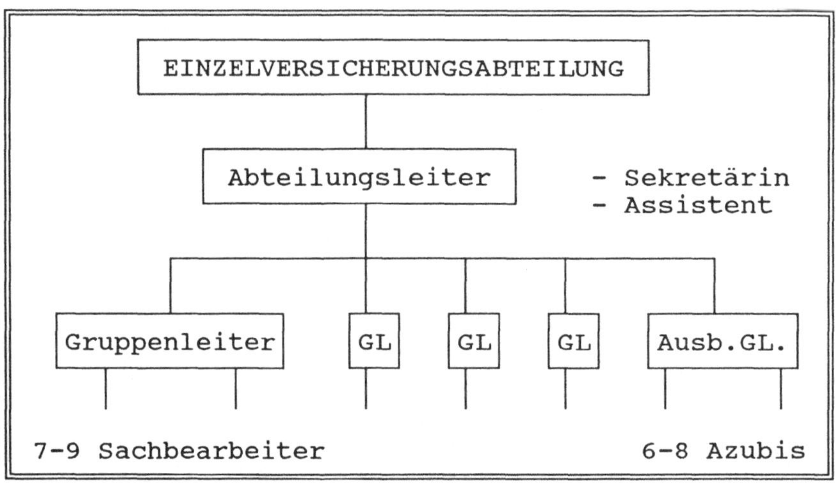

Abb. 29: Organisation einer Allianz-EVA

1.2 BEDEUTUNG DER EVA-INFORMATIONSPRODUKTION

Bei sämtlichen in den integrierten Einzelversicherungsabteilungen zu bewältigenden Aktivitäten handelt es sich, neben Vorgängen des hier nicht relevanten Finanzbereichs, um Prozesse zur Produktion verschiedenartiger Informationen, deren Einordnung in den gesamten Versicherungsablauf bereits in der allgemeinen
Funktionsanalyse der Hauptarbeitsabläufe vorgenommen wurde[4]. Diese Geschäftsvorfälle eignen sich folglich grundsätzlich für eine praktische Anwendung
der informationellen Theorie der Versicherungsproduktion sowie eine formal-mathematische Abbildung in Input-Output-Modellen. Über die prinzipielle Eignung

---

4 Vgl. S. 225 ff.

hinaus zeichnet sich dieser informationsproduzierende Versicherungsbereich der Allianz durch einige besondere Merkmale und Eigenschaften aus, die dessen Auswahl für die produktionstheoretische Analyse und damit den Vorzug vor anderen Informationsproduktionen der Allianz oder sonstiger Versicherungsunternehmen rechtfertigen:

Als erstes ist hier die **Wahl der Allianz** Lebensversicherung als zu untersuchende Versicherungsgesellschaft selbst zu nennen. Aufgrund der bereits aufgezeigten führenden Position dieses Unternehmens auf dem Lebensversicherungsmarkt ist sichergestellt, daß nicht ökonomisch nur wenig relevante oder auch für das Versicherungsgeschäft eigentlich nicht typische informationelle Geschäftsvorgänge theoretisch analysiert werden.

Aufgrund der **Integrationsbestrebungen** umfassen die Geschäftsvorfälle der Einzelversicherungsabteilungen in einem organisatorisch gut abgegrenzten Unternehmensbereich eine Vielzahl ganz unterschiedlicher Informationsproduktionen. Diese Heterogenität ermöglicht eine konkrete Anwendung der entwickelten theoretischen Konzeptionen zur Systematisierung und Differenzierung von Vorgängen der Informationsproduktion. Ein zusätzlicher, sich aus der bereits vorgenommenen Realisierung der integrierten Sachbearbeitung ergebender Vorteil ist darin zu sehen, daß dadurch ein von der Allianz bereits umfassend und systematisch erforschter sowie gut strukturierter Untersuchungsbereich aus der Versicherungspraxis für die theoretische Analyse zur Verfügung steht.

Die Informationsproduktionen der EVA selbst sind zudem unter **quantitativen Gesichtspunkten** von großer ökonomischer Bedeutung. Die erhebliche wirtschaftliche Relevanz kann anhand verschiedener Kennzahlen aufgezeigt werden: So betreffen diese Informationsproduktionen ca. 4,2 Mio. beitragspflichtiger Versicherungsverträge und damit etwa 6,2 % aller in der Bundesrepublik abgeschlossener Lebensversicherungen. Die Anzahl der im Rahmen dieser Informationsproduktionen durchgeführten einzelnen Geschäftsvorfälle betrug 1986 ca. 8,1 Mio., was monatlich einer Menge von ca. 675.000 entspricht. An diesen Produktionsprozessen waren dabei in insgesamt 20 Einzelversicherungsabteilungen etwa 1.000 Mitarbeiter beteiligt.

Neben dieser bedeutenden quantitativen Dimension der EVA-Informationsproduktion ist auch deren große **ökonomische Effizienz** herauszustellen. Die durch die Integrationskonzeption sowie das noch zu behandelnde AUFA-System erzielten wirtschaftlichen Erfolge dieses Produktionssystems zeigen sich beispielsweise am enormen Rückgang der Bearbeitungszeiten sowie an der gestiegenen Produktivität der Sachbearbeiter. Die Bearbeitungszeit ist bei 84 % aller Geschäftsvorgänge von durchschnittlich 3 Wochen vor Integration auf nun maximal 2 Tage zurückgegangen. Die gestiegene Produktivität drückt sich dadurch aus, daß 1975 insgesamt 1.843 Mitarbeiter 4,1 Mio. Versicherungsverträge mit einer versicherten Summe von 45 Mrd. DM bearbeiteten; Ende 1987 wurden für 4,4 Mio. Verträge mit einer Versicherungssumme von 121 Mrd. DM lediglich noch 1.189 Mitarbeiter benötigt[5]. Beide hier dargestellten Effekte führen letztlich zu erheblichen Kostenvorteilen, die sich am Absinken des Verwaltungskostensatzes von 8% auf 4,1% auch konkret zeigen.

Die hier zusammengestellten vielfältigen Argumente begründen die Bedeutung und hervorragende Eignung der EVA-Informationsverarbeitung als realer Untersuchungsbereich für eine produktionstheoretische Analyse. Die Theorieanwendung gliedert sich in zwei Schritte: Zunächst werden die Hauptelemente der Informationsproduktionstheorie und damit gleichzeitig Modellelemente des Input-Output-Ansatzes für die EVA-Informationsproduktion konkretisiert. Dabei wird zudem aufgezeigt, inwieweit sich die entwickelten Theoriekonzepte in den praktischen Informationsverarbeitungsprozessen wiederfinden. Anschließend erfolgt für einen Teilbereich Determinierter EVA-Informationsproduktionen die konkrete Konstruktion eines informationellen Produktionsmodells.

---

5   Die Abweichungen zu den Daten in Abb. 27 ergeben sich dadurch, daß sich die Angaben hier nur auf Einzelversicherungen und nicht auch auf Gruppenversicherungen beziehen.

2. DIE HAUPTELEMENTE DER EVA-INFORMATIONS-PRODUKTION

2.1 DIE KOMBINATIONSPROZESSE: GESCHÄFTSVORFÄLLE UND DEREN BEARBEITUNG

2.1.1 ALLGEMEINE BESCHREIBUNG UND VERABEITUNGSABLAUF

Den Gegenstand der Informationsproduktion in den EVAs bildet die anlaßorientierte Bearbeitung verschiedenster Geschäftsvorfälle (GeVo). Diese werden auf unterschiedlichen Abstraktionsstufen, die von allgemeinen Bearbeitungskategorien bis hin zu spezifischen GeVo-Arten reichen, systematisiert (vgl. Abb. 30). Für die Abgrenzung einzelner informationeller Produktionsprozesse sind hiervon speziell die 200 unterschiedlichen GeVo-Arten relevant. Identifiziert werden einzelne GeVo-Arten dabei durch sogenannte Anlaßsymbole; genau beschrieben und festgelegt sind sie in als Bedienerhilfe fungierenden Handbüchern. Der konkrete Geschäftsvorfall "Auflösungs-Angebot" wird dementsprechend beispielsweise durch das Symbol "AUFLA" bezeichnet und ist in einem Handbuch wie folgt beschrieben[6]:

"Der GEVO AUFLA beinhaltet das Angebot bzw. den Vorschriftwechsel zur Auflösung der Versicherung. Unter Auflösung einer Lebensversicherung mit Kapitalzahlung ist die vorzeitige Aufhebung einer Versicherung unter Auszahlung
- des Deckungskapitals (statt des Rückkaufswertes) ggf. einschließlich Deckungskapital aus Zusatzversicherung,
- des vorhandenen Gewinnguthabens bzw. des Rückkaufswertes aus dem erreichten Gesamtbonus,
- eines anteiligen Schluß- und Sonderschlußgewinnanteils (der sonst bei Rückkauf der Versicherung bedingungsgemäß entfällt),
- ggf. eines LB/ZB-Schlußgewinnanteils,
zu verstehen.
Die finanziellen Nachteile, die ein Rückkauf der Versicherung mit sich bringen würde, entfallen bei der Auflösung. Am Bildschirm wird auf die Auflösungsmöglichkeit durch den Hinweis "AUFLOESUNG" hingewiesen.
Zu unterscheiden sind
  ALLG.AUFL   - allgemeine Auflösungsmöglichkeit
  AUFL-85   - Auflösung bei Alter 85
  STARRE.AUFL - starre Form der Auflösung
  FLEXIBLE-AUF - flexible Form der Auflösung
Weiter Informationen siehe jeweiliges Stichwort."

---

6 Hierbei handelt es sich nur um die Kurzbeschreibung des GeVos. Sämtliche Informationen zu diesem GeVo umfassen ca. 70 DIN-A4-Seiten.

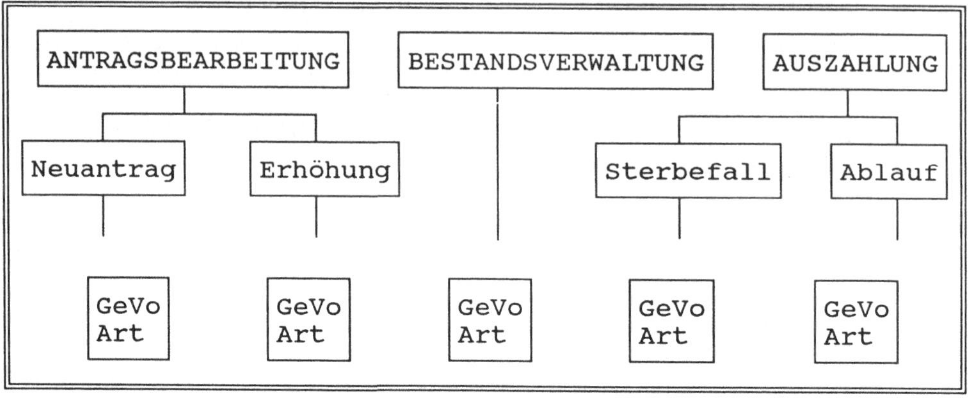

Abb. 30: Bearbeitungskategorien und GeVo-Arten

Die derart eingeteilten und abgegrenzten Informationsproduktionsprozesse werden in Form einer automatisierten, interaktiven Fallbearbeitung unter Einsatz eines EDV-gestützten Anweisungssystems durchgeführt. Der Ablauf der Informationsverarbeitungsvorgänge kann wie folgt vereinfachend dargestellt werden:

Ausgelöst werden die informationellen Produktionsvorgänge bei allen "äußeren Aktivitäten"[7] durch den Eingang eines Kundenbriefes. Dieser wird von einem Sachbearbeiter analysiert und einer der 200 definierten GeVo-Arten zugeordnet. Handelt es sich bei dem ermittelten Anlaß um einen sogenannten **AUFA-GeVo**, so initiiert der Sachbearbeiter am Bildschirm lediglich das Ablaufen dieses AUFA-GeVo: Nach Eingabe des entsprechenden Anlaßsymbols sowie eventuell erforderlicher zusätzlicher Grundinformationen erstellt das EDV-System vollautomatisch einen Antwortbrief und verschickt diesen. Ist eine solche voll automatisierte Briefausgabe aufgrund des konkreten Kundenwunsches nicht möglich, erfolgt die systemunterstützte Erstellung eines sogenannten **GeVo-Briefes**. Das automatisierte EDV-Anweisungssystem zeigt dem Sachbearbeiter hierzu in Schablonen alle möglichen Fallvarianten des betreffenden GeVo sowie die erforderlichen einzelnen Verarbeitungsschritte auf. Der zu erzeugende Brief kann vom Sachbearbeiter aus der sogenannten "Brief-Auswahl-Schablone" bestimmt und über die "Briefvari-

---

7   Im Gegensatz dazu werden alle "inneren Aktivitäten" vollautomatisch, ohne Einsatz eines Sachbearbeiters ausgelöst und durchgeführt.

ablen- Schablone" mit weiteren Angaben versehen werden. Kann die Kundenanfrage weder mittels AUFA-GeVo noch mittels GeVo-Brief beantwortet werden, so hat der Sachbearbeiter schließlich, ohne Unterstützung durch das automatisierte Anweisungssystem, einen **individuellen Brief** zu produzieren.

2.1.2   DIE PRODUKTIONSVERFAHREN

Der gesamte Ablauf der beschriebenen informationellen Produktionsprozesse wird durch Verfahren der Informationsproduktion zielgerichtet gesteuert. Unter dem Begriff des Produktionsverfahrens für Informationen wurden allgemein alle für die Ablaufsteuerung relevanten organisatorischen Regelungen und Arbeitsanweisungen sowie die speziellen IV-Regeln für menschliche und maschinelle TIV zusammengefaßt. Für die spezifischen Prozesse der EVA-Informationsproduktion können im wesentlichen drei unterschiedliche Formen von Produktionsverfahren unterschieden werden:

o   Zu Beginn der Produktionsprozesse steht die Analyse des Kundenbriefes mit dem Ziel der Festlegung des relevanten Anlaßsymbols sowie der Ermittlung der für die weiteren Produktionsprozesse benötigten Grundinformationen durch den Sachbearbeiter. Die hierzu erforderliche Vorgehensweise ist in verschiedenen schriftlich fixierten, aber nicht EDV-mäßig erfaßten **Arbeitsinstrumenten** der EV-Mitarbeiter festgelegt. Konkret dokumentiert sind diese Verfahrensinformationen in insgesamt 193 Fach-Rundschreiben, 89 Arbeitsanweisungen und 102 Bearbeitungsblättern. Die konkrete Form einer solchen Verfahrensvorschrift zeigt das folgende Beispiel:

```
F AUF-BFR
URSACHE: AUFLA (GV8034)
Die Versicherung wurde innerhalb des Auflösungszeitraumes
beitragsfrei gestellt.
BEARBEITUNG:
Prüfen, ob eine Dauerschwebe (BV 31) eingerichtet wurde. Da bei
Auflösung der Besitzstand zu wahren ist, muss eine Vergleichs-
rechnung vorgenommen werden. Dabei sind zu ermitteln:
- Die anlässlich der Beitragsfreistellung genannte Auflösungs-
  leistung zuzüglich 4 % bis zum neuen Termin,
- die Auflösungsleistung zum neuen Termin. Im individuellen Auf-
  lösungsangebot ist stets der höhere Betrag als Auflösungslei-
  stung zu nennen.
Wurde keine Dauerschwebe eingerichtet, weil z.B. eine beitrags-
pflichtige Aussteuerversicherung zum Beitragsfreistellungstermin
nicht auflösungsfähig war, ist ein manuelles Angebot (GEVO BRIEF)
mit aktuellem Auflösungswert abzugeben.
```

o Bei den die rein maschinellen Informationsproduktionsprozesse steuernden IV-Regeln, beispielsweise für die Bearbeitung aller AUFA-GeVos, handelt es sich um die jeweils verwendeten **Software-Pakete**, wobei die Basis-Software aus einem Produkt von IBM (IMS/DC) besteht.

o Die interaktiven Mensch-Maschine-Produktionsprozesse werden durch das **automatische Anweisungssystem** gesteuert. Bei diesem, in theoretischer Sicht ebenfalls als Produktionsverfahren zu interpretierendem System handelt es sich um ein die Entscheidungstabellen-Technik verwendendes, wissensbasiertes Informationsverarbeitungssystem, das den Ablauf des computergestützten Teils der Sachbearbeitung vollständig regelt[8]. Im einzelnen steuert diese automatische Bedienerführung den Produktionsablauf dadurch, daß

- jeweils der nächstfolgende Arbeitsschritt aufgezeigt wird;
- mögliche Alternativen genannt werden;
- auf Fehler oder Hilfen hingewiesen wird;
- Grundinformationen oder Sachverhalte automatisch erfragt werden;
- die nächsten manuellen Verarbeitungsvorgänge angeführt werden.

---

8 Zum automatischen Anweisungssystem der Allianz vgl. auch Freigang (1989), S. 42 ff.

Von diesen drei Bestandteilen der gesamten Verfahrensinformationen kommen in Abhängigkeit von der speziellen Art der Briefausgabe jeweils bestimmte Komponenten zur Anwendung. So bilden für die AUFA-GeVos die Arbeitsinstrumente der Mitarbeiter sowie die relevanten Computerprogramme das Produktionsverfahren. Für die systemunterstützte Produktion eines GeVo-Briefes ist zusätzlich das automatisierte Anweisungssystem erforderlich.

2.1.3 ZUORDNUNG ZU DEN TYPEN DER INFORMATIONSPRODUKTION UND WEITERE PRODUKTIONSTHEORETISCHE CHARAKTERISIERUNG

Auf der Basis dieser kurzen Beschreibung des prinzipiellen Ablaufs sowie der Verfahrenssteuerung der EVA-Informationsproduktion kann nun eine Zuordnung dieser realen Informationsproduktionen zu den beiden grundlegenden, theoretisch entwickelten Produktionstypen vorgenommen werden.

Die Durchführung der verschiedenen AUFA-GeVos ist ohne Zweifel als Determinierte Informationsproduktion zu typisieren. Diese Produktionsvorgänge erfüllen vollständig die hierfür relevanten Zuordnungskriterien der Existenz des Produktionsverfahrens sowie der exakten Spezifikation der zu erzeugenden Informationsprodukte. Die Kenntnis der Verfahrensinformationen ist dabei durch die zur Verfügung stehenden vielfältigen Arbeitsinstrumente und die Computer-Software für alle AUFA-GeVos sichergestellt. Ebenso sind die konkreten Angaben, die ein AUFA-GeVo-Brief einer speziellen Art zu enthalten hat, bekannt und spezifiziert[9].

Nicht zur Determinierten Informationsproduktion kann die systemunterstützte Produktion von GeVo-Briefen gezählt werden. Das hierbei eingesetzte automatisierte Anweisungssystem steuert zwar die Produktionsprozesse nach vorgegebenen Verarbeitungsregeln. Es erlaubt den beteiligten Sachbearbeitern jedoch eine gewisse Auswahl unter verschiedenen, in Schablonen enthaltenen Briefalternativen

---

9 Vgl. hierzu S. 255 ff.

und Fallvarianten. Auch die zu erzeugenden Informationsprodukte, die GeVo-Briefe, sind nicht exakt spezifiziert. Der Sachbearbeiter kann vielmehr aus "Brief-Auswahl"- und "Briefvariablen"-Schablonen während der Produktionsprozesse die einzelnen Bestandteile des zu erzeugenden Briefes zusammensetzen und inhaltlich konkretisieren. Aufgrund dieses Handlungsspielraums des Sachbearbeiters kann nicht von stets glcichbleibenden, eindeutigen Relationen zwischen dem Gütereinsatz und den erzeugten Informationsprodukten ausgegangen werden, so daß die Produktion systemunterstützter GeVos letztlich als indeterminiert zu charakterisieren ist. Es ist jedoch von einem sehr niedrigen Indeterminiertheitsgrad der GeVo-Briefausgabe auszugehen, da ein hoher Automatisierungsgrad sowie ein durch das Anweisungssystem standardisierter Verarbeitungsablauf vorliegen und auch die Sachbearbeiter lediglich in den Grenzen vorher eindeutig festgelegter Alternativen entscheiden können.

Während diese Geschäftsvorfälle damit im Grenzbereich zu den Determinierten Informationsproduktionen angesiedelt sind, handelt es sich bei der individuellen Briefausgabe eindeutig um Indeterminierte Informationsproduktionen. Im Rahmen der vorhandenen Arbeitsanweisungen haben die Sachbearbeiter einen nahezu uneingeschränkten Handlungsspielraum bei der Gestaltung der Produktionsprozesse und der zu erzeugenden Briefe. Das erforderliche Produktionsverfahren und die Produktspezifikationen sind damit nicht determiniert und bei Produktionsbeginn bereits unveränderlich festgelegt.

Die gesamte EVA-Informationsproduktion umfaßt damit ein breites Spektrum unterschiedlich determinierter Informationsproduktionsprozesse (vgl. Abb. 31). Die in Abb. 31 ebenfalls angeführten Anteile der einzelnen Produktionstypen an dem Gesamtvolumen der monatlich erzeugten 675.000 Informationsprodukte (in Klammern sind jeweils die geplanten Soll-Anteile angegeben) verdeutlichen zudem exemplarisch die behauptete große ökonomische Relevanz der Determinierten Informationsproduktionen in der Unternehmenspraxis.

Zudem belegen die Prozesse der EVA-Informationsproduktion als reale Beispiele einige weitere, theoretisch abgeleitete Hypothesen bezüglich der Kombinationsprozesse von Informationsproduktionen. So zeigen sie exemplarisch o   generell die Operationalität der Abgrenzungskriterien Determinierter und Indeterminierter Informationsproduktionen;

o   die behauptete positive Korrelation zwischen Automatisierungs- und Determiniertheitsgrad;

o   die These, daß es sich bei der Determinierten Informationsproduktion in der Regel um standardisierte Massenproduktionsprozesse, bei Indeterminierten dagegen tendenziell eher um individuelle Einzelproduktionen handelt;

o   die Charakterisierung der Informationsproduktion als üblicherweise verbundene Produktion[10].

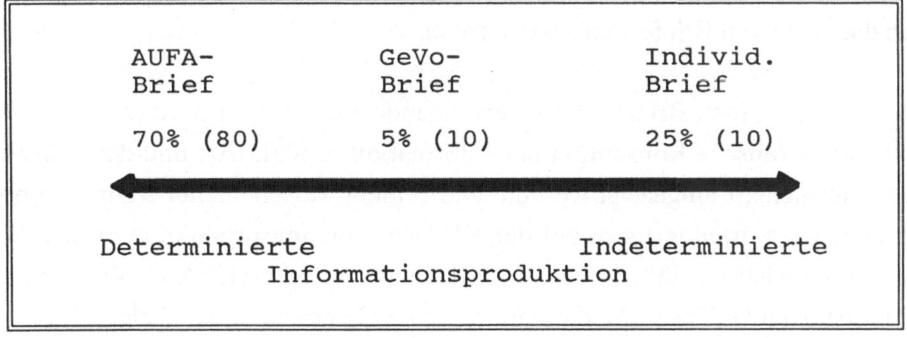

Abb. 31: Determiniertheit der EVA-Informationsproduktion

2.2   DIE INFORMATIONSPRODUKTE: BRIEFE

Durch die als produktive Kombinationsprozesse interpretierten Vorgänge zur Bearbeitung der Geschäftsvorfälle werden drei unterschiedliche Arten von Ergebnissen erzeugt: Zum einen werden verschiedenartige Briefe produziert, die an Kunden oder auch Vertreter verschickt werden. Zudem erfolgt eine Speicherung und Aktualisierung der diversen, durch die Bearbeitung erzeugten Informationen in

---

10   Auf der Abstraktionsebene einzelner GeVo-Arten können durch ein einziges Software-Paket, auf einer einzigen EDV-Anlage sowie potentiell von einem Sachbearbeiter alle 200 unterschiedlichen Informationsprodukt-Arten erzeugt werden.

den internen Informationsquellen der Allianz, und zwar zum Zwecke der Dokumentation oder der Weiterverarbeitung in anderen Unternehmensbereichen (z.B. Provisionsabteilungen, statistischen Abteilungen). Letztlich werden noch verschiedene Finanztransaktionen, wie etwa das Auszahlen oder Verbuchen von Beiträgen, veranlaßt oder konkret durchgeführt.

Von diesen verschiedenen Verarbeitungsergebnissen werden alle den Finanzbereich betreffenden Aktivitäten sowie alle Dokumentations- und Speicherungsvorgänge hier nicht betrachtet, da sie entweder nicht ausschließlich den Informationsbereich oder aber Verflechtungen zu anderen informationellen Teilbereichen betreffen. Von diesen beiden Aspekten soll jedoch hier abstrahiert werden, so daß als direkt relevante Produktionsergebnisse der Einzelversicherungsabteilungen lediglich die erzeugten Briefe analysiert werden.

An den verschiedenen Briefen als zu erzeugende Informationsprodukte kann die allgemein-theoretische Konzeption der Informationsprodukt-Art und deren Spezifikation beispielhaft aufgezeigt werden. Die Bildung verschiedener informationeller Produktarten orientiert sich bei der EVA-Informationsproduktion an den 200 Arten von Geschäftsvorfällen, wobei wieder zwischen den AUFA-GeVos, den systemunterstützen GeVos sowie den individuellen GeVos zu unterscheiden ist.

Im Fall der AUFA-GeVos ist die zu erzeugende Informationsprodukt-Art dergestalt exakt spezifiziert, daß einzelnen AUFA-GeVos sogenannte Ganzbriefe eindeutig zugeordnet sind. Ein solcher, ein Informationspaket darstellender Ganzbrief besteht aus zwei unterschiedlichen Informationsbestandteilen: Die für alle konkreten Fälle einer GeVo-Art gleichbleibenden Informationen sind bereits vollständig in dem integrierten Textverarbeitungssystem abgespeichert und müssen lediglich jeweils ausgedruckt, also reproduziert, werden. Zusätzlich sind spezielle, vom konkret bearbeiteten Fall abhängige Informationen zu erzeugen. Diese Angaben sind für jeden AUFA-GeVo in Form von Variablen, zu denen dann konkrete Ausprägungen oder Werte zu produzieren sind, artmäßig genau festgelegt und definiert. Abb. 32 zeigt beispielhaft die derart aufgebaute Informationsprodukt-Art "Auflösungs-Angebot", wobei die variablen, einzelfallabhängigen Informationsteile markiert sind.

Allianz Lebensversicherungs-AG

REINSBURGSTRASSE 19
7000 STUTTGART 1

ALLIANZ, POSTFACH 10 60 02, 7000 STUTTGART 10

Herrn
Test Hans
Reinsburgstr.19

7000 Stuttgart 1

                              TELEFON   UNSER ZEICHEN, DATUM
                           (0711)663-4137   FRAU KOESTER
                                                 s17kex-ako, 12.07.1988
EV-Stabsabteilung
Lebensversicherung Nr. 184422005

Sehr geehrter Allianz-Kunde,

Sie können Ihre Versicherung auflösen. Werden die Beiträge bis zum
01.01.89 gezahlt, stehen zu diesem Termin folgende Werte zur Verfügung:

Deckungskapital   6.885,10 DM
Leistung aus der Gewinnbeteiligung   5.195,30 DM

Auszahlungsbetrag   12.080,40 DM

Wird die Versicherung dagegen bis zum Ablauf, also dem 01.09.94 wie
bisher weitergeführt, ist der Auszahlungsbetrag natürlich höher; er
beträgt dann 20.337,50 DM. Dieser Wert ist nicht in vollem Umfang
garantiert, da er Teile der Gewinnbeteiligung umfasst, die - als
Ausfluss künftiger Geschäftsergebnisse - heute noch nicht verbind-
lich zugesagt werden können.

Wenn Sie die Auflösung wünschen, schicken Sie bitte den beigefügten
Erklärungsentwurf (ausgefüllt und unterschrieben) und - sofern noch
nicht geschehen - den Versicherungsschein zurück.

Die Auflösungsleistung zahlen wir nach Eingang der Unterlagen, jedoch nicht vor dem genannten Termin aus. Mit der Auszahlung wird die
Versicherung beendet; bis dahin besteht der vereinbarte Versicherungsschutz weiter.

Hören wir in den nächsten 4 Wochen nichts von Ihnen, führen wir Ihre
Versicherung wie bisher weiter.

Mit freundlichen Grüssen
Ihre Allianz

Abb. 32:   Die Informationsprodukt-Art "Auflösungs-Angebot"

Nach dem gleichen Grundprinzip, also der Kombination von GeVo-typischen und einzelfallabhängigen Informationsbestandteilen, sind auch die Informationsprodukte im Fall der systemunterstützten GeVos gestaltet. Für diese GeVo-Art ist jedoch eine wesentlich variablere Produktspezifikation charakteristisch. So ist nicht jeder GeVo-Art genau ein Ganzbrief zugeordnet, es ist vielmehr eine Auswahl aus allerdings fest vorgegebenen und genau bestimmten Briefvarianten und -variablen möglich. Eine solche weniger exakt festgelegte und die Einordnung der systemunterstützten GeVos als Indeterminierte Informationsproduktionen mit begründende Produktspezifikation ist im Fall der indeterminierten, individuellen Briefproduktion vollständig aufgehoben. Hier ist das zu erzeugende Informationsprodukt - von einigen Standardinformationen abgesehen - praktisch nicht spezifiziert.

2.3   DIE PRODUKTIONSFAKTOREN

Als letztes verbleibt eine kurze Konkretisierung des dritten Hauptelementes der EVA-Informationsproduktion, der eingesetzten Produktionsfaktoren. Hierbei handelt es sich, wie generell bei Informationsproduktionen, um Träger der Informationsverarbeitung (TIV), Input-Informationen und sonstige Sachmittel. Ebenso wie im allgemeinen Teil soll dabei im folgenden auf eine explizite Behandlung der sonstigen Sachmittel verzichtet werden.

2.3.1   DIE TRÄGER DER EVA-INFORMATIONSPRODUKTION

Als einziger **maschineller TIV** wird bei der EVA-Informationsproduktion ein Zentralrechner des Typs IBM 3090 eingesetzt. An diesen angeschlossen sind alle 1.500 Terminals, über die wiederum der gesamte Dialog mit den Sachbearbeitern aller Niederlassungen und damit die gesamte Informationsproduktion der EVAs abgewickelt wird. Dieser Zentralrechner verarbeitet bei einer Hauptspeicherkapazität von ca. 128 Mebabyte etwa 130 Millionen Instruktionen pro Sekunde. Als Schutz gegen den Ausfall des Zentralrechners steht sicherheitshalber ein weiteres, kapazitäts- und leistungsgleiches Computersystem zur Verfügung, auf dem bei Bedarf die gesamte maschinelle Informationsproduktion ebenfalls durchgeführt werden kann.

Neben diesem Computersystem werden verschiedene **menschliche TIV** zur Abwicklung der Informationsproduktion benötigt. Diese menschlichen TIV werden entsprechend ihren Funktionen für die sowie ihren Fähigkeiten und Voraussetzungen zu den speziellen EVA-Informationsproduktionen in Abteilungsleiter, Sekretärin, Assistent, Gruppenleiter, Sachbearbeiter und Auszubildende eingeteilt. Von diesen verschiedenartigen menschlichen Informationsverarbeitern werden für die konkrete Geschäftsvorfall-Bearbeitung als interessierende Informationsproduktion in der Regel lediglich die Sachbearbeiter eingesetzt. Diese werden entsprechend ihrer jeweiligen Kenntnisse und Fähigkeiten weiter aufgeteilt in die Klasse der 1. Sachbearbeiter oder "Allround"-Sachbearbeiter, die alle anfallenden Geschäftsvorfälle beherrschen, sowie die sonstigen Sachbearbeiter.

Das in der allgemeinen Theoriediskussion behandelte Problem der starken Heterogenität der Qualität menschlicher TIV als Faktoren für die Informationsproduktion wird also in diesem konkreten Beispiel in einem ersten Schritt dadurch aufgefangen, daß zwei in ihren Fähigkeiten zur Fallbearbeitung differierende Klassen menschlicher TIV gebildet werden. Diese werden bei der Informationsproduktion jeweils für unterschiedliche Aufgaben eingesetzt. Weiterhin werden die individuell unterschiedlich entwickelten TIV-immanenten Informationsbestände, die die stark differierenden Fähigkeiten und Voraussetzungen der Menschen zur Informationsverarbeitung im wesentlichen begründen, dadurch angeglichen und harmonisiert, daß eine in das automatisierte Anweisungssystem integrierte, EDV-unterstützte Bedienerhilfe zur Verfügung gestellt wird.

Diese Bedienerhilfe enthält vielfältige sowohl vorgangsbezogene als auch ganz allgemeine Informationen und Basiswissen. Sie erläutert und beschreibt generelle Vorgehensweisen, einzelne Arbeitsschritte, mögliche Alternativen oder Fehler und beinhaltet zudem eine allgemeine Beschreibung sämtlicher GeVos sowie weiteres erforderliche Wissen. Durch diese jederzeit abrufbaren, vielfältigen Zusatzinformationen werden Defizite in den TIV-immanenten Informationsbeständen insbesondere bei ungeübten Sachbearbeitern ausgeglichen.

Neben der damit erreichten Homogenisierung der Qualität menschlicher TIV, stellt diese Bedienerhilfe gleichzeitig ein Instrument dar, um Interpretationsprobleme der Sachbearbeiter bzw. differierende Interpretationen durch Angleichung der TIV-immanenten Informationsbestände zu verhindern. Sie führt damit zumindest annäherungsweise zu der im theoretischen Modell unterstellten Interpretationshomogenität hin.

2.3.2   DIE INPUT-INFORMATIONEN

Von den menschlichen und maschinellen TIV werden in den Produktionsprozessen die jeweiligen Input-Informationen verarbeitet. Diese können bei der EVA-Informationsproduktion in Abhängigkeit von ihren Quellen in versicherungsexterne Kundeninformationen und versicherungsinterne Datenbankinformationen eingeteilt werden.

Veranlaßt wird eine bestimmte Informationsproduktion in der Regel von einem Kundenbrief (vgl. Abb. 33). Dieser enthält, meist in nicht standardisierter oder strukturierter Form, alle Informationen des Kunden, die dieser als erforderlich für die durch seinen Brief ausgelösten informationellen Aktivitäten des Versicherungsunternehmens ansieht. Diese vielen Einzelinformationen können produktionstheoretisch als ein Informationspaket "Kundeninformation" aufgefaßt werden und stellen eine notwendige Input-Informationsart dar.

```
Hans Test                              Reinsburgstr. 19
                                       7000 Stuttgart 1,
                                       den 10.11.1988



Allianz Lebensversicherungs-AG
Postfach 5 34

7000 Stuttgart 1




Betr.: Lebensvers.-Nr. 184422005 und 123571458



Sehr geehrte Damen und Herren,

ich möchte meine Versicherungen vorzeitig zum 01.01.1989
auflösen.


Bitte teilen Sie mir mit, welche Werte zur Auszahlung kommen.


Mit freundlichen Grüßen
Hans Test
```

Abb. 33:   Input-Informationsart "Kundeninformation" für die Produktion eines Auflösungs-Angebots

Zusätzlich zu den Kundeninformationen werden für die EVA-Informationsproduktion verschiedene, aus versicherungsinternen Quellen stammende Informationen benötigt. Derartige Informationen sind in einer Datenbank der Allianz gespeichert, die sämtliche vorhandenen Informationen über alle Allianz-Kunden enthält. Diese Informationen sind dabei in insgesamt 14 logischen Dateien, die untereinander wiederum stark verknüpft sind, in strukturierter Form gespeichert. Augrund dieser speziellen Datenbank-Technik kann in sehr flexibler Form auf beliebige Informationen über einen Versicherungsnehmer zugegriffen werden. So können beispielsweise bei Eingabe einer Versicherungsnummer über die "Risikendatei" sämtliche Informationen über das betreffende versicherte Risiko abgerufen werden. Die Versicherungsnummer selbst kann etwa bei Eingabe der Anschrift aus der "Anschriftendatei" identifiziert werden.

Für die Informationsproduktion zur Bearbeitung eines bestimmten GeVos werden jedoch in der Regel nicht alle verfügbaren Kundeninformationen benötigt. Der für die Briefproduktion einer spezifischen GeVo-Art jeweils notwendige Ausschnitt aus der gesamten Informationsmenge wird automatisch vom EDV-System bestimmt und in Form eines aus den relevanten Einzelinformationen bestehenden Informationspakets, eines sogenannten Datenbankbildes, für die weiteren Produktionsprozesse zur Verfügung gestellt. Dieses Datenbankbild selbst ist üblicherweise Bestandteil einer Bildschirmmaske, die zusätzlich eine genaue Spezifikation der einzelnen, aus dem Kundenbrief zu ermittelnden Informationen enthält (vgl. Abb. 34). Die für eine spezielle GeVo-Informationsproduktion notwendigen versicherungsinternen Input-Informationen bestehen also ebenfalls aus einem Informationspaket, welches sich aus verschiedenen Einzelinformationen zusammensetzt. Dieses wird vereinfachend als Informationsart "Datenbankinformation" bezeichnet.

Die hier beschriebene Methode, die für jede GeVo-Art jeweils benötigten Input-Informationen durch das Anweisungssystem automatisch anzufordern bzw. aus dem gesamten versicherungsinternen Informationsbestand artspezifisch zu selektieren, gewährleistet, insbesondere für den Fall der AUFA-GeVos, die für Determinierte Informationsproduktionen geforderte exakte art- und mengenmäßige Spezifikation der Input-Informationen durch das Produktionsverfahren.

```
TEST HANS              LE 18 442 200 5     AUFLA      LEBEN-VERS  AKTIV: 2 TEST
18 442 200 5    H6C   086 TEST HANS              20.05.29 3/044/0210 PF=0.0 09.87/97   03
SL=10.000    UZ=10.000
L2              OU NORM              BEG=09.69 BZD=25 VD=25 EA=40   BON JGB=71    ?
H03=197.60                  GEB=0.00   UNBEZ=09.88
VN=VP=BZ                    ABLV=12.07.88/ANS          BUST=08.07.88
VN=VP=BZ   HE TEST HANS*7000 STUTTGART 1<REINSBURGSTR.19   MUK/13.12.79/09.79
BANK/21051275/20002700/09.83/08.11.83    LS///09.83   NAMAE/ALLIANZ ALI/12.08.89
   AST/09.82///01    ASTZ/09.81    LAEND/97/08.87   UMSG/445.70
18 442 200 5      S17KEX          AUFLA     AUFLOESUNGSANGEBOT
E1 = 01 89                                  AUFLOESUNGSTERMIN
E2 = AUF                                    (AUFLOESUNGSGRUND)
E3 =     <                                  (ADRESSAT)
E4 = .. ..                                  (UNBEZAHLTTERMIN)
E5 = .                                      (FIRMENABMELDUNG VORHANDEN(J))
                              AKO           (REGIEANGABEN)
ZEICHEN              NACHRICHT .. .. ..     BEZUGSANGABEN
SB =   DS =      ADRT/ANS =       K-BRIEF = VERSANDANGABEN
BETREFF =                                               <
==>                                            BBEARB = ...
     NBEST
```

Abb. 34:   Die Input-Informationsart "Datenbankinformation"
für die Produktion eines Auflösungs-Angebots

3. INPUT-OUTPUT-MODELL DETERMINIERTER EVA-INFORMATIONSPRODUKTIONEN

Den Abschluß dieses Kapitels sowie der gesamten Theorieanalyse bildet die formal-theoretische Abbildung Determinierter Informationsproduktionen der Einzelversicherungsabteilungen in einem Input-Output-Modell. Als potentiell abbildbare informationelle Produktionsprozesse kommen aufgrund der vorgenommenen Zuordnungen sämtliche AUFA-GeVo-Briefausgaben in Frage. Von diesen wird als einfaches konkretes Beispiel für die theoretische Erfassung die Erzeugung der Informationsproduktart "Auflösungs-Angebot" ausgewählt.

Zur Modellkonstruktion ist als erstes die informationelle Produktionsstruktur, also die verschiedenen Beschaffungs- und Produktionsstellen einer EVA sowie deren Verflechtungen, formal zu erfassen. Hierzu werden vereinfachend nur die Stellen explizit berücksichtigt, die für die Fallbearbeitung des Geschäftsvorfalls "Auflösungs-Angebot" relevant sind. Interdependenzen zu anderen Informationsproduktionsaufgaben werden nicht erfaßt.

<u>Beschaffungsstellen:</u>

B_1 :   **Informationspaket "Kundeninformationen"**

Dieses enthält alle vom jeweiligen Kunden für die Informationsproduktion als relevant erachteten Informationen. Ein konkretes Beispiel für den GeVo "Auflösungs-Angebot" zeigt Abb. 33.

B_2 :   **Informationspaket "Datenbankinformation AUFLA"**

Dieses beinhaltet alle erforderlichen versicherungsinternen Einzelinformationen aus der Allianz-Datenbank für die GeVo-Art "Auflösungs-Angebot" und ist in Abb. 34 visualisiert.

B_3 :   **Menschliche TIV**

Hierdurch werden die Sachbearbeiter erfaßt. Es wird davon ausgegangen, daß alle Sachbearbeiter einfache Geschäftsvorfälle, wie etwa auch ein "Auflösungs-Angebot", beherrschen bzw. sich des automatischen Anweisungssystems bedienen. Die Sachbearbeiter werden folglich als qualitativ homogene Produktionsfaktoren betrachtet und lediglich durch eine Beschaffungsstelle formal abgebildet.

B_4 :   **Maschinelle TIV**

Für die Informationsproduktion "Auflösungs-Angebot" kommt ein Computersystem des Typs IBM 3090 zum Einsatz.

B_5 :   **Sonstige Sachmittel**

Hierdurch werden verschiedene Faktoren wie Papier, Arbeitsmittel, etc. in einer pauschalen Form erfaßt.

Produktionsstellen:

P_6 : "Schreibtisch"

Produktionsstufe: Analyse des Kundenbriefes; Identifikation des Anlaßsymbols und Ermittlung der notwendigen Grundinformationen, hier Versicherungsnummer, Auflösungstermin und Auflösungsgrund.

Produktionsverfahren: IV-Regeln aus dem TIV-immanenten Informationsbestand; Arbeitsinstrumente wie Arbeitsanweisungen, Rundschreiben, etc.

Produktionsergebnis: Informationspaket bestehend aus den wie folgt spezifizierten Einzelinformationen:
- Versicherungsnummer
- Anlaßsymbol
- Auflösungstermin
- Auflösungsgrund.

P_7 : "Computerterminal"

Produktionsstufe: Eingabe der entsprechend codierten Input-Informationen und Durchführung der maschinellen Informationsproduktion.

Produktionsverfahren: IV-Regeln für Eingabe durch menschliche TIV; Computer-Software für maschinelle Produktionsprozesse.

Produktionsergebnis: Informationelles Endprodukt "Auflösungs-Angebot" (vgl. Abb. 32).

Bei Berücksichtigung der so definierten Stellen und Prozesse ergibt sich als Produktionsstruktur für den AUFA-GeVo "Auflösungs-Angebot":

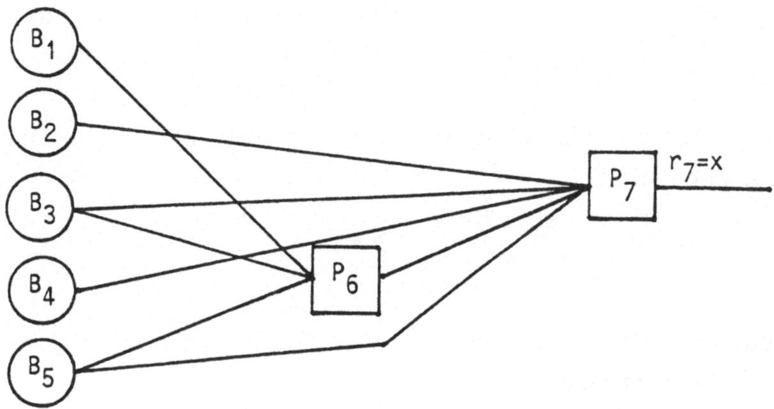

Für diese Informationsstruktur werden die folgenden speziellen Transformationsfunktionen unterstellt:

Durch eine "Kundeninformation" wird jeweils die Produktion eines Auflösungs-Angebots veranlaßt, so daß hier die folgende lineare Transformationsfunktion gilt:

$$r_{16} = 1^* r_6.$$

Ebenso wird pro Bearbeitung des hier abgebildeten AUFA-GeVos einmal das Datenbankbild "AUFLA" benötigt, so daß analog gilt:

$$r_{27} = 1^* r_7.$$

Der Faktoreinsatz an Sachbearbeitern wird durch die erforderliche Bearbeitungszeit erfaßt, wobei aufgrund interner Statistiken die Unterstellung linearer Input-Output-Relationen gerechtfertigt ist. Für die Analyse des Kundenbriefes wird von einer durchschnittlichen Bearbeitungszeit von 2 Minuten (= 0,033 Std.) ausgegangen. Für die Bearbeitung am Bildschirm werden insgesamt 5 Minuten (= 0,083 Std.) benötigt:

$$r_{36} = 0{,}033^* r_6 \text{ (Std.)}$$
$$r_{37} = 0.083^* r_7 \text{ (Std.).}$$

Der Einsatz des Computer-Systems wird über die benötigte CPU-Zeit gemessen. Diese beträgt linear pro AUFA-GeVo "Auflösungs-Angebot" $0,5*10^{-7}$ Std.[11]:

$$r_{47} = 0,5*r_7 \quad (10^{-7} \text{ Std.}).$$

Der Sachmittel-Einsatz wird ohne realen Bezug über nicht näher definierte "Sachmittelquanten" erfaßt:

$$r_{56} = 10*r_6$$
$$r_{57} = 15*r_7.$$

In der Produktionsstelle P_6 wird schließlich jeweils ein vorne näher spezifiziertes Informationspaket hergestellt:

$$r_{67} = 1*r_7.$$

Mit diesen Transformationsfunktionen ergibt sich als Matrix F:

$$\begin{array}{ccccccc}
0 & 0 & 0 & 0 & 0 & 1 & 0 \\
0 & 0 & 0 & 0 & 0 & 0 & 1 \\
0 & 0 & 0 & 0 & 0 & 0.033 & 0,083 \\
0 & 0 & 0 & 0 & 0 & 0 & 0,5 \\
0 & 0 & 0 & 0 & 0 & 10 & 15 \\
0 & 0 & 0 & 0 & 0 & 0 & 1 \\
0 & 0 & 0 & 0 & 0 & 0 & 0
\end{array}$$

Aus dieser Matrix berechnet sich - wie schon mehrfach durchgeführt - leicht das Produktionsmodell für den AUFA-GeVo "Auflösungs-Antrag":

$$r_1 = 1*x$$
$$r_2 = 1*x$$
$$r_3 = 0,119*x$$
$$r_4 = 0,5*x$$
$$r_5 = 25*x.$$

In diesem informationellen Produktionsmodell werden in sehr präziser Form die Produktionsprozesse **eines** AUFA-GeVo strukturiert und quantitativ abgebildet. Durch eine analoge Vorgehensweise läßt sich auch die **gesamte AUFA-GeVo-**

---

11 Hierbei handelt es sich lediglich um eine geschätzte Einsatzzeit.

Produktion in einem Input-Output-Modell quantitativ erfassen. Hierzu sind beliebige AUFA-GeVos zu einer abstrakten Informationsprodukt-Art zusammenzufassen, und zwar unabhängig von der jeweiligen Art des Anlasses. Durch entsprechende Verallgemeinerung der weiteren Modellelemente sowie durch Verwendung wertmäßig anderer Transformationsfunktionen kann auf gleiche Weise die Produktion der Informationsart "AUFA-GeVo" modellhaft abgebildet werden. Eine solche Vorgehensweise erlaubt es also, einen größeren Bereich Determinierter Informationsproduktionen zu erfassen, allerdings bei gleichzeitiger Reduktion der Abbildungsgenauigkeit. Insbesondere ist es durch die beschriebene Methodik möglich, weitere Verflechtungen zu Determinierten Informationsproduktionen anderer Unternehmensbereiche abzubilden und formal zu analysieren.

4. ZUSAMMENFASSUNG

Eine weitere Konkretisierung der allgemeinen Produktionstheorie für Informationen bildet die produktionstheoretische Analyse der integrierten Sachbearbeitung der Allianz Lebensversicherung. Durch diese Anwendung der theoretischen Überlegungen auf einen vielschichtigen und ökonomisch bedeutsamen Bereich realer Informationsverarbeitungsprozesse kann die Operationalisierbarkeit der entwickelten theoretischen Konzeptionen exemplarisch verdeutlicht sowie die prinzipielle Eignung des Input-Output-Ansatzes als Produktionsmodell für Determinierte Informationsproduktionen aufgezeigt werden:

Die vielfältigen realen Informationsproduktionsprozesse werden den beiden theoretischen Typen der Determinierten und Indeterminierten Informationsproduktion zugeordnet und weiter produktionstheoretisch systematisiert.

Das Konzept der Informationsprodukt-Art spiegelt sich real in den verschiedenen GeVo-Arten und den diesen zugeordneten sowie unterschiedlich exakt spezifizierten Briefarten wieder.

Die Verfahren der Informationsproduktion bestehen aus Arbeitsinstrumenten für die Mitarbeiter, dem automatisierten Anweisungssystem sowie den diversen Computerprogrammen.

Bei den eingesetzten maschinellen und menschlichen TIV handelt es sich um ein Computersystem IBM 3090 sowie um verschiedene, nach ihren Funktionen und Fähigkeiten in Klassen eingeteilte Mitarbeiter.

Mit der automatisierten Bedienerhilfe wird ein konkretes betriebliches Instrument identifiziert, das zur theoretisch unterstellten Interpretationshomogenität in den Produktionsprozessen hinführt.

Die als Produktionsfaktoren eingesetzten Informationsarten bestehen aus verschiedenen Einzelinformationen des Kunden sowie aus versicherungsintern gespeicherten Informationen, die zu den beiden Produktarten "Kundeninformationen" und "Datenbankinformationen" gebündelt werden.

Die auf Informationspaketen beruhende und auf der Ebene einzelner Produktarten angesiedelte Quantifizierungskonzeption für Informationen findet sich real in den von Kunden bzw. vom Versicherer erstellten Briefen sowie den Datenbankbildern wieder.

Die Anwendung des allgemeinen Input-Output-Ansatzes auf eine einzelne AUFA-GeVo-Produktion bzw. auf das gesamte AUFA-GeVo-System führt zu einem quantitativen Produktionsmodell für diese Determinierten Informationsproduktionen.

5. ABSCHLIEßENDE BEMERKUNGEN UND WEITERE PERSPEKTIVEN

Die vorliegende Arbeit beinhaltet theoretische Grundlagen der Produktion von Informationen sowie, daraus abgeleitet, eine informationelle Theorie der Versicherungsproduktion. Die Entwicklung eines derartigen allgemeinen Theorieansatzes hat sich insbesondere als notwendig zur Behebung zweier zentraler Defizite in der aktuellen betriebswirtschaftlichen Forschung herausgestellt:

Zum einen ist in der Unternehmensrealität ein grundlegender, den informationellen Sektor betreffenden Wandel zu beobachten, der sich bisher nur ungenügend in dem Theoriebestand der Betriebswirtschaftslehre widerspiegelt. Diese realen Veränderungsprozesse bestehen einerseits in der immer stärker an Umfang und ökonomischer Relevanz gewinnenden innerbetrieblichen Informationsverarbeitung sowie andererseits in der Entstehung des bedeutsamen, zum Dienstleistungssektor zählenden neuen Wirtschaftszweiges der informationsproduzierenden Unternehmen.

Zum anderen mangelt es einer der wesentlichen Theoriedisziplinen der Betriebswirtschaftslehre, der materiellen Produktionstheorie, an der eigentlich erforderlichen Analyse und modellhaften Erfassung verschiedenster Informationsaspekte. So verliert diese Produktionstheorie insgesamt durch Nichtberücksichtigung von informationsproduzierenden Aktivitäten, etwa im Rahmen der Unternehmensführung oder des technischen Fortschritts, in den Produktionsmodellen immer mehr ihren Bezug zur wirtschaftlichen Realität.

Als Ansatz zur ökonomisch fundierten Bewältigung dieser vielschichtigen Problemaspekte wird eine Theorie der Informationsproduktion entwickelt. Diese basiert selbst auf dem in der Betriebswirtschaftslehre nur wenig beachteten kognitiven IV-Ansatz, der im wesentlichen die Erforschung interner menschlicher Informationsverarbeitungsprozesse zum Ziel hat. Dieser IV-Ansatz rechtfertigt die Interpretation von Vorgängen der Informationsverarbeitung als Produktionsprozesse im traditionellen Sinn, identifiziert alle wesentlichen Bestandteile von Informationsproduktionen und ermöglicht allgemein die produktionstheoretische Analyse der Informationsverarbeitung.

Hierzu wird als erstes die fundamentale Konzeption von Informationsprodukt-Arten zu einer produktionstheoretisch zweckmäßigen Konkretisierung des Informationsbegriffes entwickelt sowie eine grundlegende Systematisierung der Informationsverarbeitung durch Definition und Abgrenzung zweier unterschiedlicher Typen der Informationsproduktion vorgenommen. Darauf aufbauend erfolgt durch die traditionelle Vorgehensweise der Beschreibung und Analyse der Produktionsfaktoren, der Produkte und der Kombinationsprozesse sowie durch Konstruktion eines mathematisch-formalen Produktionsmodells die Herleitung einer Produktionstheorie für Informationen.

Angewendet und konkretisiert werden die so gewonnenen Erkenntnisse und Hypothesen auf die speziellen Informationsproduktionen der Versicherungsunternehmen. Durch diese, auf zwei unterschiedlichen Konkretisierungsstufen angesiedelte Übertragung wird gleichzeitig eine Produktionstheorie für Versicherungen hergeleitet, die viele Inkonsistenzen und Schwächen der bestehenden Versicherungstheorie vermeidet und den Versicherungsprozeß insgesamt, in Übereinstimmung mit dem realen Geschehen in Versicherungen, theoretisch fundiert erfaßt und erklärt.

Diese Untersuchung stellt eine erste umfassende produktionstheoretische Analyse der Informationsverarbeitung dar und steckt zudem einen theoretischen Rahmen für die notwendige weitere theorie-orientierte Behandlung der vielschichtigen ökonomischen Aspekte der betrieblichen Informationsverarbeitung ab. Durch sich anschließende Forschungsbemühungen können zum einen die in dieser ersten Analyse noch offen gebliebenen oder nur in elementarer Form diskutierten Problemaspekte untersucht und dadurch die Produktionstheorie für Informationen vervollständigt werden. Zum anderen sind vielfältig mögliche Anwendungen der informationellen Produktionstheorie vorzunehmen, die von praktischer Relevanz für die Unternehmensrealität und deren Probleme im Bereich der Informationsverarbeitung sind. Aus der Perspektive der in dieser Arbeit entwickelten Systematisierungen sowie der hergeleiteten produktionstheoretischen Erkenntnisse können abschließend als solche noch zu erforschende Fragestellungen und Problemaspekte im Zusammenhang mit der Produktionstheorie für Informationen und speziell Versicherungen genannt werden:

o die Aufhebung der hier unterstellten Prämisse der Interpretationshomogenität in den Produktionsprozessen und damit die detaillierte Analyse der Auswirkungen individueller Interpretationsprozesse menschlicher TIV auf die informationellen Produktionszusammenhänge;

o die Ausdehnung der produktionstheoretischen Analyse und insbesondere der formal-theoretischen Erfassung auf Indeterminierte Produktionsprozesse;

o die Erforschung der vielfältigen Zusammenhänge und Beziehungen zwischen materiellen und informationellen Produktionsprozessen und damit letztlich die Weiterentwicklung der bestehenden materiellen Produktionstheorie zu einem umfassenden produktionstheoretischen Modellansatz;

o die möglichst vollständige strukturelle Analyse der gesamten Informationsströme und -verflechtungen einzelner Unternehmen auf der Basis dieses Ansatzes;

o die Nutzung des bereits beschriebenen Anwendungspotentials der Informationsproduktionstheorie für die Unternehmenspraxis, speziell durch die produktionstheoretisch fundierte Behandlung von aufbau- und ablauforganisatorischen Fragestellungen im Bereich der Informationsverarbeitung, durch die gezielte und effiziente Planung von Informationsverarbeitungsprozessen und deren nachfrageorientierter Koordination sowie letztlich, als vielleicht betriebswirtschaftlich wichtigste Anwendung, die Entwicklung differenzierter Kostenrechnungssysteme für Informationsproduktionen.

o die Übertragung der weiter zu entwickelnden allgemeinen informationstheoretischen Konzepte und Hypothesen auf die speziellen Bedingungen der Informationsproduktion in Versicherungsunternehmen und damit gleichzeitig der Ausbau der informationellen Produktionstheorie für Versicherungen.

LITERATURVERZEICHNIS

Abel, B. (1977): Problemorientiertes Informationsverhalten, Darmstadt

Ackermann, P. (1983): Ein Vorschlag zur Messung der Betriebsgröße von Schadens- und Unfallversicherungsunternehmen, in: ZVersWiss 1983, S. 87 ff

Ackoff, R.L. (1967): Management Misinformation Systems, in: Management Science 14/1967, S. 147 ff

Albach, H. (1986): Thema: EDV-orientierte Betriebswirtschaftslehre, in: ZfB 9/1986, S. 894

Albach, H. (1989): Dienstleistungsunternehmen in Deutschland, in: ZfB 4/1989, S. 397 ff

Albrecht, P. (1982): Gesetz der großen Zahl und Ausgleich im Kollektiv - Bemerkungen zu Grundlagen der Versicherungsproduktion, in: ZVersWiss 1982, S. 501 ff

Albrecht, P. (1987): Die Versicherungsproduktion - eine Kuppelproduktion bei Risiko, in: ZfB 1987, S. 316 ff

Albrecht, P./Brinkmann, Th./Zweifel, P. (1987): Was ist Versicherung?, Band 8 der Schriftenreihe des Ausschusses Volkswirtschaft des Gesamtverbandes der Deutschen Versicherungswirtschaft (GDV), Karlsruhe

Altenburger, O.A. (1980): Ansätze zu einer Produktions- und Kostentheorie der Dienstleistungen, Berlin

Angerer, A. (1975): AVB unter Gesichtspunkten der Versicherungsaufsicht, in: ZVersWiss 1975, S. 197 ff

Arrow, K.J. (1974): The Limits of Organisation, New York

Arrow, K.J. (1985): The Economics of Agency, in: Pratt, J./Zeckhauser, R. (Hrsg.): Principals and Agents: The Structure of Business, Boston, S. 37 ff

Atkinson, R.C./Shiffrin, R.M. (1968): Human memory. A proposed system and its control processes, in: Spence, K.W./Spence, J.T. (eds.): The psychology of learning and motivation, Band 2, New York

Atkinson, R.C./Shiffrin, R.M. (1971): The control processes of short-term memory, in: Scientific American, Jg. 225, 1971, S. 82 ff

Bachmann, W. (1988): Leistung und Leistungserstellung der Versicherungsunternehmen, Karlsruhe

Baetge, J. u.a. (1984): Vahlens Kompendium der Betriebswirtschaftslehre, München

Balzert, H. (1982): Die Entwicklung von Software-Systemen, Mannheim, Wien, Zürich

Balzert, H. (1985): Moderne Software-Entwicklungssysteme und -werkzeuge, Mannheim, Wien, Zürich

Bamberg, G./Baur, F. (1985): Statistik, 4., überarbeitete Auflage, Opladen

Bauer, A. (1987): Mitarbeiter in der Versicherungswirtschaft, in: VW 18/1987, S. 1188 ff.

Bearchell, Ch.A. (1983): Future Trends and Possibilities for Marketers - Information as Ressource - Its Importance is Growing Ever Greater, in: Market Journal 1/1983, S. 24

Becker, G. (1980a): Datenverarbeitungskräfte in der deutschen Versicherungswirtschaft, in: Vb 2/1980, S. 16 ff

Becker, R. (1980b): Der Wandel in der organisatorischen Gestaltung beim Einsatz von Informationstechnologien, Frankfurt

Beckmann, M.J. (1977): Management Production Functions and the Theory of the Firm, in: Journal of Economic Theory, 14/1977, S. 1 ff

Beckmann, M.J. (1982): A Production Function for Organizations Doing Case Work, in: Management Science, 10/1982, S. 1159 ff

Beckmann, M.J. (1983): Tinbergen Lectures on Organization Theory, Berlin u.a.

Beckurts, K.H./Schuchmann, H.-R. (1986): Wirtschaftsfaktor Informationstechnik - Chancen, Aufgaben, Trends, in: ZfbF 3/1986, S. 195 ff

Benes, R. (1970): Elektronische Datenverarbeitung im Versicherungsbetrieb, Karlsruhe

Berekoven, L. (1974): Der Dienstleistungsbetrieb, Wiesbaden

Berthel, J. (1975a): Betriebliche Informationssysteme, Stuttgart

Berthel, J. (1975b): Information, in: Grochla, E./Wittmann, W. (Hrsg.): HWB, Stuttgart, Sp. 1865 ff

Bessler, H. (1985): Die Informationsbetriebe, Detmold

Betriebswirtschaftliches Institut der Versicherungswirtschaft (1983): EDV-Anlagen EDV-Anwendungen in Unternehmen der Individualversicherung, Band 1

Biethahn, J. (1987): Einführung in die EDV, 5., überarbeitete Auflage, München, Wien

Bitz, M. (1977): Strukturierung ökonomischer Entscheidungsmodelle, Wiesbaden

Bloech, J./Lücke, W. (1982): Produktionswirtschaft, Stuttgart, New York

Blohm, H./Lüder, K. (1974): Investition, 3. Auflage, München

Bössmann, E. (1978): Information, in: Albers, W. u.a. (Hrsg.): HdWW, Stuttgart, S. 184 ff

Bohr, K. (1979): Produktionssysteme, in: Kern, W. (Hrsg.): HWProd, Stuttgart, Sp. 1481 ff

Brachmann, H. (1986): Zur betriebswirtschaftlichen Einordnung der Versicherungsproduktion, in: VW 3/1986, S. 201 ff

Brink, H.-J. (1980): Die Kosten- und Leistungsrechnung (KLR) im dispositiven Bereich der Unternehmung, in: ZfB 10/1980, S. 1168 ff

Brockhoff, K. (1969): Forschungsplanung im Unternehmen, Wiesbaden

Brockhoff, K. (1974): Forschung und Entwicklung, Planung und Organisation von, in: Grochla,E./Wittmann, W. (Hrsg.): HWB, 4., völlig neu gestaltete Auflage, Stuttgart, Sp. 1530 ff

Brockhoff, K. (1984): Forschung und Entwicklung, in: Baetge, J. u.a. (Hrsg.): Vahlens Kompendium der Betriebswirtschaftslehre, München, S. 159 ff

Brockhoff, K. (1986): Die Produktivität der Forschung und Entwicklung eines Industrieunternehmens, in: ZfB 6/1986, S. 525 ff

Brockhoff, K. (1987): Die Produktivität der Forschung und Entwicklung eines Industrieunternehmens: Eine Erwiderung, in: ZfB 1/1987, S. 81 ff

Bürgi, Ch. (1985): Allgemeine Versicherungsbedingungen im Lichte der neuesten Entwicklungen auf dem Gebiet der Allgemeinen Geschäftsbedingungen, Zürich

Busse von Colbe, W./Laßmann, G. (1986): Betriebswirtschaftstheorie, Band 1: Grundlagen, Produktions- und Kostentheorie, 3. Auflage, Berlin, Heidelberg, New York

Capurro, R. (1978): Information. Ein Beitrag zur etymologischen und ideengeschichtlichen Begründung des Informationsbegriffs, München

Chen, P.P.-S. (1976): The Entity-Relationship Model - toward a Unified View of Data, in: ACM Transactions on Database Systems, 1/1976, S. 9 ff

Chomsky, N. (1969): Aspekte der Syntax-Theorie, Frankfurt, Berlin

Chomsky, N. (1977): Reflexionen über die Sprache, Frankfurt

Coenenberg, A.G. (1976): Unternehmensrechnung, München

Corsten, H. (1985): Die Produktion von Dienstleistungen, Berlin

Corsten, H. (1989): Betriebswirtschaftslehre der Dienstleistungsunternehmen, München, Wien

Craik, F.I.M./Lockhart, R.S. (1972): Levels of processing: a framework for memory research, in: J.Verb.Learn., Jg. 11, 1972, S. 268 f

Crowe, T./Avison, D.E. (1980): Management Information from Data Bases, London, Basingstoke

Date, C.J. (1981): An Introduction to Database Systems, 3. Auflage, Reading, Mass.

Deker, U. (1984): Die neue Arbeitswelt in einer Versicherung - Anruf genügt: Frau Kellner weiß alles, in: bild der wissenschaft 2/1984, S. 62 ff.

Delisle, E. (1981): Marketing in der Versicherungswirtschaft, 2. Auflage, Karlsruhe

Dellmann, K. (1980): Betriebswirtschaftliche Produktions- und Kostentheorie, Wiesbaden

Denny, M. (1980): Measuring the real output of the life insurance industry; a comment, in: The Review of Economics and Statistics, February 1980, S. 150 ff

Dörner, D. u.a. (1983): Lohhausen: Vom Umgang mit Unbestimmtheit und Komplexität, Bern, Stuttgart, Wien

Doherty, N.A. (1981): The Measurement of Output and Economics of Scale in Property-Liability Insurance, in: JoRI, September 1981, S. 390 ff

Drumm, H.J. (1979): Automatisierung, Mechanisierung und, in: Kern, W. (Hrsg.): HWProd, Stuttgart, Sp. 286 ff

Dürrhammer, W. (1972): Forschung und Entwicklung als Aufgabe der Unternehmensführung, in: ZfB 7/1972, S. 513 ff

Dworatschck, S. (1986): Grundlagen der Datenverarbeitung, 7., aktualisierte Auflage, Berlin New York

Edinger, F./Wiechert, W. (1982): Informationsmanager-Machtergreifung der Supermänner, in: Computer-Magazin 5/1982, S. 28 ff

Eisele, W. (1985): Das Rechnungswesen als Informationssystem, in: Bea, E./Dichtl, E./Schweitzer, M. (Hrsg.): Allgemeine Betriebswirtschaftslehre, Band 2: Führung, Stuttgart, S. 221 ff

Ellinger, Th./Haupt, R. (1982): Produktions- und Kostentheorie, Stuttgart

Engelter, K.-A. (1979): Das Rationalisierungspotential im Dienstleistungsbereich, Frankfurt

Eschenbach, R. (1988): Controlling - State of the Art, in: JfB 5/1988, S. 206 ff

Eschenröder, G. (1985): Planungsaspekte einer ressourcenorientierten Informationswirtschaft, Bergisch Gladbach

Fandel, G. (1980): Zum Stand der betriebswirtschaftlichen Theorie der Produktion, in: ZfB 1/1980, S. 86 ff

Fandel, G. (1987): Produktion I, Produktions- und Kostentheorie, Berlin u.a.

Farny, D. (1965): Produktions- und Kostentheorie der Versicherung, Karlsruhe

Farny, D. (1969a): Grundfragen einer theoretischen Versicherungsbetriebslehre, in: Farny, D. (Hrsg.): Wirtschaft und Recht der Versicherung, Festschrift für P. Braeß, Karlsruhe, S. 27 ff

Farny, D. (1969b): Aktuelle Kosten- und Rationalisierungsprobleme der Versicherungsunternehmen, in: VersRundsch 1969, S. 145 ff

Farny, D. (1971): Absatz und Absatzpolitik des Versicherungsunternehmens, in: ZVersWiss 1971, S. 155 ff

Farny, D. (1973): Konzentration und Kooperation in der Versicherungswirtschaft in betriebswirtschaftlicher Sicht, in: VW 1973, S. 14 ff

Farny, D. (1975): AVB unter dem Gesichtspunkt der Produktbeschreibung, in: ZVersWiss 1975, S. 169 ff

Farny, D. (1979): Versicherungsbetriebe(n), Produktion in, in: Kern, W. (Hrsg.): HWProd, Stuttgart, Sp. 2138 ff

Farny, D. (1981): Privatversicherung, in: Albers, W. u.a. (Hrsg.): HdWW, Band 6, Stuttgart, S. 237 ff

Farny, D. (1983): Die deutsche Versicherungswirtschaft, Karlsruhe

Farny, D. (1986): Die Geschäftsergebnisse der Kompositversicherer im Jahre 1985 und im Fünfjahreszeitraum 1981/85, Beilage zu VW 19/1986

Farny, D. (1987): Über Regulierung und Deregulierung von Versicherungsmärkten, in: ZfB 10/1987, S. 1001 ff

Farny, D. (1988): Produktions- und Kostentheorie, in: Farny, D. u.a. (Hrsg.): HdV, S. 553 ff

Feigenbaum, E.A./Mc Corduck, P. (1984): Die Fünfte Computer Generation, Basel, Boston, Stuttgart

Ferschl, F. (1982): Entscheidungstheoretische Grundlagen der Informationsökonomik, in: Streißler, E. (Hrsg.): Information in der Wirtschaft, Berlin, S. 35 ff

Fischbacher, H. (1986): Strategisches Management der Informationsverarbeitung, München

Fischer, K.-H. (1987): Die Produktivität der Forschung und Entwicklung eines Industrieunternehmens: Ein Kommentar, in: ZfB 1/1987, S. 77 ff

Folberth, O./Hackl, C. (1986): Der Informationsbegriff in Technik und Wissenschaft, München, Wien

Franzen, W. (1987): Controlling - Von der Kostenrechnung zur strategischen Planung: Ein Überblick zur aktuellen Controlling-Literatur, in: DBW 1987, S. 607 ff

Freigang, D. (1989): Die Arbeitsanweisung als Bestandteil eines wissensbasierten Systems, in: Vb 2/1989, S. 42 ff

GDV (1987): Statistisches Taschenbuch der Versicherungswirtschaft, Karlsruhe

GDV (1988): Statistisches Taschenbuch der Versicherungswirtschaft, Karlsruhe

Gehrig, G. (1978): Input-Output Analyse, in: Albers, W. u.a. (Hrsg.): HdWW, 4. Band, Stuttgart, S. 215 ff

Gerhardt, J. (1987): Dienstleistungsproduktion, Bergisch Gladbach, Köln

Gewald, K./Haake, G./Pfadler, W. (1985): Software Engineering, 4. Auflage, München, Wien

Goldschlager, L./Lister, A. (1984): Informatik, München, Wien

Graser, N. (1985): Produktivität im Versicherungsbetrieb unter besonderer Berücksichtigung der Telekommunikation, Karlsruhe

Grochla, E. (1974): Integrierte Gesamtmodelle der Datenverarbeitung, München, Wien

Grochla, E. (1980): Unternehmensorganisation, Reinbek

Gröner, L. (1987): Computerized Numerical Control (CNC), in: Mertens, P. (Hrsg.): Lexikon der Wirtschaftsinformatik, Berlin u.a., S. 83 f

Grossfeld, B. (1976): Allgemeine Versicherungsbedingungen und Gesetz gegen Wettbewerbsbeschränkungen, in: Reichert-Facilides, F./Rittner, F./Sasse, J. (Hrsg.): Festschrift für Reimer Schmidt, Karlsruhe, S. 637 ff

Gümbel, R. (1978): Entscheidungen im Produktionsbereich, in: Drukarczyk, J./Müller-Hagedorn, L. (Hrsg.): Betriebswirtschaftslehre, Band 1, Wiesbaden, S. 237 ff

Gümbel, R. (1986): Zur Verbindung von Handels- und Produktionsfunktionen, in: Stöppler, S. (Hrsg.): Information und Produktion, Festschrift für W. Wittmann, Stuttgart, S. 125 ff

Gutenberg, E. (1957): Betriebswirtschaftslehre als Wissenschaft, Krefeld

Gutenberg, E. (1983): Grundlagen der Betriebswirtschaftslehre, Band 1: Die Produktion, 24. Auflage, Berlin, Heidelberg, New York

Härtter, E. (1974): Wahrscheinlichkeitsrechnung für Wirtschafts- und Naturwissenschaften, Göttingen

Hahn, D./Laßmann, G. (1986): Produktionswirtschaft, Band 1, Heidelberg, Wien

Hansen, H.-G. (1987): Prozeßsteuerung, in: Mertens, P. (Hrsg.): Lexikon der Wirtschaftsinformatik, Berlin u.a., S. 281 f

Hansen, H.R. (1986): Wirtschaftsinformatik I, 5., neubearbeitete und stark erweiterte Auflage, Stuttgart

Hauke, P. (1984): Informationsverarbeitungsprozesse und Informationsbewertung, München

Haupt, R. (1987): Produktionstheorie und Ablaufmanagement, Stuttgart

Heilmann, W.-R. (1986): Risikotheorie - ein Elfenbeinturm der Versicherungswissenschaft?, in: VW 14/1986, S. 878 ff

Heinen, E. (1974): Betriebswirtschaftliche Kostenlehre, 4., verbesserte Auflage, Wiesbaden

Heinen, E. (1983): Industriebetriebslehre, 7. vollständig überarbeitete und erweiterte Auflage, Wiesbaden

Heinrich, L.J. (1986): Zur Arbeitsteilung zwischen Betriebswirtschaftslehre und Betriebsinformatik - zugleich eine Stellungnahme zu A.-W. Scheers Beitrag "EDV-orientierte Betriebswirtschaftslehre", in: ZfB 9/1986, S. 895 ff

Heinrich, L.J./Burgholzer, P. (1987): Informationsmanagement, München, Wien

Helten, E. (1984): Einflüsse der Informatik und Systemforschung auf die Versicherungswissenschaft und Versicherungswirtschaft, in: Vb 4/1984, S. 29 ff

Hergenhahn, M. (1985): Verteilung von Datenverarbeitungs-Ressourcen in rechnergestützten Informationssystemen, Diss., Frankfurt

Höring, K. (1980): Organisation der Informationsdienstleistungsbetriebe, in: Grochla, E. (Hrsg.): HWO, 2., völlig neu gestaltete Auflage, Stuttgart

Hofacker, Th. (1985): Entscheidung als Informationsverarbeitung, Frankfurt, Bern, New York

Hoffmann, F. (1986): Mensch-Maschine-Organisation, in: Gaugler, E./Meissner, H.G./Thom, N. (Hrsg.): Zukunftsaspekte der anwendungsorientierten Betriebswirtschaftslehre, Festschrift für E. Grochla, Stuttgart, S. 485 ff

Hollenders, Ch. (1985): Die Bereichsausnahme für Versicherungen nach § 102 GWB, Baden Baden

Hopf, M. (1983): Informationen für Märkte und Märkte für Informationen, Frankfurt

Horbelt, W./Wiebing, J./Zieran, V. (1985): Antrags- und Vertragsbearbeiten im Dialog, in: Vb 4/1985, S. 9 ff

Horn, A. (1985): Wettbewerbsrechtlicher Ausnahmebereich für die Versicherungswirtschaft, Karlsruhe

Horvath, P. (1981): Entwicklungstendenzen des Controlling: strategisches Controlling, in: Rühli, E./Thommen, J.-P. (Hrsg.): Unternehmensführung aus finanz- und betriebswirtschaftlicher Sicht, Stuttgart, S. 397 ff

Horvath, P. (1986): Controlling, 2. Aufl., München

Hübner, H. (1984): Informationsmanagement, Wien, München

Hübner, H. (1985): Der "F+E-Markt" als Teil des Informationsmarktes und dessen Bedeutung für die Innovationsfähigkeit der Wirtschaft, in: Ballwieser, W./Berger, K.-H. (Hrsg.): Information und Wirtschaftlichkeit, Wiesbaden, S. 339 ff

Hummel, S. (1975): Produktion, verbundene, in: Grochla, E./Wittmann, W. (Hrsg.): HWB, 4., völlig neu gestaltete Auflage, Stuttgart, Sp. 3081 ff

IBM Frankfurt (1981): Die elektronische Datenverarbeitung im Versicherungswesen, in: Vb 4/1981, S. 50 ff

Inderfurth, R. (1988): Umfassende Integration in der Versicherung, in: Vb 4/1988, S. 272 ff

Jabornegg, P. (1979): Das Risiko des Versicherers, Wien

Kahl, H.-P. (1987): Die Fabrik der Zukunft, in: Adam, D. (Hrsg.): Neuere Entwicklungen in der Produktions- und Investitionspolitik, Wiesbaden

Kahle, E. (1980): Produktion, München, Wien

Kaminsky, R. (1977): Information und Informationsverarbeitung als ökonomisches Problem, München

Kampkötter, H. (1981): Einzelwirtschaftliche Ansätze der Produktionstheorie, Königstein

Kappler, E. (1975): Informationskosten aus der Sicht der Informationsökonomik und des Informationsverhaltens, in: ZfO 44/1975, S. 95 ff

Kappler, E. (1983): Rekonstruktion der Betriebswirtschaftslehre als ökonomische Theorie, Spardorf

Karten, W. (1972): Zum Problem der Versicherbarkeit und zur Risikopolitik des Versicherungsunternehmens - betriebswirtschaftliche Aspekte, in: ZVersWiss 1972, S. 279 ff

Karten, W. (1984): Das Einzelrisiko und seine Kalkulation, in: Große, W. u.a. (Hrsg.): Versicherungsenzyklopädie, Wiesbaden, S. 225 ff

Kaufmann, E.J. (1977): Marketing für Produktivdienstleistungen, Frankfurt, Zürich

Kern, W. (1980): Industrielle Produktionswirtschaft, 3., völlig neu bearbeitete Auflage, Stuttgart

Kern, W./Fallaschinski, K. (1978): Betriebswirtschaftliche Produktionsfaktoren, in: Das Wirtschaftsstudium 12/1978, S. 580 ff

Kern, W./Fallaschinski, K. (1979): Betriebswirtschaftliche Produktionsfaktoren, in: Das Wirtschaftsstudium 1/1979, S. 15 ff

Kern, W./Schröder, H.-H. (1977): Forschung und Entwicklung in der Unternehmung, Reinbek

Kilger, W. (1975): Produktionsfaktor, in: Grochla, E./Wittmann, W. (Hrsg.): HWB, 4. völlig neu gestaltete Auflage, Stuttgart, Sp. 3097 ff

Kilger, W./Scheer, A.-W. (1982): Rationalisierung, Würzburg, Wien

Kimball, Sp./Pfennigstorf, W. (1968): Allgemeine Versicherungsbedingungen unter Staatsaufsicht, Karlsruhe

Kimm, R. u.a. (1979): Einführung in Software Engineering, Berlin

Kinzel, W. (1988): Denken nach Menschen Art, in: bild der wissenschaft 1/1988, S. 37 ff

Kirchner, W. (1984): Aufbau und Ablauf eines Systems der operativen Planungsrechnung für Versicherungsunternehmen, Karlsruhe

Kirsch, W. (1977): Einführung in die Theorie der Entscheidungsprozesse, 2. Aufl., Bände I - III als Gesamtausgabe, Wiesbaden

Kirsch, W./Klein, H.K. (1977): Management Informationssysteme I, Stuttgart u.a.

Kistner, K.-P. (1981): Produktions- und Kostentheorie, Würzburg, Wien

Kistner, K.P./Luhmer, A. (1977): Die Dualität von Produktionsplanung und Kostenrechnung bei komplexen Produktionsstrukturen, in: ZfB 47(1977), S. 767 ff

Klaus, P.G. (1984): Auf dem Weg zu einer Betriebswirtschaftslehre der Dienstleistungen: Der Interaktions-Ansatz, in: DBW 1984, S. 467 ff

Klein, H.K. (1971): Heuristische Entscheidungsmodelle, Wiesbaden

Kloock, J. (1969a): Zur gegenwärtigen Diskussion der betriebswirtschaftlichen Produktionstheorie und Kostentheorie, in: ZfB 1969, Ergänzungsheft I, S. 49 ff

Kloock, J. (1969b): Betriebswirtschaftliche Input-Output-Modelle, Wiesbaden

Kloock, J. (1975): Input-Output-Analyse, in: Grochla, E./Wittmann, W. (Hrsg.): HWB, 4., völlig neu gestaltete Auflage, Stuttgart, Sp. 1953 ff

Kloock, J. (1978): Aufgaben und Systeme der Unternehmensrechnung, in: BFuP 6/1978, S. 493 ff

Kloock, J. (1984): Produktion, in: Baetge, J. u.a. (Hrsg.): Vahlens Kompendium der Betriebswirtschaftslehre, Band 1, München, S. 241 ff

Knoblich, H./Beßler, H. (1985): Informationsbetriebe, in: DBW 45(1985), S. 558 ff

König, W./Niedereichholz, J. (1985): Informationstechnologie der Zukunft, Heidelberg, Wien

König, W./Niedereichholz, J. (1986): Informationstechnik und Managementtechniken, in: ZfB 1/1986, S. 4 ff

Kolf, F./Dortans, U./Schübeler, M. (1973): Methodische Hilfsmittel zur Erleichterung der Teilnahme des Managers an der Gestaltung von entscheidungsorientierten Informationssystemen (BIFOA-Arbeitsber. 72/13), Köln

Kosiol, E. (1968): Einführung in die Betriebswirtschaftslehre, Wiesbaden

Kosiol, E. (1978): Aufgabenanalyse und Aufgabensynthese, in: Grochla, E. (Hrsg.): Elemente der organisatorischen Gestaltung, Reinbek, S. 66 ff

Krallmann, H. (1988): Erfahrungsbericht über Entwicklung und Einsatz von betriebswirtschaftlichen Expertensystemen, in: Scheer, A.-W. (Hrsg.): Betriebliche Expertensysteme I, SzU, Band 36, Wiesbaden, S. 87 ff

Krause, J. (1988): Die Deregulierungsdiskussion - theoretische Grundlagen und Bedeutung für die Versicherungswirtschaft, in: VW 5/1988, S. 348 ff und VW 6/1988, S. 405 ff

Krelle, W. (1969): Produktionstheorie, 2. Auflage, Tübingen

Krifka, M. (1987): Formale Semantik: Bedeutung ganzer Texte, in: Spektrum der Wissenschaft 7/1987, S. 40 ff.

Kroeber-Riel, W. (1984): Konsumentenverhalten, 3. Auflage, München

Kromschröder, B./Lehmann, M. (1986): Die Leistungswirtschaft des Versicherungsbetriebes, in: Stöppler, S. (Hrsg.): Information und Produktion, Festschrift für W. Wittmann, Stuttgart, S. 171 ff

Küpper, H.-U. (1977): Das Input-Output-Modell als allgemeiner Ansatz für die Produktionsfunktion der Unternehmung, in: Jahrbücher für Nationalökonomie und Statistik 191(1977), S. 492 ff

Küpper, H.-U. (1979): Produktionstypen, in: Kern, W. (Hrsg.): HWProd, Stuttgart, Sp. 1636 ff

Küpper, H.-U. (1980): Interdependenzen zwischen Produktionstheorie und der Organisation des Produktionsprozesses, Berlin

Küpper, H.-U. (1987): Konzeption des Controlling aus betriebswirtschaftlicher Sicht, in: Scheer, A.-W. (Hrsg.): 8. Saarbrücker Arbeitstagung 1987 Rechnungswesen und EDV, Heidelberg, S. 82 ff

Kunz, Ch. (1988): Information, Technologie und Bankgeschäft, Idstein

Kupsch, P.U. (1973): Das Risiko im Entscheidungsprozeß, Wiesbaden

Kurbel, K. (1987): Wirtschaftsinformatik = Betriebswirtschaftslehre und/oder Informatik, in: JfB 2/1987, S. 90 ff

Kurbel, K. (1987b): EDV-orientierte Betriebswirtschaftslehre, in: ZfB 1987, S. 582 ff

Lachman, R./Lachman, J.L./Butterfield, E.L. (1979): Cognitive Psychology and Information Processing: An Introduction, Hillsdale, New Jersey

Lahno, E. (1982): Nebenleistung als Wettbewerbselement im Industrie-Versicherungsgeschäft, in: Muth, M. (Hrsg.): Mit Sicherheit gewinnen - Trends und Zukunftsaufgaben im Versicherungsmanagement, Karlsruhe, S. 145 ff

Langsch, L. (1984): Stand und Entwicklung der EDV in der Individualversicherung, in: Vb 1/1984, S. 18 ff

Langsch, L. (1987): Trend zur Dezentralisierung, Stand und Entwicklung der Informationsverarbeitung in Unternehmen der Individualversicherung, in: Vb 3/1987, S. 188 ff

Laux, H. (1979): Grundfragen der Organisation, Berlin u.a.

Laux, H. (1982): Entscheidungstheorie, Berlin, Heidelberg, New York

Laux, H./Liermann, F. (1987): Grundlagen der Organisation, Berlin u.a.

Linde, R. (1981): Produktionsfunktionen, in: Albers, W. u.a. (Hrsg.): HdWW, 6. Band, Stuttgart, S. 276 ff

Leontief, W. (1966): Input-Output Economics, New York

Lindsay, P.H./Norman, D.A. (1981): Einführung in die Psychologie. Informationsaufnahme und -verarbeitung beim Menschen, Berlin, Heidelberg, New York

Loitlsberger, E. (1986): Zum gegenwärtigen Stand der Betriebswirtschaftslehre, in: JfB 5/86, S. 233 ff

Lücke, W. (1976): Produktions- und Kostentheorie, 3. Auflage, Würzburg, Wien

Machlup, F. (1962): The Supply of Inventors and Inventions, in: National Bureau of Economic Research (ed.): The Rate and Direction of Inventive Activity: Economic and Social Factors, Princeton, New Jersey, S. 143 ff

Maenner, U. (1986): Der deutsche Software-Markt, Hamburg

Maenner, U. (1987): Software-Markt im Wandel, in: Spektrum der Wissenschaft, Okt. 1987, S. 29 ff.

Mag, W. (1974): Das Büro als Zentrum der Informationsverarbeitung, in: ZfbF 1974, S. 480 ff

Mag, W. (1975): Informationsbeschaffung, in: Grochla, E./Wittmann, W. (Hrsg.): HWB, 4. völlig neu gestaltete Auflage, Stuttgart

Mag, W. (1977): Entscheidung und Information, München

Mag, W. (1980): Kommunikation, in: Grochla, E. (Hrsg.): HWO, 2. Aufl., Stuttgart, Sp. 1031 ff

Maleri, R. (1970): Betriebswirtschaftliche Probleme der Dienstleistungsproduktion, Diss. Mannheim

Maleri, R. (1973): Grundzüge der Dienstleistungsproduktion, Berlin, Heidelberg, New York

Malsburg, Ch. von der (1988): Flexible Automaten in neuronaler Architektur, in: Spektrum der Wissenschaft, 1/1988, S. 32 f

Mansfield, E. (1969): Industrial Research and Development: Characteristics, Costs, and Diffusion of Results, in: AER 59(1969), S. 65 ff

Mc Donough, A.M. (1963): Information Economics and Management Systems, New York

Meffert, H./Steffenhagen, H./Freter, H. (1979): Konsumentenverhalten und Information, Wiesbaden

Menges, G. (1972): Statistik Teil 1: Theorie, 2., erweiterte Auflage, Opladen

Menges, G. (1974): Grundmodelle wirtschaftlicher Entscheidungen, 2., erweiterte Auflage, Düsseldorf

Mertens, P. (1988): Expertensysteme in den betrieblichen Funktionsbereichen, in: Scheer, A.-W. (Hrsg.): Betriebliche Expertensysteme I, SzU, Band 36, Wiesbaden, S. 29 ff

Mertens, P./Allgeyer, K. (1983): Künstliche Intelligenz in der Betriebswirtschaftslehre, in: ZfB 7/1983, S. 686 ff

Mertens, P./Allgeyer, K.H./Däs, H. (1986): Betriebliche Expertensysteme in deutschsprachigen Ländern, in: ZfB 9/1986, S. 905 ff

Miller, G.A. (1956): The Magical Number Seven, Plus or Minus Two, in: Psychological Review 63/1956, S. 81 ff

Minasian, J.R. (1969): Research and Development, Production Functions, and Rates of Return, in: AER 59(1969), S. 80 ff

Mlynski, M. (1988): Formen der EDV, in: Vb 4/1988, S. 280 ff

Mordi, O. (1984): Das Produktkonzept der Versicherung: Eine alternative Interpretation, in: ZVersWiss 1984, S. 81 ff

Mordi, O. (1987): Outputmessung in der Versicherungswirtschaft - Konzeptionelle wirtschaftliche und versicherungstechnische Überlegungen -, in: The Geneva Papers on Risk and Insurance, July 1987, S. 247 ff

Müller, W. (1973): Ansätze für eine Theorie der Informationsverarbeitung in der Unternehmung, unveröff. Habil., Hamburg

Müller, W. (1974): Die Koordination von Informationsbedarf und Informationsbeschaffung als zentrale Aufgabe des Controlling, in: ZfbF 26(1974), S. 683 ff

Müller, W. (1980): Utopie und Realität bei der Gestaltung von Führungsinformationssystemen, in: VW 1980, S. 459 ff

Müller, W. (1981a): Das Produkt der Versicherung, in: Jung, M./Lucius, R.-R./Seifert, W. (Hrsg.): Geld und Versicherung, Festschrift für W. Seuß, Karlsruhe, S. 155 ff

Müller, W. (1981b): Theoretical Concepts of Insurance Production, in: The Geneva Papers on Risk and Insurance, No. 21 Okt. 1981, S. 63 ff

Müller, W. (1984): Versicherungsfunktion bei der Unternehmensbewertung, in: BFuP 6/1984, S. 577 ff

Müller, W. (1986): Informationswert und Kosten-Nutzen-Analyse bei dispositiver EDV-Anwendung, in: ZVersWiss 3/1986, S. 345 ff

Müller, W. (1987): Zur informationstheoretischen Erweiterung der Betriebswirtschaftslehre - Ein Modell der Informationsproduktion, in: Adam, D. (Hrsg.): Neuere Entwicklungen in der Produktions- und Investitionspolitik, Wiesbaden, S. 119 ff

Müller, W. (1987b): Neubegründung der Theorie der Versicherungsproduktion, unveröff. Manuskript, Frankfurt

Müller, W. (1988a): Was ist Versicherung?, in: ZVersWiss 2/1988, S. 309 ff

Müller, W. (1988b): Das Versicherungsprinzip - Zum Gefahrengemeinschaftsmythos in Versicherungstheorie und -praxis, in: Rolf, G./Spahn, P.B./Wagner, G. (Hrsg.): Sozialvertrag und Sicherung, Frankfurt, New York, S. 129 ff

Müller, W./Eckert, J. (1978): Informationsproduktion und Entscheidungsprozeß, in : Helmstädter, E. (Hrsg.): Neuere Entwicklungen in den Wirtschaftswissenschaften, Schriften des Vereins für Socialpolitik, N.F., Berlin, S. 455 ff

Müller, W./Nickel, H. (1984): Das Marketing von Informationsprodukten, am Beispiel von Versicherungen, in: Mazanec, J./Scheuch, F. (Hrsg.): Marktorientierte Unternehmensführung, Wien, S. 731 ff; wiederabgedruckt in: Vb 3/1984, S. 8 ff

Müller, W./Peters, S./Dreyer, A. (1976): Informationsproduktion in der Unternehmung: Modell der Informationsverarbeitung und Ergebnisse einer empirischen Untersuchung, unveröff. Manuskript, Frankfurt

Müller-Ettrich, R./Schelle, H. (1980): Kostenrechnung für die Informationsgewinnung und Informationsverarbeitung im Unternehmen, in: ZfB 10/1980, S. 1161 ff

Müller-Lutz, H.L. (1972): Grundbegriffe der Versicherungs-Betriebslehre, Band 3, 4., neugestaltete Auflage, Karlsruhe

Müller-Lutz, H.L. (1984a): Allgemeine Versicherungslehre, Teil I, in: Große, W. u.a. (Hrsg.): Versicherungsenzyklopädie, Band 1, Wiesbaden, S. 399 ff

Müller-Lutz, H.L. (1984b): Die Arbeitsabläufe im Versicherungsbetrieb, in: Große, W. u.a. (Hrsg.): Versicherungsenzyklopädie, Band 2, Wiesbaden, S. 69 ff

Müller-Merbach, H. (1973): Operations Research, 3. Auflage, München

Müller-Merbach, H. (1985): Ansätze zu einer informationsorientierten Betriebswirtschaftslehre, in: Ballwieser, W./Berger, K.H. (Hrsg.): Information und Wirtschaftlichkeit, Wiesbaden, S. 117 ff

Naddor, E. (1971): Lagerhaltungssysteme, Frankfurt, Zürich

Neugebauer, U. (1986): Das Software-Unternehmen, München Wien

Neuhof, B. (1978): Das Rechnungswesen als Informationszentrum, Neuwied

Neuser, P. (1984): Entwurf und Spezifikation betrieblicher Informationsstrukturen, Frankfurt

Newell, A./Shaw, J.C./Simon, H.A. (1958): Elements of a theory of human information processing, in: Psychological Review 1985, S. 151 ff

Newell, A./Simon, H.A. (1972): Human Problem Solving, Englewood Cliffs, N.J.

Nickel-Waninger, H. (1987): Versicherungsmarketing auf der Grundlage des Marketing von Informationsprodukten, Karlsruhe

Niedereichholz, J. (1981): Datenbanksysteme, Aufbau und Einsatz, 2. Auflage, Würzburg, Wien

Niedereichholz, J./Wentzel, Ch. (1985): Voraussetzungen und organisatorische Wirkungen des Informationsmanagements, in: Angewandte Informatik 7/1985, S. 284 ff

Nilsson, N. (1980): Principles of Artificial Intelligence, Tioga, Palo Alto, Ca.

o.V. (1962): Verwirrung um den Begriff "Produktion", in: VW 1962, S. 197

o.V. (1987): Mitarbeiter der Versicherungswirtschaft - statistisch betrachtet, in: Vb 5/1987, S. 295 f

Perridon, L./Steiner, M. (1988): Finanzwirtschaft der Unternehmung, 5. Auflage, München

Pfeiffer, W./Staudt, E. (1978): Forschung und Entwicklung, in: Grochla, E. (Hrsg.): Betriebswirtschaftslehre, Teil I: Grundlagen, Stuttgart, S. 112 ff

Pfohl, H.-Chr./Braun, G.E. (1981): Entscheidungstheorie, Landsberg am Lech

Picot, A. (1979): Rationalisierung im Verwaltungsbereich als betriebswirtschaftliches Problem, in: ZfB 1979, S. 1145 ff

Picot, A. (1984): Organisation, in: Baetge, J. u.a. (Hrsg.): Vahlens Kompendium der Betriebswirtschaftslehre, Band 2, München, S. 95 ff

Platz, H.Ph. (1980): Die Überwindung informationswirtschaftlicher Engpässe in der Unternehmung, Berlin

Pressmar, D.B. (1971): Kosten- und Leistungsanalyse im Industriebetrieb, Wiesbaden

Priester, H.-J. (1965): Nachahmungsschutz für Dienstleistungsmodelle, Karlsruhe

Pusch, H.-D. (1976): Versicherungsschutzproduktion als Input/Output-Prozess - eine entscheidungsorientierte Betrachtung, Diss. Hamburg

Puschmann, K.-H. (1986): Praxis des Versicherungsmarketing, Karlsruhe

Quillian, R.M. (1967): Word Concepts: A Theory and Simulation of Some Basic Semantic Capabilities, in: Behavioral Science, 12/1967, S. 410 ff

Quillian, R.M. (1968): Semantic Memory, in: Minsky, M. (ed.): Semantic Information Processing, Cambridge, Mass., S. 216 ff

Raphael, B. (1976): The thinking Computer Mind inside Matter, San Francisco

Rehberg, J. (1973): Wert und Kosten von Informationen, Frankfurt

Reichwald, R. (1977): Arbeit als Produktionsfaktor, München

Reichwald, R. (1984): Kommunikation, in: Baetge, J. u.a. (Hrsg.): Vahlens Kompendium der Betriebswirtschaftslehre, Band 2, München, S. 378 ff

Reitman, W.R. (1965): Cognition and Thought, New York, London, Sydney

Riebel, P. (1963): Industrielle Erzeugungsverfahren aus betriebswirtschaftlicher Sicht, Wiesbaden

Rohde-Liebenau, W. (1973): Spartentrennung als Ordnungsprinzip der Versicherungsaufsicht, in: ZVersWiss 1973, S. 509 ff

Rosen, E.M./Souder, W.E. (1965): A Method for Allocating R + D Expenditures, in: IEEE Transactions on Engineering Management, EM-12(1965), S. 87 ff

Roth, L. (1987): Computer Integrated Manufacturing (CIM), in: Mertens, P. (Hrsg.): Lexikon der Wirtschaftsinformatik, Berlin u.a., S. 82 f

Rothschild, M./Stiglitz, J. (1976): Equilibrium in Competitive Insurance Markets, in: Quarterly Journal of Economics 80/1976, S. 629 ff

Rummelhart, D.E. u.a. (1972): A Process Model for Long-Term Memory, in: Tulving, E./Donaldson, W. (Hrsg.): Organization of Memory, New York, London, S. 197 ff

Schaefer, H.F. (1986): Grundlagen einer informationsorientierten Produktions- und Kostentheorie, Hamburg

Schätzle, G. (1965): Forschung und Entwicklung als unternehmerische Aufgabe, Köln, Opladen

Scheer, A.-W. (1985a): Der Informationsmanager, in: Computer Magazin 3/1985, S. 6 ff

Scheer, A.-W. (1985b): Wirtschaftlichkeitsfaktoren EDV-orientierter betriebswirtschaftlicher Problemlösungen, in: Ballwieser, W./Berger, K.-H. (Hrsg.): Information und Wirtschaftlichkeit, Wiesbaden, S. 89 ff

Scheer, A.-W. (1987): EDV-orientierte Betriebswirtschaftslehre, 3. Auflage, Berlin u.a.

Scheer, A.-W. (1988): CIM Der computergesteuerte Industriebetrieb, 3. Auflage, Berlin u.a.

Scheuch, F. (1982): Dienstleistungsmarketing, München

Schickinger, W.F. (1970): Die Produktionsfunktion der deutschen Lebensversicherung, in: VW 24/1970, S. 1615 ff

Schlappa, W. (1987): Die Kontrolle von AVB im deutschen Versicherungsaufsichtsrecht und der freie Dienstleistungsverkehr im EG-Recht, in: Klingmüller, E. u.a. (Hrsg.): Beiträge zum Privat- und Wirtschaftsrecht, Heft 51, Karlsruhe, S. 1 ff

Schmidt, R. (1980): Überlegungen zur Bedeutung der elektronischen Datenverarbeitung für Rechtsordnung und Versicherungswesen, in: ZVersWiss 1980, S. 21 ff

Schmitz,P./Seibt, D. (1975): Einführung in die anwendungsorientierte Informatik, München

Schneeweiß, Ch. (1987): Einführung in die Produktionswirtschaft, Berlin u.a.

Schneeweiß, H. (1967): Entscheidungskriterien bei Risiko, Berlin, Heidelberg, New York

Schröder, H.-H. (1973): Zum Problem einer Produktionsfunktion für Forschung und Entwicklung, Köln

Schütze, U. (1970): Einige Bemerkungen zu Forschung und Entwicklung im Versicherungsunternehmen, in: ZVersWiss 1971, S. 155 ff

Schulz, A. (1969): Optimale Losgrößen in der Informationsverarbeitung, in: ZfB 1969, S. 323 ff

Schulz, A. (1970): Gedanken zu einer Informationsbetriebslehre, in: ZfB 3/1970, S. 91 ff

Schulz, J. (1987): Leistungsverflechtung in analytischen Produktionsmodellen, Idstein

Schwake, E. (1987): Überlegungen zu einem risikoadäquaten Marketing als Steuerungskonzeption von Versicherungsunternehmen, Karlsruhe

Schweitzer, M./Küpper, H.-U. (1974): Produktions- und Kostentheorie der Unternehmung, Reinbek

Shannon, C.E./Weaver, W. (1949): The Mathematical Theory of Communication, Urbana

Simon, H.A. (1957): Models of Man, New York, London

Simon, H.A. (1981): Entscheidungsverhalten in Organisationen, Landsberg am Lech

Simon, H.A./Newell, A. (1958): Heuristic Problem Solving: The next Advance in Operations Research, in: Operations Research 6/1958, S. 1 ff

Sinzig, W. (1983): Datenbankorientiertes Rechnungswesen, Berlin u.a.

Spencer-Smith, R. (1987): Semantics and Discourse Representation, in: Mind and Language 2/1987, S. 1 ff

Stahlknecht, P. (1985): Einführung in die Wirtschaftsinformatik, 2., überarbeitete und erweiterte Auflage, Berlin u.a.

Steffens, F. (1986): EDV-orientierte Betriebswirtschaftslehre versus Wirtschaftsinformatik, in: ZfB 9/1986, S. 902 ff

Steinmann, D. (1987): Computer Aided Manufacturing (CAM), in: Mertens, P. (Hrsg.): Lexikon der Wirtschaftsinformatik, Berlin u.a., S. 79 f

Sterk, H.-P. (1979): Selbstbeteiligung unter risikotheoretischen Aspekten, Karlsruhe

Stetter, F. (1984): Softwaretechnologie, 3., völlig neu bearbeitete Auflage, Mannheim, Wien, Zürich

Stöppler, S. (1975): Dynamische Produktionstheorie, Opladen

Strassmann, R.A. (1976): Managing the costs of information, Harvard Business Review, Sept-Oct 1976, S. 133 ff

Surminski, A. (1986): Kundenservice - Alibi oder Realität?, in: ZfV 1986, S. 2 ff

Thommen, A. (1981): Innerbetriebliche Information, Bern, Stuttgart

Tölle, K. (1983): Das Informationsverhalten der Konsumenten, Frankfurt, New York

Tröbliger, A. (1985): Der Versicherungsbetrieb von morgen, in: Vb 3/1985, S. 2 ff; 4/1985, S. 2 ff; 5/1985, S. 29 ff

Ulrich, R. (1987): Informationsmanagement im Versicherungsunternehmen, Berlin

Verband der Lebensversicherungs-Unternehmen (1978): Arbeitsverfahren für Massenbearbeitung - Organisation, Steuerung, Kontrolle -, 58. Folge der Schriftenreihe Betriebstechnische Fragen der Lebensversicherung, Bonn

Verband der Lebensversicherungs-Unternehmen (1988): Die deutsche Lebensversicherung, Jahrbuch 1988, Karlsruhe

Vogt, R. (1981): Individuelle, innovative Problemlösungsprozesse, Frankfurt

Wacker, W.H. (1971): Betriebswirtschaftliche Informationstheorie, Opladen

Wälder, J. (1971): Über das Wesen der Versicherung, Berlin

Waleschkowski, N. (1987): Datenmodelle zur Spezifikation konzeptioneller Schemata am Beispiel der Kostenrechnung, München

Watson, J.B. (1925): Behaviorism, New York

Weber, H.-J. (1979): Produktionstechnik und -verfahren, in: Kern, W. (Hrsg.): HWProd, Stuttgart, Sp. 1604 ff

Weber, H.K. (1980): Zum System produktiver Faktoren, in: ZfbF 32(1980), S. 1056 ff

Wedekind, H. (1972): Datenorganisation, 2., verbesserte Auflage, Berlin, New York

Wedekind, H. (1980): Strukturveränderung im Rechnungswesen unter dem Einfluß der Datenbanktechnologie, in: ZfB 6/1980, S. 662 ff

Weiss, S.M./Kulikowski, C.A. (1984): A Practical Guide to Designing Expert Systems, Totowa, New Jersey

Wild, J. (1970a): Input-, Output- und Prozeßanalyse von Informationssystemen, in: ZfbF 22/1970, S. 50 ff

Wild, J. (1970b): Informationskostenrechnung auf der Grundlage informationeller Input-, Output und Prozeßanalysen, in: ZfbF 22/1970, S. 218 ff

Wild, J. (1971): Zur Problematik der Nutzenbewertung von Informationen, in: ZfB 1971, S. 315 ff

Wildemann, H. (1987): Auftragsabwicklung in einer computergestützten Fertigung (CIM), in: ZfB 1/1987, S. 6 ff

Willich, J. (1987): Berufliche Aus- und Weiterbildung - Notwendigkeit und Chance für die Unternehmen und ihre Mitarbeiter, in: VW 9/1987, S. 546 ff.

Winand, U. (1988): Externe Informationsbanken für betriebliches Informationsmanagement - Ein noch unerschlossenes Potential-, in: ZfbF 12/1988, S. 1130 ff

Winston, P.H. (1984): Artificial Intelligence, 2. Auflage, Reading, Mass.

Wirtz, K.W. (1987): Software Engineering, in: Mertens, P. (Hrsg.): Lexikon der Wirtschaftsinformatik, Berlin u.a., S. 306 f

Witte, Th. (1979): Heuristisches Planen, Wiesbaden

Wittmann, W. (1959): Unternehmung und unvollkommene Information, Köln, Opladen

Wittmann, W. (1980): Information, in: Grochla, E. (Hrsg.): HWO, 2. Auflage, Stuttgart, Sp. 894 ff

Wittmann, W. (1982): Betriebswirtschaftslehre, Band I, Tübingen

Wittmann, W. (1986): Betriebswirtschaftliches Informationswesen, in: Gaugler, E./Meissner, H.G./Thom, N. (Hrsg.): Zukunftsaspekte der anwendungsorientierten Betriebswirtschaftslehre, Stuttgart, S. 513 ff

Wöhe, G. (1986): Einführung in die Allgemeine Betriebswirtschaftslehre, 16., überarbeitete Auflage, München

Zäpfel, G. (1982): Produktionswirtschaft, Berlin, New York

Zelewski, St. (1987): Der Informationsbroker, in: DBW 1987, S. 737 ff

Zimmermann, D. (1972): Produktionsfaktor Information, Neuwied, Bonn

Zsckocke, D. (1974): Betriebsökonometrie, Würzburg, Wien

neue betriebswirtschaftliche forschung

Unter diesem Leitwort gibt GABLER jungen Wissenschaftlern die Möglichkeit, wichtige Arbeiten auf dem Gebiet der Betriebswirtschaftslehre in Buchform zu veröffentlichen. Dem interessierten Leser werden damit Monographien vorgestellt, die dem neuesten Stand der wissenschaftlichen Forschung entsprechen.

Fortsetzung von S. II

Band 33 Dr. Mark Ebers
Organisationskultur:
Ein neues Forschungsprogramm?

Band 34 Dr. Axel v. Werder
Organisationsstruktur
und Rechtsnorm

Band 35 Dr. Thomas Fischer
Entscheidungskriterien für
Gläubiger

Band 36 Privatdozent Dr. Günter Müller
Strategische Suchfeldanalyse

Band 37 Prof. Dr. Reinhard H. Schmidt
Modelle in der Betriebswirtschaftslehre

Band 38 Privatdozent Dr. Bernd Jahnke
Betriebliches Recycling

Band 39 Dr. Angela Müller
Produktionsplanung und Pufferbildung
bei Werkstattfertigung

Band 40 Dr. Rudolf Münzinger
Bilanzrechtsprechung der Zivil-
und Strafgerichte

Band 41 Dr. Annette Hackmann
Unternehmensbewertung und Rechtsprechung

Band 42 Dr. Kurt Vikas
Controlling im Dienstleistungsbereich
mit Grenzplankostenrechnung

Band 43 Dr. Bernd Venohr
„Marktgesetze" und strategische
Unternehmensführung

Band 44 Dr. Hans-Dieter Krönung
Kostenrechnung und Unsicherheit

Band 45 Dr. Theodor Weimer
Das Substitutionsgesetz der Organisation

Band 46 Dr. Hans-Joachim Böcking
Bilanzrechtstheorie und Verzinslichkeit

Band 47 Dr. Ulrich Frank
Expertensysteme: Neue Automatisierungs-
potentiale im Büro- und Verwaltungsbereich?

Band 48 Dr. Bernhard Heni
Konkursabwicklungsprüfung

Band 49 Dr. Rudolf Schmitz
Kapitaleigentum, Unternehmensführung
und interne Organisation

Band 50 Dr. Ralf Michael Ebeling
Beteiligungsfinanzierung personenbezogener
Unternehmungen. Aktien und Genußscheine

Band 51 Dr. Diana de Pay
Die Organisation von Innovationen.
Ein transaktionskostentheoretischer Ansatz

Band 52 Dr. Michael Wehrheim
Die Betriebsaufspaltung in der
Finanzrechtsprechung

Band 53 Privatdozent Dr. Jürgen Freimann
Instrumente sozial-ökologischer Folgenabschätzung
im Betrieb

Band 54 Privatdozent Dr. Thomas Dyllick
Management der Umweltbeziehungen

Band 55 Dr. Michael Holtmann
Personelle Verflechtungen auf Konzernführungsebene

Band 56 Dr. Jobst-Walter Dietz
Gründung innovativer Unternehmen

Band 57 Dr. Jürgen Müller
Das Stetigkeitsprinzip im neuen Bilanzrecht

Band 58 Dr. Johannes Reich
Finanzierung der nuklearen Entsorgung

Band 59 Dr. Bernhard Schwetzler
Mitarbeiterbeteiligung und Unternehmensfinanzierung

Band 60 Dr. Peter Seng
Informationen und Versicherungen.
Produktionstheoretische Grundlagen

Band 61 Dr. Reinhard Lange
Steuern und der Preispolitik
und bei der Preiskalkulation

Band 62 Dr. Richard Lackes
EDV-gestütztes Kosteninformationssystem

Band 63 Dr. Winfried Weigel
Steuern bei Investitionsentscheidungen.
Ein kapitalmarktorientierter Ansatz

GABLER